当代体育学者文库

国家哲学社会科学基金资助

全民健身公共体育资源配置效率测评理论与实证研究

陈华伟 著

人民体育出版社

图书在版编目（CIP）数据

全民健身公共体育资源配置效率测评理论与实证研究/陈华伟著.--北京：人民体育出版社，2021

（当代体育学者文库）

ISBN 978-7-5009-6027-0

Ⅰ.①全… Ⅱ.①陈… Ⅲ.①群众体育-资源配置-研究-中国 Ⅳ.①G812.4

中国版本图书馆 CIP 数据核字（2021）第058601号

*

人 民 体 育 出 版 社 出 版 发 行
北京中献拓方科技发展有限公司印刷
新 华 书 店 经 销

*

787×960　16开本　13印张　244千字
2021年6月第1版　2021年6月第1次印刷

*

ISBN 978-7-5009-6027-0
定价：55.00元

社址：北京市东城区体育馆路8号（天坛公园东门）
电话：67151482（发行部）　　邮编：100061
传真：67151483　　　　　　邮购：67118491
网址：www.sportspublish.cn

（购买本社图书，如遇有缺损页可与邮购部联系）

摘 要

随着体育改革的全面深化和公共体育服务水平的提升，我国体育事业的发展已取得长足的进步。但与建设体育强国的目标相比，体育事业发展不平衡的问题依旧突出。资源配置体系作为全民健身公共服务体系的重要构成，能够全面反映资源供给总量、结构和效率等问题。研究以资源配置效率为切入点，对全民健身公共体育资源配置的理论进行探索，对公共体育资源配置的效率开展测评，对当前资源投入逐步增多却效率不高的问题进行研究，为提高公共体育资源配置效率、优化配置结构提供决策依据。采用文献资料法、问卷调查法、数理统计法、逻辑分析法等研究方法，针对全民健身公共体育资源配置的过程和配置的效率进行研究，以全国31个省市区以及郑州市38个社区作为效率测评的对象，得出如下结论：

①全民健身公共体育资源是指为了满足社会大众参与体育锻炼的需求，提供公共体育服务和产品所需的所有条件和要素的集合。依据创生主体可以分为宏观调控性公共体育资源要素以及市场促进性公共体育资源要素；依据资源要素系统的内容特质及其相互关系可以分为基础性核心公共体育资源要素子系统和整体功能性公共体育资源要素子系统。全民健身公共体育资源具有公共物品和准公共物品的属性。其公共产权的特质表现为分布排他性、消费权的非竞争性以及产权规模的有限性。

②全民健身公共体育资源配置系统是为社会大众提供公共体育服务和产品的行为过程以及资源调控过程中多种要素的集合，包括有配置主体、配置客体。资源配置主体系统主要由政府、非政府组织和体育企业、社会大众构成，呈现出结构稳定且联系紧密的特征。资源配置客体系统包括有形资源和无形资源，呈现出整体性、地域性、复合性和协同性等特征。公共体育资源配置过程中应坚持追求效率、以人民为中心、共建共享和因地制宜等原则。公共体育资源配置系统呈现出开放有序性、整体涌现性、动态演化性、自组织性和互塑共生性等特征。

③全民健身公共体育资源配置方式主要是指在对公共体育资源进行分配的过程中所采用的形式，从本质上来说，公共体育资源配置的方式是指全民健身公共体育事业发展过程中，影响公共体育资源分配的根本体制。社会主义市场经济体制的逐步确定，决定了全民健身公共体育资源的配置主要采用计划与市场相结合的混合式资源配置方式。混合式的资源配置方式能够让市场参与到全民健身公共体育资源的配置中，同时政府部门也可以通过多种途径对配置过程进行有效的监管和调控。全民健身公共体育资源配置方法具体是指分配公共体育资源时发掘的门路和具体的程序。全民健身公共体育资源的配置方法有"集约式"和"粗放式"两种。目前，我国正在从"粗放式"的配置方法向"集约式"的配置方法转变。全民健身公共体育资源配置政策主要由财政支出、社会筹资、价格以及市场管理等政策构成。

④全民健身公共体育资源配置效率强调资源要素投入产出组合的转换效率。技术效率、纯技术效率、规模效率和配置效率综合构成了全要素生产率。在文献分析的基础上，运用德尔菲法构建了效率评价的指标体系，该指标体系共包含2个一级指标、8个二级指标、11个三级指标。通过对内外部环境、运行机制的分析，选取10个具体指标作为影响效率变化的因素。选择数据包络分析方法（DEA）中的C^2R模型、超效率模型，结合Malmquist指数模型对资源配置的时间序列数据进行了效率测评。并基于面板数据，采用随机效应模型对影响效率变化的因素进行了分析。

⑤2013—2017年公共体育资源配置的全要素生产率呈下降趋势，技术效率、纯技术效率、规模效率的小幅下降对全要素生产率下降的影响不大，下降的主要原因是受技术进步水平指数下降的影响。在体育强国建设和全民健身国家战略落实过程中，公共体育资源投入的规模不断增大，在资源要素投入产出的组合结构、资源配置的方式、方法上亟须进一步的改进，在保障社会公平正义的同时关注资源配置的效率，实现规模效应和技术进步水平，同时促进全要素生产率的提升。针对31个省份公共体育资源配置效率的评价发现，仅有江西、宁夏、重庆等省市区保持着高效率；北京、上海的效率测评值呈持续上升的态势；山东、云南两省效率测评结果维持较高，但呈持续下降趋势；新疆、四川、吉林三省区的效率测评值较高，呈波动状态；另外，共有21个省市区的效率测评值持续较低，需考虑投入产出结构的调整，以实现效率值的不断攀

升。针对郑州市38个基层社区公共体育资源配置效率的评价结果，发现2013—2018年郑州市25个社区的全要素生产率均有不同程度的提升，受技术进步水平指数提升的影响明显。说明郑州市在公共体育资源配置过程中不断进行配置方式调整、方法更迭、结构调控，使资源配置达到了优化配置的现状。此外还有13个社区的全要素生产率有不同程度的下降，其下降的主要原因是在规模效率和技术效率变化相对恒定的情况下，技术进步水平指数下滑造成的。

⑥基于随机效应模型的回归分析发现：全民健身公共体育资源配置的结构、社会大众的体育意识、体育社会组织数等对效率的提升有积极作用。社会大众的体育意识、教育水平对技术进步水平指数的提升有积极意义。社会大众的体育意识对技术效率的提升有积极作用。区域经济发展水平、居民收入水平和消费水平、人口规模和辖区面积、公共体育管理人员数等指标对资源配置效率、技术效率变换以及技术进步水平指数的影响均不显著。

⑦在配置客体方面，建立社会体育指导员投入和激励机制，强化社会指导员的培训、管理和服务工作；建立与经济增长联动的投入增长机制，拓展公共体育财力资源的渠道；建立公共体育场地设施共建共享机制，合理布局满足居民对身边健身场地设施的需求；构建完善的公共体育服务信息保障体系，有效提高技术水平进步指数；加大体育社会组织培育扶持力度，构建全民健身组织网络。在配置主体方面，强化政府主体地位，引导多元主体参与资源配置；调动非政府组织、体育企业参与公共体育资源配置的积极性，突出整体功能性资源配置力的协同发挥；引导社会大众参与公共体育资源配置，提升居民体育需求的增长率。在配置环境方面，优化公共体育资源配置的结构，内化资源配置的合力；创新全民健身公共体育的发展方式，强化公共体育事业的治理能力；强化体育在素质教育中的地位，促进居民体育消费意识的提升；完善全民健身公共体育资源配置的政策，优化资源配置方式和方法。

目 录

绪论 …………………………………………………………………（1）

 第一节 选题依据 …………………………………………………（1）

 第二节 研究意义 …………………………………………………（3）

 第三节 文献综述 …………………………………………………（4）

 第四节 研究思路及技术路线 ……………………………………（13）

 第五节 研究方法 …………………………………………………（15）

第一章 全民健身公共体育资源概述 ………………………………（18）

 第一节 全民健身公共体育资源的概念 ……………………………（18）

 第二节 全民健身公共体育资源要素的内涵 ………………………（19）

 第三节 全民健身公共体育资源的整体特征 ………………………（21）

 第四节 全民健身公共体育资源要素的分类 ………………………（22）

 第五节 全民健身公共体育资源要素的特征 ………………………（24）

 第六节 全民健身公共体育资源要素系统的提出 …………………（27）

 第七节 全民健身公共体育资源的公共物品属性 …………………（31）

 第八节 全民健身公共体育资源的产权特质 ………………………（41）

 本章小结 ……………………………………………………………（44）

第二章　全民健身公共体育资源配置系统理论研究 …………………（46）

第一节　公共体育资源配置系统理论是公共体育服务研究的范式 ……（46）
第二节　全民健身公共体育资源配置系统的概念及构成 ……………（48）
第三节　全民健身公共体育资源配置主体系统解析 …………………（50）
第四节　全民健身公共体育资源配置客体系统解析 …………………（57）
第五节　全民健身公共体育资源配置系统的分析框架 ………………（62）
本章小结 ……………………………………………………………（74）

第三章　全民健身公共体育资源配置方式、方法、政策及国际比较 …（75）

第一节　全民健身公共体育资源配置方式 ……………………………（75）
第二节　全民健身公共体育资源配置的方法 …………………………（84）
第三节　全民健身公共体育资源配置政策分析及国际比较 …………（91）
本章小结 …………………………………………………………（103）

第四章　全民健身公共体育资源配置效率评价 ………………………（104）

第一节　全民健身公共体育资源配置效率的概念和内涵 …………（104）
第二节　全民健身公共体育资源配置效率评价的内容 ……………（107）
第三节　全民健身公共体育资源配置效率评价指标体系的构建 …（108）
第四节　全民健身公共体育资源配置效率的影响因素分析 ………（118）
第五节　全民健身公共体育资源配置效率评价方法选择及模型构建 …（120）
本章小结 …………………………………………………………（130）

第五章　全民健身公共体育资源配置效率实证研究 …………………（131）

第一节　省域全民健身公共体育资源配置效率实证分析 …………（132）

第二节　郑州市基层社区全民健身公共体育资源效率测评 …………（149）

　　第三节　影响全民健身公共体育资源配置效率变化的因素分析 ……（158）

　　本章小结 ……………………………………………………………（161）

第六章　全民健身公共体育资源优化配置的对策……………………（163）

　　第一节　全民健身公共体育资源配置客体方面 ……………………（163）

　　第二节　全民健身公共体育资源配置主体方面 ……………………（168）

　　第三节　全民健身公共体育资源配置环境方面 ……………………（170）

　　本章小结 ……………………………………………………………（172）

第七章　结论和创新点…………………………………………………（174）

　　第一节　结论 …………………………………………………………（174）

　　第二节　创新点 ………………………………………………………（176）

　　第三节　研究不足和展望 ……………………………………………（177）

参考文献……………………………………………………………………（178）

附录1………………………………………………………………………（186）

附录2………………………………………………………………………（188）

附录3………………………………………………………………………（190）

附录4………………………………………………………………………（191）

附录5………………………………………………………………………（192）

绪 论

第一节 选题依据

一、落实全民健身国家战略助力健康中国建设的需要

随着体育改革的全面深化，体育公共服务水平的提升，我国体育事业的发展已取得长足的进步。但与建设体育强国的目标相比，体育事业发展不平衡的问题依旧突出。《"健康中国2030"规划纲要》指出到2030年要全面建立全民健身公共服务体系[1]。《体育强国建设纲要》明确了体育强国建设的主要内容，全民健身着眼于建成完善的公共体育服务体系[2]。全民健身公共服务体系是针对全体社会大众，为了满足社会成员参与健身的需求，向全体居民提供公益性服务和产品的系统性、整体性的制度安排[3]。全民健身公共服务体系的构成包括供给系统（政府主体、体育社会组织和体育企业等多元主体供给）、产品体系（场地设施、健身指导、体育培训、竞赛活动、体育信息、体质监测等）、资源配置体系（人、财、物、信息等）以及绩效评价和监督反馈体系。

资源配置体系是全民健身公共服务体系的重要构成，能够全面反映资源供给总量、结构和效率等问题。公共体育资源配置的主要目的是保障社会大众参与体育锻炼的基本权利，公共体育服务的提供需要以公共体育资源的配置为支撑。多种供给资源的分配问题即是公共体育资源的资源配置。因此，研究全民健身公共体育资源配置相关问题有利于建设高效的服务型政府，实现公共体育服务治理能力的现代化。

---

[1] 曾钊，刘娟. 中共中央、国务院印发《"健康中国2030"规划纲要》[J]. 中华人民共和国国务院公报，2016（32）：5-20.

[2] 鲍明晓. 贯彻《体育强国建设纲要》，办好人民满意的体育事业[J]. 体育科学，2019，39（9）：3-13.

[3] 戴健. 中国公共体育服务发展报告（2013）[M]. 北京：社会科学文献出版社，2013：12.

二、纾解公共体育服务供给过程中多种矛盾的需要

公共体育服务作为社会福利事业，由于历史原因"欠账仍较多"，与着眼建成完善的全民健身公共服务体系，保障社会大众参与体育锻炼的基本权利，为社会大众提供丰富多样的公共体育服务和产品的目标相比还有较远的距离。原国家体育总局局长刘鹏曾强调全民健身公共体育服务是建设体育强国过程中的"薄弱环节"和"最大短板"。公共体育服务体系运行不畅，体育社会组织发展不规范，体育产品和服务供给不充足，全社会兴办体育的体制机制还不健全等限制了全面建设体育强国的进程。当前我国全民健身公共体育资源投入不足，全民健身基础场地设施短缺和种类单一，区域间公共体育资源配置的非均衡结构影响了体育强国和健康中国国家战略推进的步伐。

公共体育资源的多元供给以及优化资源配置就成为内化公共体育服务能力的重要举措。如何拓展公共体育资源供给途径，如何就现有资源进行合理有效的分配，对于缓解供给侧和需求侧的矛盾具有重要意义。针对全民健身公共体育资源投入不足、结构非衡的现实，加强全民健身公共体育资源的配置研究，丰富资源配置的途径，优化资源配置的结构，提高资源配置的效率就成为保障人民群众共享、共建全民健身公共体育服务和产品的重要方略。

三、缓解公共体育资源稀缺的现实需要

全民健身公共体育资源的稀缺性体现在人、财、物、信息、组织等方面。国家体育总局2015年的统计资料显示，全国群众体育工作的经费为27.62亿元，体育彩票公益金占93.4%，而公共财政投入仅占6.6%。从地方财政投入情况看，2013年全国地方投入全民健身170.21亿元，其中，财政拨款为105.72亿元，彩票公益金为64.49亿元。全民健身公共体育事业的经费投入在体育事业发展经费占比仍然不高。全民健身公共体育事业的财政投入应以公共财政为主，以供给体育公共服务和产品为主要内容。现有的财政支持体系过于依赖体育彩票公益金。而各级地方政府在全民健身公共体育上的财政投入不足，需要对现有资源进行合理配置，以完善公共体育服务体系。作为全民健身活动开展的重要基础的场地设施——非标准化的体育场地，其场地面积仅为体育系统总面积的3.5%，室内公共体育健身场地建筑面积仅为1.4%，而投资非标准化的场地设施占比2.3%。

上述全民健身公共体育资源配置的情况相对于我国众多的人口来说，显然无法满足社会大众共享体育公共服务的需求，赋予全民平等参与体育的权利。全民健身公共体育资源的稀缺性需要对全民健身公共体育资源进行合理配置以保障全体居民合法参与体育锻炼的权利。根据我国全民健身公共体育资源配置存量不足、结构非衡的现实，强调公共体育资源存量和增量同时增长，实现资源配置的合理结构，同时提高配置效率就成为缓解当前公共体育资源稀缺性的主要途径。综观影响全民健身公共体育资源配置的多种因素，将全民健身公共体育资源配置的理论、效率的测评、影响效率的因素作为主要研究内容，并提出全民健身公共体育资源优化配置的对策成为当务之急。

第二节　研究意义

一、理论意义

公共体育服务体系的正常运行需要明确公共体育服务供给主体、供给内容和标准、运行的机制、资源配置、绩效评价、信息反馈等内容和环节。公共体育资源是公共体育服务和产品供给的物质基础和保障，是全民健身公共体育事业发展基础。公共体育资源配置多元主体在对公共体育资源配置的过程中需要关注配置规模、配置结构、配置效率等基本问题。本课题关于公共体育资源、公共体育资源配置的研究是对公共体育资源配置系统理论研究的完善，同时也是对体育公共服务绩效评价和标准化研究的有益补充；全民健身公共体育资源配置效率评价指标体系既可以作为发展评价的目标，又可以作为阶段性的评价标准，是全民健身公共体育资源配置外在的、可操作性的表现形式。本研究以构建全民健身公共体育资源配置效率评价指标体系为主要内容，对构建全民健身公共体育资源配置效率测评理论的基本框架意义非凡。

二、现实意义

随着公共体育资源投入的逐步增多和资源配置主体的多元化，政府、非政府组织和体育企业、社会大众等多元主体共同参与公共体育资源配置的过程。体育行政管理部门逐步从提供公共体育服务保障社会公平正义向强化资源配置效率和体育公共服务的绩效问题转变。因此，本课题从全民健身公共体育资源配置的现实情况出发，以资源配置效率为测评视角，构建全民健身公共体育资源配置效率评价指标体系，验证数据包络分析作为全民健身公共体育资源配置效率的测评方法的科学性和合理性。用于体育管理部门对于不同行政单位主体的全民健身公共体育资源配置效率的测评和比较，能为体育行政部门调整投入产出规模、调控资源配置空间结构、提高配置效率等提供参考依据。

第三节 文献综述

一、全民健身公共体育资源的相关研究

全民健身公共体育资源的概念是体育资源的延伸。董新光（2005）从公共体育资源管理层面出发，认为公共体育资源是为体育公共服务提供包括人力、物力、财力和信息要素的总和[1]；李洪波（2012）从公共体育资源的受众出发，将其总结为满足人类参与体育锻炼需求，所创造的各种条件的总和[2]；梁金辉（2008）则认为公共体育资源是社会用于提供公共体育产品和服务所需要的各种条件和要素的总和，包括了人力、物力、财力等有形资源，以及体育信息、科研、制度政策等无形资源[3]。将全民健身公共体育资源总结为是社会以满足大众参与体育健身的需求为出发点，通过改善全社会体育健身环境条件，为公众体育活动过程提供体育参与服务和保障各种要素的总和，其最终目标是为了促进国民健康水平的提高，依照体育资源的分类方式其中既包含了人力（如管理人员、服务人员）、物力（如场地设施）、财力（如经费）在内的有形资源，也包括了体育信息资讯、政策法规、科研等无形资源。

体育资源具有的社会与经济双重效益，其产出也相应的被划分为社会公益性质与商业投资性质，吸引着政府和私人非政府组织。全民健身公共体育资源作为一种公共社会资源存在，公共属性是其根本属性[4]。公共属性决定着体育资源应具有公益性且能够最大程度满足大众体育参与的需求，惠及全体公民，并需满足各阶层参与可选

---

[1] 董新光.关于全民健身体系的理论构架[J].体育文化导刊，2005（5）：5-7.
[2] 李洪波.城市社区公共体育资源合理配置与政府绩效评价研究[D].南京：南京师范大学，2012.
[3] 梁金辉.公共体育资源优化配置问题研究[J].体育文化导刊，2008（1）：9-11.
[4] 舒宗礼.有效的市场与有为的政府：公共体育资源优化配置的关键[J].成都体育学院学报，2015，41（6）：55-61.

择性的机会均等化。公共体育资源均等化的实现受到全民健身体育资源的管理与利用的影响全民健身公共体育资源以社会公益性为重，仅兼顾经济效益，因此，公共体育资源的来源主要依托于政府机构对社会事业的投入，也有少部分投入来自非政府机构的公益性捐助，但多以经济利益为着眼点。

全民健身公共体育资源的发展方向是基于具体政策和发展规划的顶层设计所决定的。2010年十一届全国人大第三次会议提出"大力发展公共体育事业"，为全民健身公共体育提供了发展动力；2012年《国家基本公共服务体系"十二五"规划》首次提出健全基本公共服务体系，肯定了全民健身公共体育开展意义；2014年国务院《关于加快发展体育产业促进体育消费的若干意见》中将全民健身上升为国家战略，全民健身公共体育的发展得到国家层面的重视；2016年公布的《体育发展"十三五"规划》要求推动休闲健身场地设施建设，加强健身场地设施管理与维护，坚持建管并举，提高健身场地设施使用率，为全民健身体育资源建设提出了具体的实施办法。可以看出全民健身公共体育无形资源的政策和规划，在被重视程度上不断提升，在内容上进一步具体，为全民健身公共体育资源发展提供保障。

随着全民健身上升为国家战略，公共体育设施规划建设也迎来了高峰期，基础设施也是保障全民健身活动开展的物质基础，我国体育设施保障力目前还远不如其他基本公共资源。就全民健身所需的场地设施来看，根据第六次全国体育场地普查数据，全国共有体育场地169.46万个，人均体育场地面积1.46平方米[1]。全国体育场地普查数据公报虽比2003年第五次全国体育场地普查人均场地面积增加0.43平方米，但是人均场地面积不到同时期美国、日本的10%，用于全民健身路径场地面积占体育场地面积的比重虽有明显提升，但在新增场地比重中也仅为13%。目前对公共体育设施资源的研究主要集中于对体育场设施和规划场馆资源现状、存在的问题以及评估方式，在全民健身计划的实施中，体育场馆不足是主要矛盾之一[2]，我国目前远不能满足日益增长的公共体育需求已是不争的事实[3]。梁金辉（2008）在《公共体育资源优化配置问题研究》中指出我国东部经济发达地区高于中部和西部地区，城市又高于乡镇农村的地域分布与城乡分配不均衡[4]。南音（2015）关注到体育场馆设施方面，公

---

[1] 国家体育总局.第六次全国体育场地普查数据公报[N].中国体育报，2014-12-26（3）.
[2] 舒萍.体育资源、资产的开发与利用刍议[J].武汉体育学院学报，2001，35（4）：127-128.
[3] 段冬旭，周剑，胡友群.基于供需理论的公共体育资源有效配置[J].沈阳体育学院学报，2011，30（6）：68-72.
[4] 梁金辉.公共体育资源优化配置问题研究[J].体育文化导刊，2008（1）：9-11.

共体育场馆属于单一国有，流动性开放性不足，价值潜力无法发挥的问题[1]。而对于体育设施规划，张强（2018）研究指出我国现阶段存在体育设施规划系统与体育系统标准衔接较差，非体育用地兼容体育设施难产、法规政策分散降低规划协调性，权责边界模糊等问题[2]。袁新锋（2019）通过对公共体育设施绩效评估方式的研究，指出了通过完善法律保障、培育第三方评估与完善评估流程设计等路径来解决我国公共体育设施现存的中规模缺口与服务缺陷，为公共体育设施绩效评估改善提供了思路[3]。以上研究表明，我国现阶段公共体育资源的场地设施还远远不能满足我们达到全民健身要求，研究的形式也多是通过文献梳理结合逻辑分析，目前还没有形成体系，提出的建议与调整策略应用性与实践价值有待进一步的考究。全民健身公共体育资源的场地设施部署需把握其公众属性，以大众需求和满意度为依据进行调整。公共体育设施绩效评估方式也需立足于时代背景下不断发展，多关注公共体育设施利用与共享方式拓展。

人力资源主要指在全民健身公共服务供给组织中从业的人员，包括管理人员、社会体育指导员等[4]。人力资源衔接了全民健身体育资源理念制度与物质资源，是保障全民健身目标实现的重要基础。董新光（2007）通过调查国家公职人员配置情况发现，国家体育事业统计体系中没有群众体育指标，体育局直属单位职工中为群众体育服务的比例过低，仅占竞技体育职工的1/5[5]。面对指向惠及全民的公共事业，急需提升重视程度，加强管理层面人力资源保障。社会体育指导员是直接参与全民健身公共体育服务与指导的主力军，李树怡（1999）通过调查发现我国社会体育活动指导员在数量上远不能满足公共体育需求，人员多以业余、离退者、兼职为主，并且缺乏技术指导[6]；李相如（2008）的研究也指出，社会体育指导员存在总体数量少、与高需求不平衡、分布稀缺等问题，组织管理型指导员所占比重过高，而服务于乡村的指导员仅是城镇的1/10，城乡比例失衡[7]。以上研究表明目前我国公共体育人力资源远

---

[1] 南音.我国公共体育场馆资源配置探析[J].体育文化导刊，2015（5）：143-146.
[2] 张强，刘艳，王家宏.我国公共体育设施规划之现存问题与应对策略研究[J].天津体育学院学报，2018，33（4）：23-28.
[3] 袁新锋，张瑞林，王飞.公共体育设施绩效评估的英国经验与中国镜鉴[J].北京体育大学学报，2019，42（4）：33-41.
[4] 王莉，孟亚峥，黄亚玲，等.全民健身公共服务体系构成与标准化研究[J].北京体育大学学报，2015，38（3）：1-7.
[5] 董新光.论公共体育资源配置的不平衡及改革取向[J].体育文化导刊，2007（3）：6-11.
[6] 李树怡，朱越彤，曹玲.我国社会体育指导员现状调查[J].体育科学，1999（4）：13-16.
[7] 李相如，展更豪，林洁，等.我国社会体育指导员的现状调查与研究[J].体育科学，2006，22（4）：27-30.

不能满足全民健身的发展需求，提高人力资源数量，提升人员质量，合理规划人员分布，释放人力资源对全民健身公共体育的提升动力，是今后体育人力资源开发所要解决的重要问题。

以上对全民健身公共体育资源相关研究的分析，体现出全民健身公共体育资源这一问题在日益受到关注，无论是在政策规划还是场地设施等物力资源上都在进一步的发展完善，但不可否认的是相较于同期的其他基础资源的发展情况，全民健身公共体育发展还是存在一定的滞后性，相关的研究范围局限，且较少出现具有实践指导意义的文章，全民健身公共体育资源研究需要更丰富的视角和更多的关注度，从而保障全民健身和健康中国双重国家战略的发展实施。

二、全民健身公共体育资源配置的相关研究

全民健身公共体育资源配置指在公共体育事业发展过程中通过对稀缺资源的分配，使体育资源得到充分的合理利用，产生最佳的效益，并最大限度地满足公众的体育需求，合理的公共体育资源配置能够实现社会大众随生活水平提升日益增长的体育需求与体育供给的平衡，保障不同阶层、不同的使用目的公众参与体育活动的机会均等化产生最佳效益。

以系统与要素关系视角入手，系统的组成要素或组织结构重组都会带来系统功能和环境的变化，在全民健身体育资源配置中，全民健身体育资源被视为"要素"，"配置"被视为"重组"，因此，全民健身体育资源配置将会对全民健身体育带来重大的影响，全民健身体育资源配置相关问题的重要性不言而喻，而采取什么样的体育资源配置方式是由经济体制所决定的。现有的全民健身公共体育资源配置方式的研究中，关注到全民健身公共体育资源配置现存的问题。董新光（2007）在《论公共体育资源配置的不平衡及改革取向》一文中从人力、财力、物力、信息资源四个方面论证了竞技体育与群众体育资源配置的不平衡性[1]；梁金辉（2008）以构建和谐社会为标准提出我国公共体育资源的配置中有形资源存在配置效率低，公平性不足的问题[2]。刘亮（2016）认为我国公共体育资源配置的主要矛盾是供需矛盾，供需矛盾的主要原因是供给短缺，而解决矛盾的关键则要通过供给侧改革[3]。张强（2018）则探讨了

---

[1] 董新光.论公共体育资源配置的不平衡及改革取向[J].体育文化导刊，2007（3）：6-11.
[2] 梁金辉.公共体育资源优化配置问题研究[J].体育文化导刊，2008（1）：9-11.
[3] 刘亮，王惠.供给侧改革视角下我国公共体育资源供需矛盾的消解与改革路径[J].武汉体育学院学报，2016，5（4）：51-55.

在体育设施规划中，规划系统与体育系统标准衔接较差、非体育用地兼容体育设施难产、法规政策分散降低规划协调性等问题[1]。全民健身公共体育资源的效率评价和问题的发现，提供了全民健身公共体育资源配置的调整方向。现阶段调整公共体育资源配置的落脚点在于调整部署提升配置效率，满足公共体育参与需求。

我国体育资源的配置方式共有三种形式：计划配置方式、市场配置方式和计划与市场混合型配置方式。演变过程经历了完全政府计划配置、政府计划为主与市场调节为辅、向市场化方向发展的混合型配置三个阶段[2]。现阶段我国全民健身公共体育资源的配置方式是政府与市场相交集，有分工也有相容，并逐渐将市场转化为基础力量，政府在资源配置过程中起到引导与规制作用，保障了配置的公平性避免了市场的失灵，市场则决定了公共体育资源的配置效率，二者在公共体育资源中起到相互协同作用。如何让政府公共性与市场的优势得到更好地发挥，正确认识和处理资源配置中政府与市场的关系，也是现今全民健身公共体育资源配置关注的热点问题。舒宗礼（2015）提出通过最大发挥政府在规划上的优势，市场在生产上的优势，形成"有效的市场"和"有为的政府"才能实现公共体育资源的优化配置。蔡朋龙（2019）则认为处理好政府与市场的关系关键在于两者权责边界的划分，从制度、主体和效用3个层面划定了政府与市场的价值、领域边界和有效边界[3]。后期在《论公共体育资源配置市场化改革中政府角色定位》中提出了现阶段政府在公共体育资源配置具体角色应是"基本公共体育资源的保证者""市场化规划者""制度供给者""生产组织者""有限生产者""质量监督者"与"消费的引导者"[4]。张文静（2020）在《政府购买服务视角下我国公共体育资源配置市场化改革研究》研究中指出政府购买服务有利于促进政府与市场作用协调发挥[5]。政府与市场作为两种配置方式，调控的目标应是双方优势得到最大的发挥，即达到发挥市场活力的目的，又兼顾社会效益，将公共体育资源更好的作用于全民健身体育资源的配置之中。

---

[1] 张强，刘艳，王家宏. 我国公共体育设施规划之现存问题与应对策略研究[J]. 天津体育学院学报，2018，33（4）：23-28.

[2] 吴周礼. 体育资源配置方式变迁及相关问题分析[J]. 体育文化导刊，2007（3）：54-56.

[3] 蔡朋龙，王家宏. "有效市场"和"有为政府"：公共体育资源配置市场化改革中政府与市场的三重边界[J]. 天津体育学院学报，2019，34（3）：19-27.

[4] 蔡朋龙，王家宏. 论公共体育资源配置市场化改革中政府角色定位[J]. 沈阳体育学院学报，2020，39（2）：58-67.

[5] 张文静，沈克印. 政府购买服务视角下我国公共体育资源配置市场化改革研究[J]. 体育文化导刊，2020（2）：24-30.

梁金辉（2008）、荣云（2018）、孙莉琴（2019）分别对体育场馆资源配置、农村公共服务供给资源配置和我国公共体育资源配置提出了优化策略，研究中他们都共同关注到了公共体育资源的均等化，并将其作为优化目标之一[1][2][3]。随着农村建设的推进，以及十九大乡村振兴战略的提出，农村县区也掀起了全民健身的热潮，农村群众的体育参与需求明显提升，与此同时由于全民健身体育资源受经济环境的制约存在着区域间的不平衡性，农村公共体育资源的配置也存在着一系列问题，因此对农村县区全民健身体育资源配置的研究在近年来有明显增加。何元春（2011）在对农村公共体育资源配置现存的资源配置不到位、不均衡、浪费多等问题的总结之上提出了资源配置分担与补偿机制，着力提升农村全民健身体育资源的效益[4]；陈鑫林（2018）认为健身器材、体育教育人才、体育文化是我国农村地区公共体育资源的主要需求类型[5]；樊炳有（2019）选取江、浙、闽省份的经济百强县，总结提出公共体育资源配置供给侧结构性失衡是资源配置差异的重要原因[6]。全民健身健康中国的实现需要靠城乡统筹发展，完善农村公共服务体系，协调全民健身体育资源更好的为农村群众参与体育活动提供保障。

全民健身公共体育资源配置的上述研究中涵盖了全民健身公共体育资源配置发展特征、现存问题，从不同视角提出了优化方案，并关注到了全民健身公共体育资源配置中城乡统筹发展、市场与政府关系等热点问题，对指导全民健身公共体育资源配置有一定的实践意义。但研究多集中在概念、现状以及策略，尚未形成完善的理论体系，全民健身公共体育资源配置可遵循的范式也尚未建立。全民健身公共体育资源配置是保障健康中国政策实施的物质基础，对全民健身的投入是否惠及于民，是实现全民健身公共体育服务体系完善发展的关键环节。全民健身公共体育资源配置的理论研究对资源配置实践具有指导意义。

---

[1] 容云.公共体育服务视角下体育场馆资源优化配置研究[J].广州体育学院学报，2018，38（5）：53-55.

[2] 孙莉琴.我国农村体育公共服务供给的资源优化配置研究[J].农业经济，2019（5）：108-110.

[3] 梁金辉.公共体育资源优化配置问题研究[J].体育文化导刊，2008（1）：9-11.

[4] 何元春.农村公共体育资源配置收益分析与对策研究[J].南京体育学院学报：社会科学版，2011，25（1）：44-47.

[5] 陈鑫林.城乡融合视野下我国农村地区公共体育资源配置的不平衡及改革取向研究[J].农业经济，2018（9）：98-100.

[6] 樊炳有，王继帅.经济百强县公共体育资源配置的差异性研究[J].北京体育大学学报，2019，42（12）：127-138.

三、全民健身公共体育资源配置效率的相关研究

1. 国内相关研究

"公平与效率"作为人类经济生活中的一种基本矛盾,始终是经济学领域论证的主题。主要因为社会经济资源的配置效率是人类经济活动追求的目标,而经济主题在社会生产过程的各方面的公平也是人类经济活动追求的目标,现实中还是适时的行动准则。当前体育公共服务许多重大的改革与发展问题,都应以公平与效率的原则作为决策的依据。前期关于体育公共服务绩效评价、公共体育资源配置效率评价和群众体育资源配置效率评价的学术成果相继出现。与体育公共服务绩效评价相关的文献有:王景波(2011)采用文献资料法、问卷调查法、层次分析法建构了包含4个一级指标和37个二级指标的公共体育服务绩效评价体系,该体系指标涉及范围广泛,包括竞技体育、学校体育、社会体育、体育科技等多个方面[1];刘亮(2011)运用德尔菲法确定了体育公共服务绩效评估的指标体系,该体系由5个一级指标、16个二级指标、36个三级指标构成,最后运用层次分析法对各指标的权重进行了赋权[2];王凯(2011)针对目前政府绩效评估中内部评估的困境提出"异体评估"的概念,并对评估主体的选择进行了全新的考量,确立了"人大核心评估主体"的思路,阐述了"人大核心主体"思路下绩效评估的开展应建立体育绩效评估委员会,构建了绩效评估的指标体系。该体系共由2个一级指标、8个二级指标、38个三级指标构成[3];宋娜梅(2012)研究构建了包含公共服务效能、公众满意度、公共服务投入度3个一级指标,并同时包含14个二级指标、58个三级指标的绩效评价体系,并对绩效评分的计算方法进行了探讨,对绩效评分进行了算例分析;郑家鲲(2013)综合经验选择、德尔菲法构建了包含6项一级指标和30项二级指标的公共体育服务评价指标体系,运用判断矩阵确定了权重[4];韦伟(2015)运用德尔菲法、主成分分析等方法构建了包含

---

[1] 王景波,赵顺来,魏丕来,等.地方政府体育公共服务绩效评估指标体系的研究[J].沈阳体育学院学报,2011,30(2):1-3,7.

[2] 刘亮.新公共管理视角下体育公共服务绩效评估研究——基于武汉"1+8"城市圈的调查与分析[J].武汉体育学院学报,2011,45(6):24-29.

[3] 王凯,殷宝林,王正伦,等.公共服务视域政府体育工作绩效"异体评估"研究[J].体育科学,2011,31(9):34-40.

[4] 郑家鲲,黄聚云.基本公共体育服务评价指标体系的构建[J].上海体育学院学报,2013,37(1):9-13.

资源利用、效益两个一级指标和资金投入、场地设施、组织机构、人力资源、体制健康、经常参与体育活动人数6个二级指标，同时包含11个三级指标的绩效评价体系，并应用该评价体系对我国31省市区公共体育服务的绩效进行了评价和等级划分[1]。

总之，上述公共体育服务绩效评价、公共体育资源配置效率评价以及群众体育资源配置效率评价等相关研究所构建的指标体系仍存短板，主要体现在具体指标统计数据匮乏，实现具体指标的定量化和具体化操作有较大困难；多数指标的筛选依据专家的经验判断，其可靠性有待进一步考量。此外，上述研究所构建的体育公共服务绩效评价指标体系普遍存在指标较多，且定性指标较多，未用指标体系进行实证评价等问题。因此，上述绩效评价指标体系的普适性和有效性有待进一步验证。

赵聂（2008）综合应用因子分析和运筹学方法（数据包络分析）建构了公共体育服务的指标体系，该指标体系共包括5个一级指标和11个二级指标，选取数据包络分析CCR模型对西南地区10个城市的公共服务绩效进行了测评，验证了指标体系和绩效评价方法的有效性[2]；张莹（2011）运用数据包络分析的CCR模型对我国30个省市区的群众体育资源配置效率开展了有效测评，指出群众体育资源的配置效率存在一定程度的"倒置"现象，即经济发达地区的资源配置效率偏低，而经济欠发达地区的资源配置效率尚可。同时还发现我国多数省份存在投入冗余现象，并指出我国群众体育资源投入应从粗放型向集约型转变[3]。邵伟钰（2014）运用数据包络分析方法的CCR、BCC和SE-DEA模型对2011年我国地方群众体育财政投入效率进行分析评价，并对不同地区财政投入低效率的原因进行了分析，提出不同地区要采取不同群众体育财政投入对策，不断加大群众体育财政投入力度、加强群众体育财政管理[4]。王菁（2016）运用DEA-Tobit模型对广东省21个地市公共体育服务的绩效进行了评价，并对影响公共体育产品供给效率的多种因素进行了分析，认为政府的供给能力、供给的规范性，供给过程中的供需关系、供给意愿等均会影响公共体育服务绩效[5]。

上述文章均构建了体育公共服务绩效评价和群众体育资源配置效率的评价指标体系，并运用数据包络分析进行相应效率测度，但在效率测评过程中多采用截面数据，

---

[1] 韦伟，王家宏.我国公共体育服务绩效评价体系构建及实证研究[J].体育科学，2015，35（7）：35-47.
[2] 赵聂.基于DEA模型的公共体育服务绩效评价研究[J].成都体育学院学报，2008（6）：8-10，14.
[3] 张莹，秦俭，董德龙，等.我国不同地区群众体育资源配置效率研究[J].山东体育学院学报，2011，27（12）：7-11.
[4] 邵伟钰.基于DEA模型的群众体育财政投入绩效分析[J].体育科学，2014，34（9）：11-16+22.
[5] 王菁，龚三乐，张宏.广东省体育公共产品供给效率评估——基于DEA-Tobit模型分析[J].体育学刊，2016，23（3）：53-59.

未关注多年面板数据的效率测评、多年效率的变化趋势以及影响效率变化的因素等，同时还存在效率测评模型科学选择等问题。

2. 国外相关研究

英格兰体育局发布的《体育发展绩效评估的良好实践指南》(《A good practice guide to performance measurement for the development of sport》) 手册中提供了体育评估的基本框架 (An evaluation framework for sport)。该框架的具体作用主要表现为：①对体育行政部门提供的场地设施、公共体育服务等进行有效评价；②准确反映体育行政部门的工作能力和价值存在；③呈现体育行政部门的工作绩效；④强调体育行政部门在绩效评价过程中的重要地位；⑤强调体育在社会发展中的积极作用和重要价值。英格兰体育局在上述体育评估基本框架的基础上建构了包含6个一级指标和45个二级指标的指标体系。该指标体系侧重于：①强调社会公平的重要意义；②注重投入产出规模以及体育行政主管部门工作绩效的评价；③重视积极参与体育锻炼的社会意义；④多采用量化指标来进行具体的操作和实施。从1980年起美国每隔10年发布新一版的健康公民 (Health People)，到目前为止先后发布了"HP1990""HP2000""HP2010""HP2020"，其中"HP2000"由3个总体目标、22个一级目标、47个二级目标、300个三级目标构成了绩效评价的目标体系。该体系在评价过程中，以数据量化评价为支撑，通过具体的数据反映不同地区、主体、机构实施的效果，具有操作性强、易于量化处理等特点。澳大利亚学者琼·坎宁安和玛丽·贝尼四十为了对澳大利亚健康娱乐的实施情况进行有效测评构建了包含3个一级指标、14个二级指标的指标体系。该指标体系将评价重点集中于：①社区；②群众体育的管理者；③体育娱乐与社会问题的关联性。但该指标体系的定性指标太多，缺乏可操作性。国家基准服务 (NBS) 是英国最重要的公共体育设施绩效评估系统，其评估结果深受公共体育服务领域的认可。NBS是在结果导向下，依据"标杆管理"理论设计的公共体育服务绩效评估体系，该体系能够提供全面的绩效评估信息并以"最佳实践"为标杆进行对照。

综上所述，现有的研究成果为全民健身公共体育资源配置效率评价研究提供了宝贵的参考价值。但受诸多因素的制约，学界以效率研究为切入点对全民健身公共体育资源配置进行研究尚处于萌芽阶段，研究的深度和系统性还不够。此外，由于数据包络分析测评效率的简便性和评价指标体系的广泛适用性及实践应用性还存在很多不足和缺憾，以至于相关研究中模型采用较单一，且不能合理解释资源配置效率低的原因，对于效率相同的地区不能进一步分析他们之间的差距。因此，本研究是全民健身公共体育资源配置研究的新境界和新领域，也是体育强国建设过程中体育公共服务建设与发展亟待解决的现实问题。

四、小结

前文从全民健身公共体育资源、全民健身公共体育资源的配置、全民健身公共体育资源配置效率评价研究三个方面展开了综述。目前，关于上述三方面的研究已取得了一定的研究成果，能够为本课题的研究提供一定的借鉴和参考。但在研究过程中存在资源分类标准不一、未达成共识；资源配置过程、运行机制研究深度不够；资源配置评价研究指标体系繁多、不利于操作等问题。特别是效率评价的研究仅能针对局部地区展开实证研究，涉及的决策单元相对较少，其应用范围和可操作性有待进一步研究。

总之，当前公共体育资源配置规模相对不足、配置结构不合理、市场在配置过程中的决定性作用的发挥不充分等制约着公共体育服务供给的质量。不能有效保障社会大众参与体育锻炼的基本权利，不能有效的体现社会公平正义。研究全民健身公共体育资源配置的基本理论问题对于缓解供需矛盾、调整配置结构、提高配置效率具有积极的意义。

第四节 研究思路及技术路线

一、研究思路

综合系统论、效率和生产率理论、资源配置效率理论等多学科的理论，分析全民健身公共体育资源配置过程中的基本问题，找到理论研究的原点，为后续全民健身公共体育资源的效率测评及影响因素的分析奠定基础。

在多学科理论的基础上，归纳资源配置效率评价在科技、教育等领域测评的实践经验。以提供有效的公共体育服务和产品，保障社会大众的体育权利为出发点，探究全民健身公共体育资源配置过程中的配置政策、配置目标、配置原则、配置方式、配置方法等基本问题。深入分析全民健身公共体育资源配置效率测评指标体系的具体指标，对效率测评以及影响因素分析的模型进行选择。

运用专家访谈法、问卷调查法、数理统计法等方法，尝试建构全民健身公共体育资源效率测评的指标体系。

针对我国31个省市区及郑州市38个社区的全民健身公共体育资源配置效率进行测评，分别对决策单元进行有效的排序，分析效率不高的决策单元的主要原因。进而分析全民健身公共体育资源配置过程中存在的主要问题及原因，提出全民健身公共体育资源优化配置和效率提升的对策。

二、技术路线

全民健身公共体育资源配置基本研究思路如图1所示。

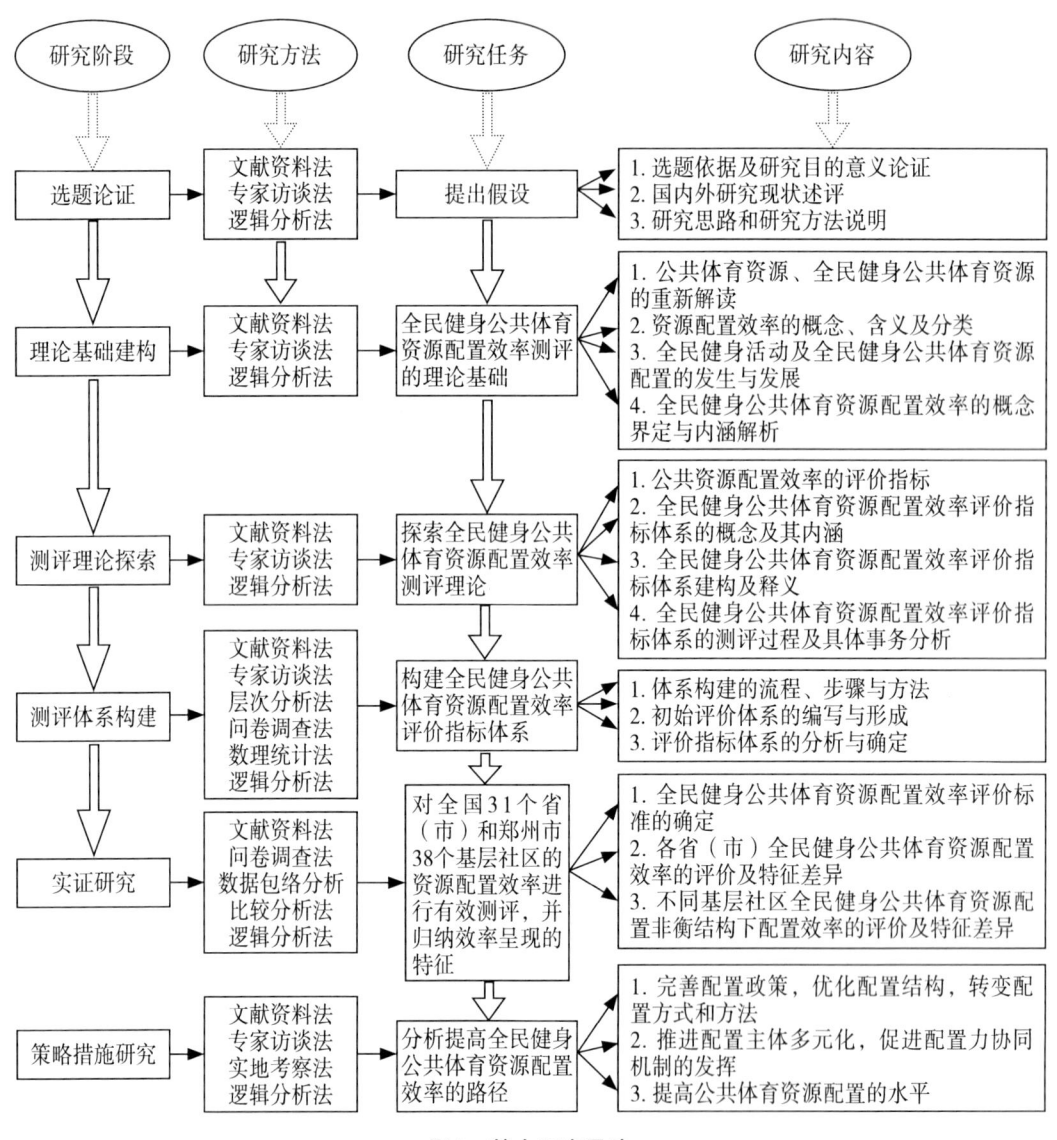

研究阶段	研究方法	研究任务	研究内容
选题论证	文献资料法 专家访谈法 逻辑分析法	提出假设	1. 选题依据及研究目的意义论证 2. 国内外研究现状述评 3. 研究思路和研究方法说明
理论基础建构	文献资料法 专家访谈法 逻辑分析法	全民健身公共体育资源配置效率测评的理论基础	1. 公共体育资源、全民健身公共体育资源的重新解读 2. 资源配置效率的概念、含义及分类 3. 全民健身活动及全民健身公共体育资源配置的发生与发展 4. 全民健身公共体育资源配置效率的概念界定与内涵解析
测评理论探索	文献资料法 专家访谈法 逻辑分析法	探索全民健身公共体育资源配置效率测评理论	1. 公共资源配置效率的评价指标 2. 全民健身公共体育资源配置效率评价指标体系的概念及其内涵 3. 全民健身公共体育资源配置效率评价指标体系建构及释义 4. 全民健身公共体育资源配置效率评价指标体系的测评过程及具体事务分析
测评体系构建	文献资料法 专家访谈法 层次分析法 问卷调查法 数理统计法 逻辑分析法	构建全民健身公共体育资源配置效率评价指标体系	1. 体系构建的流程、步骤与方法 2. 初始评价体系的编写与形成 3. 评价指标体系的分析与确定
实证研究	文献资料法 问卷调查法 数据包络分析 比较分析法 逻辑分析法	对全国31个省（市）和郑州市38个基层社区的资源配置效率进行有效测评，并归纳效率呈现的特征	1. 全民健身公共体育资源配置效率评价标准的确定 2. 各省（市）全民健身公共体育资源配置效率的评价及特征差异 3. 不同基层社区全民健身公共体育资源配置非衡结构下配置效率的评价及特征差异
策略措施研究	文献资料法 专家访谈法 实地考察法 逻辑分析法	分析提高全民健身公共体育资源配置效率的路径	1. 完善配置政策，优化配置结构，转变配置方式和方法 2. 推进配置主体多元化，促进配置力协同机制的发挥 3. 提高公共体育资源配置的水平

图1　基本研究思路

第五节 研究方法

一、文献资料法

查阅系统理论、经济学相关理论、公共体育服务理论、服务型政府建设理论、资源配置效率理论等相关著作40余部，认真研读相关理论，为本课题奠定扎实的理论基础。

检索中国知网全文数据库、博硕论文、会议论文、报纸全文数据库、万方数据库、维普数据库，分别以"公共体育服务""服务型政府建设""公共体育资源""资源配置效率"为关键词进行检索，收集相关期刊论文、博硕论文、会议论文300余篇，并进行分类整理，准确掌握上述理论研究的进展。

查阅《体育事业统计年鉴》（2013—2017年）、《中国城市统计年鉴》（2013—2017年）、《国民经济和社会发展统计公报》（2013—2017年）、《中国统计年鉴》（2013—2017年）、《中国体育年鉴》、《群众体育蓝皮书》等资料汇编。检索国研网、中经网、国家统计局等相关统计网站。收集公共体育服务供给过程中投入产出指标的相关数据。

二、系统分析法

系统分析法主要是指将分析、研究的对象和需要解决的问题看作一个完整地系统，以系统的总体最优为目标，对系统的各个方面进行定性和定量分析的方法。全民健身公共体育资源配置是一个复杂的系统，其包括资源配置的主体、配置客体、配置要素、配置的结构、配置方式、配置方法、配置政策、配置的外部环境以及影响配置过程的内外部因素等。运用系统分析法对全民健身公共体育资源配置的过程、机制、要素构成等进行深层分析，有利于从宏观上对公共体育资源配置有整体的把握。

三、调查法

1. 德尔菲法

在文献资料研究的基础上，根据"资源配置——效益"理论模型，运用专家访谈法完成本课题的理论建构，在分析前人研究成果的基础上设计《全民健身公共体育资源效率评价指标体系》调查问卷，通过两轮的专家问卷调查确定该指标体系的具体指标。调查对象主要选取从事公共体育服务研究、群众体育研究的专家以及地方体育局从事群众体育管理的行政人员，共选取专家20名。

第一轮专家问卷调查主要采用开放式和封闭式相结合的调查形式，请专家对资源配置效率测评的指标进行筛选、修正、建立指标库。综合第一轮专家的观点和修改建议整合形成第二轮问卷，并分别给指标赋予5、4、3、2、1的分值。并依据专家计分，采用Kendle协同系数检验对专家评分的一致性程度进行判断，依据变异系数<0.25，专家评价结果通过一致性检验，指标均值大于3.5进行指标的筛选。通过两轮的专家问卷调查，依据专家的建议、意见以及评分筛选指标并赋值，最后确立效率测评的指标体系。

2. 问卷调查法

全民健身公共体育资源配置效率分别从省域层面和基层社区两个层面开展。基层社区全民健身公共体育资源配置的人力、财力、物力、信息、组织等资源情况主要通过问卷调查获取。在设计《郑州市基层社区全民健身公共体育资源配置情况调查表》的基础上，运用分层抽样和方便抽样结合的方法，从郑州市中原区、二七区、金水区、惠济区等辖区选取50个社区作为公共体育资源配置效率测评的样本。共发放了调查问卷50份，回收了50份，回收率达100%。但在统计过程中发现，存在缺失值和数据不规范的有12份，经过筛选整理后，共有38个社区的投入产出数据纳入效率测评的范围。

四、数理统计法

数据包络分析（DEA）是应用数据规划模型针对相同性质的决策单元开展效率测评的运筹学方法。通过对相同性质的决策单元投入产出数据的统计分析，可以在决策单元内确定参考系并进行效率有效和无效的判断。此外，还能针对测评样本进行有效的排序，并对非有效决策单元的投入冗余值进行调整和规划。本课题主要采用数据包络方法，选择C^2R模型、超效率模型和Malmquist指数模型来对全国31个省市区及郑州市38个基层社区的全民健身公共体育资源配置效率进行有效的测评。

以《全民健身公共体育资源效率评价指标体系》作为评价工具，以数据包络分析CCR模型、超效率模型和Malmquist指数模型作为测评方法和模型，对2013—2017年全国31个省市区全民健身公共体育资源配置效率的水平与特征进行对比研究，并对31个省市区的效率值进行有效排序，同时还对2013—2017年资源配置效率水平的变化趋势进行分析，进而依据效率水平进行相应的聚类分析，将31个省市区分为"效率较高–持续上升""效率较高–持续下降""效率较高–波动""效率较低"四类。在郑州市城区采用分层和方便抽样相结合的方法抽取了38个基层社区，对基层38个社区的全民健身公共体育资源配置效率水平与特征的对比研究。对影响不同地区效率水平的因素进行分析，针对影响效率变化首先提出影响全民健身公共体育资源配置效率的计量模型，然后选择随机效应模型进行回归分析，采用最小二乘法（GLS）对影响效率变化的因素进行回归分析。数据主要来源于体育事业统计年鉴（2011—2015年）、中国统计年鉴（2011—2015年）以及各省市统计年鉴（2011—2015年）。影响因素包括居民收入水平和消费水平、区域经济发展水平、资源配置结构、居民体育意识和教育水平等。

五、逻辑分析法

通过对资源配置、资源配置效率、公共服务绩效评价、公共体育服务绩效评价等相关研究的分析和归纳总结。就全民健身公共体育资源配置的目标、原则、结构、行为和效果、运行机制等内容进行深入分析。以公共服务和资源配置理论为基础，运用分类法、分析与综合、归纳和演绎对全民健身公共体育资源配置的理论以及资源配置效率的理论进行深度研究。拓展公共体育资源配置理论和公共体育资源配置效率测评理论的范围。

第一章　全民健身公共体育资源概述

第一节　全民健身公共体育资源的概念

资源、体育资源、公共体育资源等基本概念对于界定全民健身公共体育资源的概念具有一定的参考价值，采用逻辑学"种差+临近属"的模式对全民健身公共体育资源的概念进行界定。闵健（2005）在《公共体育管理概论》一书中指出公共体育资源是公共体育存在和发展的基础[1]。从广义上讲，一切有用的同时又是稀缺性的事物都可成为资源。公共体育资源主要包括五种类型：人力、财力、物力、信息、组织。蔡朋龙（2020）认为公共体育资源是指由政府、非政府、企业甚至个人以公共利益为目的，为满足公众用于体育健身、体育赛事欣赏、体育休闲、体育教育、体育咨询等体育需求所提供的经营性和非经营性的产品和服务要素集合[2]。李洪波（2012）、樊炳有（2019）对于公共体育资源概念的界定均强调公共体育资源供给的目的是为了向社会大众提供公共体育服务和产品，更重视公共体育资源的条件和要素构成[3][4]。总之，上述关于公共体育资源概念的阐述均从描述公共体育资源的本质特征以及构成两方面入手。

目前，关于全民健身公共体育资源概念多是从公共体育资源概念的基础上延伸而来的。何涛（2017）在其对于全民健身公共体育资源概念的界定中同时强调了资源供给的目的是实现全民健康的目标，明确了资源供给的主体是国家和社会，强调了资源的条件和要素构成。将资源的要素构成分为有形资源（人力、财力、物力）和无形资源（制度、信息、政策法规等）[5]。刘旭东（2017）在对全民健身公共体育资源的

---

[1] 闵健.公共体育管理概论[M].北京：北京体育大学出版社，2005：193.

[2] 蔡朋龙.论公共体育资源配置市场化改革中政府角色定位[J].沈阳体育学院学报，2020，39（2）：58-67.

[3] 李洪波.城市社区公共体育资源合理配置与政府绩效评价研究[J].南京师范大学，2012.

[4] 樊炳有，王继帅.经济百强县公共体育资源配置的差异性研究[J].北京体育大学学报，2019，42（12）：127-138.

[5] 何涛.陕西全民健身公共体育资源配置现状及对策——基于供给侧改革的视角[J].新西部：理论版，2017，（4）：25, 24.

概念进行界定时将资源供给的目标进行了拓展，包含宏观目标和微观目标两方面，明确了政府在资源供给中的主体地位，强调了资源的社会和自然属性[1]。从上述关于公共体育资源和全民健身公共体育资源的概念来看，全民健身公共体育资源的概念主要从资源禀赋、要素构成、投入和产出等方面入手。全民健身公共体育资源的使用主体是社会大众；全民健身公共体育资源不仅是公共体育服务的重要载体，更关系到我国体育强国和健康中国战略实施的进程。上述关于全民健身公共体育资源概念的界定存在着对基础概念定义不清晰、概念内涵指向不明、概念界定宽泛等问题。

以资源论为参照，以公共体育服务理论作为新的切入点，重新审视全民健身公共体育资源配置的时代需求，借鉴资源的传统定义，考虑公共体育服务供给的实践经验，结合全民健身公共体育资源的特性，依循逻辑学概念界定的"种差+临近属"的模式。综合上述学者的界定，研究认为全民健身公共体育资源是指为了满足社会大众参与体育锻炼的需求，提供公共体育服务和产品所需要的所有条件和要素的集合。其中，各类体育场地设施、健身路径、全民健身活动中心、社会体育指导员、体育志愿者等均属于物质要素，体育健身知识、体育活动信息、国民体质监测服务等属于非物质要素。本文主要强调全民健身公共体育资源是一种资源要素的集合，进而强调全民健身公共体育资源要素的系统性特征。本研究中全民健身公共体育的资源构成主要由人力、物力、财力、信息、组织、制度、文化、市场等资源要素综合而成。

第二节　全民健身公共体育资源要素的内涵

全民健身公共体育资源众多要素共同组成全民健身公共体育资源的整体。一般认为，只要是为社会大众供给公共体育服务和产品的所有资源禀赋均为全民健身公共体育资源。按照体育资源的存在形态，可分为自然资源和社会资源；按照体育资源能否更新、再生，可分为不可更新公共体育资源及可更新公共体育资源；按照体育资源能否进入体育生产过程和消费过程，可分为潜在公共体育资源和现实公共体育资源；按照资源的存在形式可以分为有形资源和无形资源。全民健身公共体育资源分类众多，但其基本构成主要包括人力、财力、物力、制度、信息、文化、组织、市场等。全民健身公共体育资源是融合资源要素构成的系统整体，不同种类、不同层次、不同地域之间的相互联系、相互作用共同促进了公共体育服务体系的良性发展和正常运行。

---

[1] 刘旭东，曾强，苏欣. 全民健身背景下公共体育服务资源配置研究[J]. 哈尔滨体育学院学报，2017，35（6）：26-30.

本研究将全民健身公共体育资源的概念界定为"为了满足社会大众参与体育锻炼的需求，提供公共体育服务和产品所需要的所有条件和要素的集合"。研究认为全民健身公共体育资源是公共体育资源要素的集合，是一个复杂的系统。全民健身公共体育资源要素主要由人力、物力、财力、信息、组织、制度、市场和文化等资源要素综合构成。人力资源要素通常是指为了保障社会大众参与体育锻炼的基本权利，满足社会大众公共体育需求的综合目标，起到推动性作用的参与人员的现实和禀赋的总和，主要由能够组织全民健身活动、开展体育宣传、开展国民体质健康测试的社会体育指导员、体育行政管理人员以及体育志愿者等综合而成；财力资源要素具体指为了实现向社会大众供给公共体育服务和产品需要投入的货币表现形式的总和。包括有公共财政支出、体育彩票金的投入、社会捐助以及社会大众的体育消费支出等。物力资源要素是指保障全民健身活动正常开展，社会大众能够享用公共体育服务和产品的物质载体。主要包括有公共体育场馆设施、全民健身路径、全民健身中心、体育公园等均属于物力资源要素的范畴。信息资源要素是指为传播体育健康知识、开展健身指导、传递竞赛、活动和市场信息等所采用的媒介形式，包括传统媒介和现代媒介等多种形式，传统媒介形式包括有宣传报刊、书刊杂志、宣传页等；现代媒介形式包括有网络信息、手机APP、公众号等。组织资源要素是指为促进全民健身活动的开展而组建起来的、协调社会大众共同参与体育活动的系统组织，包括有各类体育社会团体、行业体育协会、社区体育俱乐部、晨晚练点等。市场资源是指为促进全民健身公共体育事业的发展，以经营全民健身活动所需的物品、服务为主要内容而形成的交易机制和体系。包括有体育物质市场、体育经营许可权、销售渠道、公共体育服务和产品市场等。制度资源要素是指保障社会大众体育需求得以有效满足的制度安排，对全民健身公共体育事业发展具有促进作用的法律、法规、规章政策等因素的总和。主要是由国家以及地方政府颁布的政策、法规、意见、措施等。文化资源要素是指从事全民健身活动和公共体育服务相关人力资源要素在组织全民健身活动过程中，逐渐形成的价值观、消费观、思维方式以及行为习惯的统称。

总体来看，已有研究者对公共体育资源的内容分类以及特征进行了较为深入的分析。综合已有研究，发现国内学者对全民健身公共体育资源的把握多立足于各体育资源内容特征，如何深度理解各公共体育资源整体性、系统性，是亟待解决的现实问题。本研究将从全民健身公共体育资源整体性进行深层次把握，从全民健身公共体育资源的人力、物力、财力、信息、组织、制度、市场、文化八种资源要素的紧密联系入手。公共体育资源多种要素的构成是作为整体而存在的，对全民健身活动开展、公共体育服务和产品的供给具有支撑作用，公共体育服务体系的良性发展需要上述各类资源相互配合、相互协调，任何资源要素的缺失都可能会影响资源要素系统功能的发挥。因此，公共体育资源的多种资源构成既有资源要素的特征，也作为集合的存在，同时具有系统的特征。全民健身公共体育资源系统概念和要素构成的特征对于分析资源配置过程以及优化配置结构、提升配置效率具有积极作用。

第三节 全民健身公共体育资源的整体特征

一、地域性特征

全民健身公共体育资源的配置情况在不同区域中呈现出规模、结构、效率的地区差异。公共体育资源的配置受不同地区经济发展水平、科技实力以及教育水平的影响。财力资源作为发展全民健身的"基础资源要素"，为公共体育事业发展提供资源支持与物质保障。经济较发达地区的大型综合性体育场馆、体育健身中心等物力资源配置相对经济欠发达地区的水平要高。经济发达地区居民的人均可支配收入更高，体育消费能力更强，社会大众参与公共体育资源配置范围更广。经济水平欠发达地区由于财力资源规模有限，可依靠多种自然资源或是建设简易场地设施开展全民健身活动。此外，城乡二元分割的体制对全民健身公共体育资源配置的影响较为深远，城乡之间的公共体育资源也体现出地域性特征。

二、发展性特征

公共体育财力资源、信息资源、制度资源、市场资源等资源都随着经济的发展、社会的转型和文化的转轨逐步发展。随着体育强国建设和健康中国战略的提出，建立与经济增长相适应的公共体育财力资源投入机制成为扩大资源投入规模、优化资源配置结构的落脚点，地方政府逐步增加了全民健身公共体育财力资源的投入力度。信息资源的传播媒介形式也发生了翻天覆地的变化，体育健身知识宣传衍生出公共体育服务信息平台、国民体质健康管理平台、APP、公众号等多种新型传播形式。制度资源也随着建设服务型政府的角色定位而发生转变，政府通过制定相关规律、法规、规章制度等来管理、监督、调控非政府体育组织和体育企业在资源配置过程中的行为。市场积极参与公共体育资源的配置，在配置过程中逐步起到决定性作用，作为承接公共体育服务的主体，其主要通过公私合作、服务外包、委托经营等形式参与资源配置过程。公共体育资源的发展性特征有利于丰富资源配置的方式、方法等，对实现资源优化配置有积极意义。

三、稀缺性特征

全民健身公共体育资源的稀缺性体现在公共体育资源的开发需要一定的投入成本，例如，人力、物力、财力及自然资源，且生产出的公共体育资源是有限的，不足以满足人民群众日益增长的多样化、多层次的体育需求。全民健身活动的开展、指导、宣传与推广等均需要一定的成本投入，投入的成本受资源总量的约束，呈现出资源的有限性、稀缺性和内外部结构上的规模不足。其稀缺性主要表现为全民健身公共体育资源的有限性难以满足全民日益增长的体育需求。在一定时间、空间范围内，公共体育资源的稀缺性特征主要表现为配置规模不足、效率不高以及地域不均衡进而呈现出竞争性，合理的资源配置是解决公共体育资源稀缺性的重要手段。

四、共享性特征

全民健身公共体育资源的公共物品属性决定了公共体育资源为社会大众所共有、共享。公共体育资源配置的主要目的是保障社会大众积极参与体育锻炼的基本权利，满足社会大众多层次、个性化的体育需求，提供丰富多样的公共体育服务和产品。公共体育资源的稀缺性和公共物品的属性决定了公共体育资源只能在一定的范围内实现共享，表现出资源的正外部性，即增加一个享用公共体育资源的居民，其边际成本为零。当一定范围内的享用主体超过承载力后，会出现拥挤现象，公共体育资源的享用即会出现竞争性，公共体育资源的共享性特征将逐渐减弱，出现公共体育资源不足以满足全民健身需求的现象。增强公共体育资源的投入，合理配置公共体育资源是规避竞争风险的重要手段。

第四节　全民健身公共体育资源要素的分类

全民健身公共体育资源要素的分类是指以系统化的认识为基础，依据全民健身公共体育资源的本质进行分类并形成相对稳定的结构的过程。全民健身公共体育资源要素的分类可以参考具体的分类标准，依据其资源要素的本质特征将其组合成不同的类型。

一、以不同的创生主体为分类标准

公共体育资源作为多元供给主体提供公共体育服务和产品的物质载体,是满足社会大众对于体育健身、体育休闲、体育咨询等体育需求所提供的经营性与非经营性的产品和服务要素的集合。中共十八届三中全会《中共中央关于全面深化改革若干重大问题的决定》提出要使市场在资源配置过程中起决定性作用和更好的发挥政府作用,政府向社会组织购买公共体育服务需要引入竞争机制,体现了市场在资源配置过程中的决定性作用,为全民健身公共体育资源的分类提供了依据和标准[1]。依据政府在全民健身公共体育资源配置过程中的角色定位以及资源创生主体的不同,可将公共体育资源划分为"宏观调控性公共体育资源"和"市场促进性公共体育资源"。前者是以政府颁布的政策性引导文件为依据促进制度的变迁,后者是以市场经济发展提升全民健身意识。

"宏观调控性资源"是政府部门和体育行政机构通过不断颁布诱导性文件,倡导提升全民身体素质过程中逐步形成法规、政策、规章的集合,主要是指全民健身公共体育制度资源要素;"市场促进性资源"是在政府和体育部门的引导下,以全民健身意识不断增强为前提,通过市场开发诱导经济主导类公共体育资源要素,主要由人力、物力、财力、信息、组织、文化、市场等资源要素构成。两种资源要素在制度变迁的过程中相互协调、不断完善,逐步形成公共体育服务和产品的有效供给。

二、以内容特质及相互关系为分类标准

依据全民健身公共体育资源多种资源要素在供给公共体育服务和产品的过程中呈现出不同的表现形式和内容特质,将全民健身公共体育资源要素划分为"基础性核心全民健身公共体育资源要素"和"整体功能性全民健身公共体育资源要素"。前者主要由人力、信息、物力、组织、财力等要素构成。基础性核心全民健身公共体育资源要素作为开展全民体育运动的核心要素,在开展全民健身活动、宣传全民健身知识、开展全民健身讲座、引导体育消费、提升全民健身意识等方面都起到了基础性、先导性的作用。该类要素作为公共体育资源配置核心要素,是多元主体供给公共体育服务

---

[1] 蔡朋龙,王家宏.论公共体育资源配置市场化改革中政府角色定位[J].沈阳体育学院学报,2020,39(2):58-67.

和产品的资源保障。整体功能性资源要素主要包括有文化资源要素、制度资源要素和市场资源要素。为了实现全民健身公共体育资源的合理配置，整体功能性公共体育资源要素作为有效的配置力实现公共体育服务和产品的有效供给。整体功能性公共体育资源要素将各要素整合并共同作用于基础性核心全民健身公共体育资源要素，主要体现在配置的规模、效率以及均衡性等方面，并在对基础性核心公共体育资源配置的调控过程中不断完善。上述两种资源的合理配置共同决定了社会大众能否享有体育权利，能否满足多样化、多层次的体育需求。本研究将采用该分类方法对全民健身公共体育资源要素进行整体把握。

第五节 全民健身公共体育资源要素的特征

一、基础性核心公共体育资源要素的特征

基础性核心全民健身公共体育资源是向社会大众提供公共体育服务，保障社会大众参与体育锻炼的权利，满足社会大众多层次、个性化的体育需求的物质载体。在开展全民健身活动，完善公共体育服务体系中的作用主要表现在两个方面，一方面是以物力资源和财力资源为主的基础性支持作用，另一方面为人力资源、组织资源和信息资源在推进全民健身活动开展过程中的引导和补充作用。

1. 外部性特征

从公共经济学角度来分析，由于全民健身公共体育资源属于公共物品和准公共物品的范畴，基础性核心公共体育资源包括纯公共物品、准公共物品以及俱乐部物品等。基础性核心公共体育资源在生产与消费过程中产生的经济效益既拥有正外部性特征，也存在负外部性特征。社会大众在享有公共体育服务和产品的过程中，公共体育资源的投入产出具有消费的非排他性，对于所有社会大众而言具有消费的正外部性，对于在一定区域范围内的公共体育资源而言，则呈现出负外部性。

2. 开放性特征

公共体育资源的配置作为体育强国和全民健身国家战略的重要抓手和落脚点。基础性核心公共体育资源的开放性主要体现在打破公共体育资源配置的地域限制、行业限制等，公共体育资源向全社会开放，为社会大众增强健身意识和身体素质提供政策

性支持,同时人力、物力、财力、信息、组织等资源要素也逐步成为全国性资源并服务社会大众,为社会大众提供公共体育服务和产品。此外,资源的开放性对提升体育资源配置效率、共享共建良好的体育氛围具有积极影响。

3. 消费的非排他性特征

消费的排他性主要是指全民健身公共体育资源可以为任何消费者所享用,任何一个消费者都不会被排除在外[1]。公共体育资源消费的非排他性主要体现在两个方面:一是全民健身公共体育资源一旦提供就可以被多个消费者同时消费,而此时排除其他消费者共同消费的公共体育资源是非常困难的,且不论消费者是否为消费公共体育服务和产品支付了相应的价格。二是指政府、非政府组织和体育企业以及社会大众等多元主体供给的公共体育服务和产品也具有非排他性,主要体现在区域范围内的消费者和社会的收益范围存在差异。

4. 消费的非竞争性特征

消费的非竞争性主要指社会大众在消费全民健身公共体育资源的过程中,新的消费者的增加并不会影响原有消费者对公共体育资源的消费,即公共体育资源的消费者不会为了享用公共体育服务和产品而竞争[2]。全民健身公共体育资源可以供消费者同时消费,对某一消费者的供给并不会影响对其他消费者的供给。全民健身公共体育资源的公共物品属性决定了消费过程中具有效用的不可分性。社会大众在消费公共体育资源产生拥挤之前,增加消费者的边际成本为零,即公共体育资源体现出消费的非竞争性。当消费者规模达到拥挤点之后,需采用相应措施限制消费人数的增加,此时公共体育资源供给需采用私人供给的方式才能满足社会大众的需求,或者需要限制社会大众的消费以保证其公共性。

5. 地域差异性特征

全民健身活动的开展以及公共体育服务和产品的供给需要资源要素的投入。公共体育资源的配置受经济发展水平的影响。除了公共财政支出和体育彩票公益金作为国家统筹财力资源配置外,各地方政府及体育相关部门也积极参与公共体育资源的配置;此外,不同地区社会大众的人均可支配收入、教育水平、体育消费意识等均对资

---

[1] 田大山.公共经济学[M].北京:团结出版社,2000:61.
[2] 邢丽娟,毕世宏,刘承水.微观经济学[M].北京:中国商务出版社,2014:222.

源投入、分布产生一定的影响。非政府组织和体育企业作为公共体育服务的承接主体，积极参与公共体育资源配置过程中在不同地区的角色定位和参与程度各不相同。因此，非政府组织和体育企业参与程度以及社会大众参与体育消费情况受经济发展水平的影响，经济发展水平高的地区，其公共体育资源及配套设施更加齐全；经济发展水平较低的地区，其公共体育资源配置相对落后，存在着地域差异性。

二、整体功能性公共体育资源要素的特征

1. 功能性特征

制度资源、市场资源和文化资源共同构成了整体功能性公共体育资源要素。上述三种资源要素决定着公共体育服务体系的运行和公共体育资源的配置过程，是影响资源配置规模、结构和效率的配置力。资源配置过程中整体功能性公共体育资源要素作用于基础性核心公共体育资源要素以达到资源配置结构优化，帕累托最优以及地域的均衡，充分发挥基础性核心公共体育资源要素的功能。

2. 累积性特征

制度资源、市场资源、文化资源这三种资源要素是随着制度变迁、经济转轨、社会转型、文化转制以及政府在公共体育中的功能不断演化的过程中形成的。当前全民健身公共体育资源的配置存在着总量不足、结构失衡、供给方式单一等问题，配置方式逐步从计划配置方式向计划和市场相结合的方式转变，逐步形成了由政府主导、市场起决定性作用、社会大众积极参与的多元主体资源配置模式。整体功能性资源作用于基础性核心公共体育资源也是在不断累积、不断交互作用的过程中演化而来的。

3. 强制性和引导性特征

整体功能性资源中的制度资源是国家、地方政府及相关体育行政机构根据全民健身活动开展和公共体育服务体系的运行需要所颁布的法律、法规、规章的统称。制度资源作为全民健身公共体育资源配置过程中的主要规范和依据，对公共体育资源的配置过程具有导向、控制和协调的作用，能够保障公共体育资源配置的良性运行。制度资源统筹规划全民健身发展方向，表现在依靠法律、法规、规章等对体育文化资源和体育市场资源进行引导和约束，保证全民健身公共体育资源配置能够良性发展。

4. 自发调节性特征

体育市场资源具有市场经济的基本属性,即市场的自发性特征,体育市场资源的自发性特征是指体育产品的生产及经营者会在体育价值规律的自发调节下追求更高层次的效益,不仅会自发的调节体育生产资料和劳动在各部分的分配,还会对资源的合理配置起到一定的促进作用。但可能在追求高层次效益的同时出现扰乱市场秩序、跨越道德红线等不良情况,因此就需要加强市场监管、宏观调控力度,避免体育市场与社会发展产生矛盾。基础性核心公共体育资源在制度、市场和文化资源的影响下,随着体育需求引导而不断深化发展,其引导和调控作用不断加强发展的过程也具有自发调节性。

第六节　全民健身公共体育资源要素系统的提出

系统是由多种要素集合而成的有机整体,要素间相互联系、相互作用影响着系统的内部结构。要素是系统的要素,各部分要素之间的种种联系通常经由系统整体而得到体现。社会大众参与全民健身活动、场地设施的建设,体育活动开展的投入、体育信息的传递、相关体育政策的制定、体育相关产品与服务,这些都是公共体育资源配置要素系统的重要构成。依据公共体育资源要素的内容特质和结构特征,将该系统分为基础性核心全民健身公共体育资源要素子系统和整体功能性全民健身公共体育资源要素子系统。前者是要素系统发展的基础和物质载体,后者对要素系统的发展具有导向作用。

一、全民健身公共体育资源要素系统

全民健身公共体育资源要素系统为公共体育服务和产品供给提供物质支撑,帮助政府运用公共资源向社会大众提供公共体育服务和产品,包括全民健身指导、国民体质监测、全民健身活动、体育赛事欣赏等,还包括体育场地基础设施、全民健身中心、全民健身路径等。基础性核心全民健身公共体育资源要素子系统是资源要素系统发展的基础和物质载体,具有配合全民健身公共体育资源要素系统提供各项公共体育服务的职责。整体功能性全民健身公共体育资源要素子系统对资源要素系统的发展具有导向作用,表现为对基础性核心全民健身公共体育资源要素子系统的引领,同时不

断调控各子要素之间的配置关系，以提升基础性核心全民健身公共体育资源要素的配置效率，促使资源要素向着稳定、协调的方向发展（图1-1）。

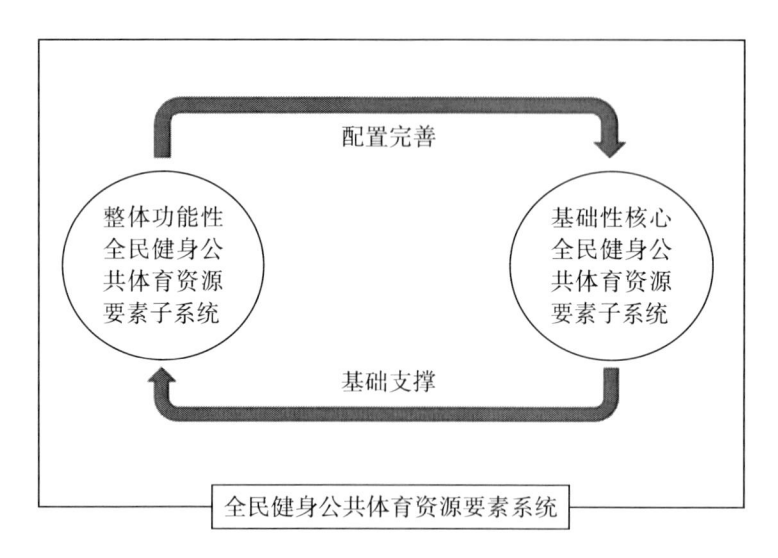

图 1-1　全民健身公共体育资源要素系统结构图

二、基础性核心全民健身公共体育资源要素子系统

全民健身公共体育资源主要包括有人力、财力、物力、信息、组织、制度、文化、市场八种资源要素。其中人力资源要素、信息资源要素、物力资源要素、组织资源要素、财力资源要素是基础性核心全民健身公共体育资源要素子系统的重要构成。上述五种资源要素的构成对全民健身公共体育资源配置起到物质基础、人才保障、智力支持、组织协调的作用。人力资源要素（体育行政管理人员、社会体育指导员、体育志愿者等）是资源配置过程中具有能动性的资源，它通过制度、市场、文化等资源要素对基础性核心资源要素进行调控。全民健身公共体育资源配置结构是否合理、效率是否最优、分布是否均衡都由人力资源要素所决定，此外还影响着其他资源的开发和利用。因此，人力资源要素是全民健身公共体育资源配置过程中的"第一要素"。物力资源、财力资源、信息资源和组织资源是公共体育服务和产品供给的基础性要素，上述四种要素的规模、结构、质量对人力资源能动性和创造力的发挥起着基础支撑的作用。因此，将上述四种资源称为"支撑要素"（图1-2）。

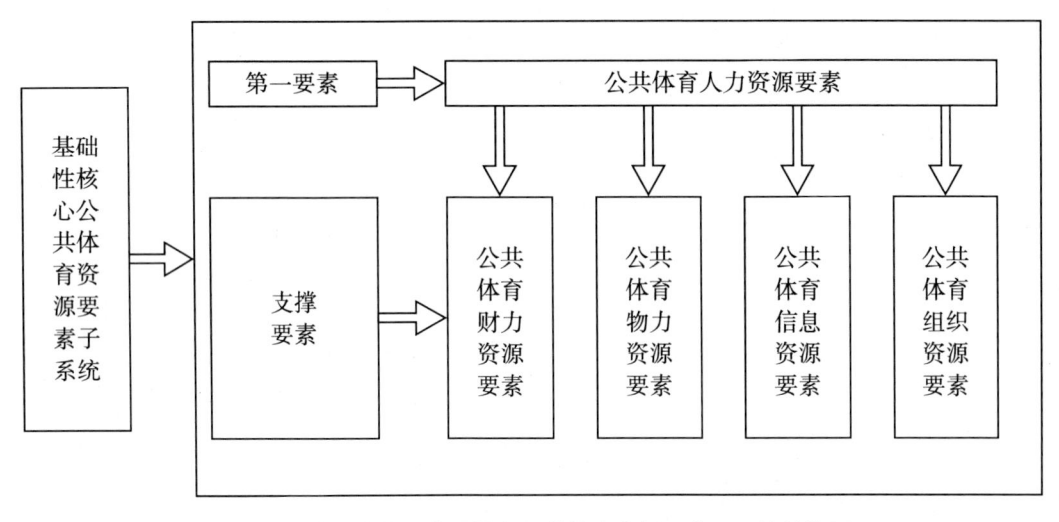

图1-2 基础性核心全民健身公共体育资源要素子系统结构图

人力资源要素作为"第一要素",是反映全民健身活动开展进程的重要体现,同时作为体育活动的作用主体,在其他基础性核心全民健身公共体育资源子要素中占据支配地位,协调控制其他资源要素的配置规模和效率。人力资源的规模结构直接影响其他资源的开发和利用,决定着公共体育服务供给的水平和质量。财力资源要素为公共体育服务和产品的供给、全民健身活动的开展提供资金支持,公共体育服务和产品的供给情况、国民体质健康水平、资源配置的空间结构等与财力资源的投入规模有密切联系。物力资源要素是供给公共体育服务和产品的物质基础。信息资源是社会大众获取全民健身活动信息、健身指导、体育赛事欣赏的主要途径,对于提高社会大众参与体育锻炼的积极性,促进体育消费意识的提高具有积极意义。组织资源是全民健身活动开展的组织形式,同时也是提供健身指导、健身活动的生产者和供给者。组织资源是促进全民健身活动开展,组织社会大众积极参与体育锻炼的载体。

三、整体功能性全民健身公共体育资源要素子系统

制度资源、市场资源以及文化资源三种资源要素共同构成了整体功能性全民健身公共体育资源要素子系统。其中制度资源(法律、法规、规章等)是宏观调控性公共体育资源要素,市场和文化资源属于市场促进性公共体育资源要素。上述关于整体功能性全民健身公共体育资源要素的三种分类,主要是为了凸显资源配置过程中不同的

配置力协同作用的发挥。制度、市场和文化资源虽然被分为三种类别，但三种资源要素是紧密联系、相互融合的。市场和文化资源要素在资源配置的过程中体现出较强的自组织性，而制度资源是政府及体育相关部门为了监督、规范、引导市场和文化资源而强制性制定的（图1-3）。

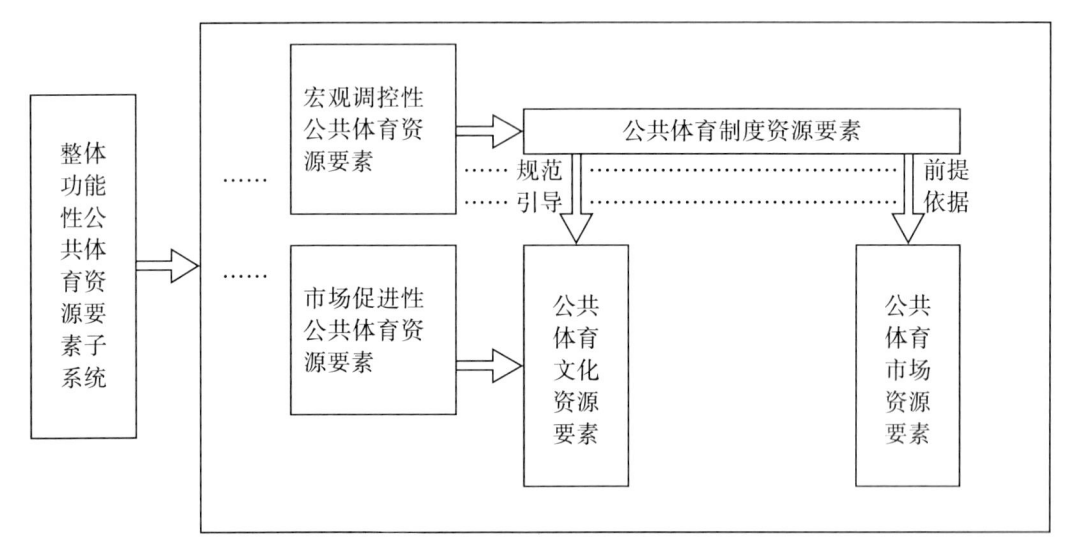

图1-3　整体功能性全民健身公共体育资源要素子系统结构图

新时代背景下公共体育资源的配置逐步从政府的"大包大揽"向政府主导、社会参与、公办民办并举的公共体育服务供给模式转变。中共十八届三中全会对资源配置做出"使市场在资源配置过程中起决定性作用和更好的发挥政府作用"，全民健身公共体育资源配置制度、市场和文化都在资源配置市场化改革的过程中不断调试和发展[1]。全民健身公共体育市场资源要素正处于转型发展阶段，它通过运用价格、供求、竞争等市场机制作用于基础性核心全民健身公共体育资源，实现公共体育资源配置规模有效、结构合理、区域均衡。市场资源要素参与全民健身公共体育资源的配置体现出组织性、竞争性等特点[2]。

---

[1] 蔡朋龙.论公共体育资源配置市场化改革中政府角色定位[J].沈阳体育学院学报，2020，39（2）：58-67.

[2] R.科斯，A.阿尔钦，D.诺思，等.财产权利与制度变迁——产权学派与新制度学派译文集[C].上海：上海三联出版社，1999：294.

由于基础性核心全民健身公共体育资源具有公共物品和准公共物品的基本属性，导致文化资源和市场资源要素在配置的过程中呈现无效配置的情况。因此，政府及体育相关部门给与法律、法规和规章制度的政策支持，监督、规范和引导市场和文化资源要素的配置行为，以弥补市场和文化资源要素在全民健身公共体育资源配置过程中的短板。政府部门通过制定的政策法规、规章制度等对市场资源要素和文化资源要素实施有效监管，规范、引导、调控全民健身公共体育资源的配置朝着有效的方向发展。资源配置过程中制度资源要素是以市场和文化资源要素为引领的，市场和文化资源要素也会影响法律、法规、规章制度的制定和修改，二者相辅相成，互为补充。文化资源要素是社会大众在参与全民健身活动过程中逐步形成的终身体育的观念、积极参与体育锻炼的意识、健康的生活习惯等，对公共体育资源配置的结构优化有积极作用。文化资源要素潜移默化的影响着社会大众的生活方式和健康行为，节约了公共体育服务承接主体的生产成本，同时减少"搭便车现象"的发生。从公共体育资源要素系统的构成来看，文化资源要素占据着举足轻重的地位，同时与制度、市场协同作用形成的配置力作用于资源配置的行为过程。

第七节　全民健身公共体育资源的公共物品属性

一、公共物品的概念和分类

1. 公共物品的概念

萨缪尔森（1954）在《公共支出的纯理论》中明确给出了公共物品精确的分析性定义。"每个人对该种物品的消费，都不会导致其他人对该物品的消费的减少是对于纯公共物品的准确界定[1]。"布坎南（1968）从公共产权的角度拓展了公共物品的概念，提出了"俱乐部物品"的概念，俱乐部物品指"消费会员制——消费所有权的制度安排"。奥尔森认为公共物品只有限制在一定的地域范围内才能体现消费的二元属性，只有在限制范围内或者是限定服务对象的服务或物品才能实现消费的二元属

---

[1] P.A.Samuelson. The Pure Theory of Public Expenditure [J]. The Review of Economics and Statistics, 1954, 36 (4): 387-389.

性，而限制范围之外的消费者在消费过程中体现出竞争性和排他性特点。德姆塞茨更着重消费产品的竞争性，强调其在既定范围内不增加成本的情况下可以适当增加消费者。总之，奥尔森、德姆塞茨等关于公共物品阐述虽不尽相同，但基本上都是从萨缪尔森关于公共物品的概念上演化而来的。

本研究的公共物品主要是指为了满足广大人民群众的公共服务需求的物品，该公共物品是社会公众可以共享的。传统的制度安排中，该公共物品主要由政府提供，所以人民群众在消费公共体育服务和产品的过程中是不需要按照市场方式分担其费用和成本的，此时的公共物品为纯公共物品。如果公共物品的供给局限于一定的地域范围或者限定了供给的对象，那么该物品即为"俱乐部物品"或称为"地方公共物品"。

2. 公共物品的分类

以公共物品消费的二元属性为判别依据，萨缪尔森将公共物品分为纯公共物品和纯私人物品。纯公共物品是指："将它提供给新增消费者的边际成本等于零，并且在消费公共物品过程中不能将新增消费者排除在外"[1]。私人物品是指能够实现在不同的消费群体之间进行分配，且在某种价格水平上市场需求量等于不同人需求量的总和[2]。消费的非排他性是当消费者在消费公共物品时，不能排除他人同时消费该物品（不论付费与否）。非竞争性指消费者在消费公共物品的过程中其消费行为并不会影响其他消费者进行消费，每增加一个消费者都不会减少其他消费者对该物品的消费数量和质量，消费者之间不存在利益冲突，同时，增加消费者的同时供给者的供给成本不会增加，即在既定水平上新增加消费者的边际成本为零。迈克尔·麦金尼斯（2000）确定了公共物品和私人物品的基本属性以及区分的标准（图1-4），该分类是以消费的二元属性和资源配置主体的决策机制来综合判断的[3]。

---

[1] 斯蒂格利茨. 经济学 [M]. 姚开建, 译. 北京: 中国人民大学出版社, 2000: 140.
[2] 毛加强. 政府经济学 [M]. 西安: 西北工业大学出版社, 2017: 54.
[3] 麦金尼·麦金尼斯. 多中心体制与地方公共经济 [M]. 毛寿龙, 译. 上海: 上海三联书店, 2000: 103.

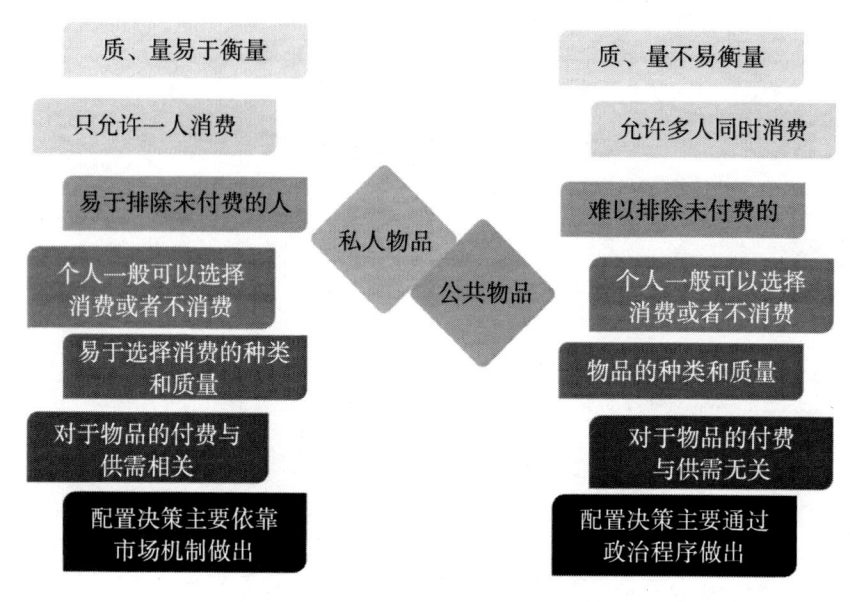

```
私人物品                          公共物品
质、量易于衡量                     质、量不易衡量
只允许一人消费                     允许多人同时消费
易于排除未付费的人                 难以排除未付费的
个人一般可以选择                   个人一般可以选择
消费或者不消费                     消费或者不消费
易于选择消费的种类                 物品的种类和质量
和质量
对于物品的付费与                   对于物品的付费
供需相关                           与供需无关
配置决策主要依靠                   配置决策主要通过
市场机制做出                       政治程序做出
```

图1-4　公共物品与私人物品的区别

纯公共物品是指同时具有消费二元属性的物品。政府既是纯公共物品的责任主体又是供给的主体。准公共物品是指在一定范围内具有消费二元属性的物品。达到拥挤点之后，边际成本会随着消费规模增长而急剧上升。同时准公共物品又包括俱乐部物品和公共性资源物品。俱乐部物品具有消费的竞争性，但却无法有效的排他，所提供服务和产品一方面具有公共性，但在一定的环境下有时也会体现出一定的竞争性，而公共性资源物品的特点主要体现在消费的竞争性和非排他性。

前述关于公共物品分类的依据和标准，在仅考虑消费二元属性的情况下，可以将物品分为公共物品和私人物品。该分类对于理论研究有重大影响，同时对于物品进行分类时的参考标准相对简洁易于操作。在考虑公共物品分类的过程中还应考虑资源配置决策的机制问题。因此，在对公共物品进行分类时，既考虑物品的基本属性，又兼顾供给主体的配置决策机制是较为全面的分类依据。

依据上述的分类标准，以公共物品消费的二元属性为分类依据，物品主要分为三种类型：纯公共物品、纯私人物品和准公共物品。公共物品则包含了纯公共物品、俱乐部物品和公共资源性物品三类（图1-5）。

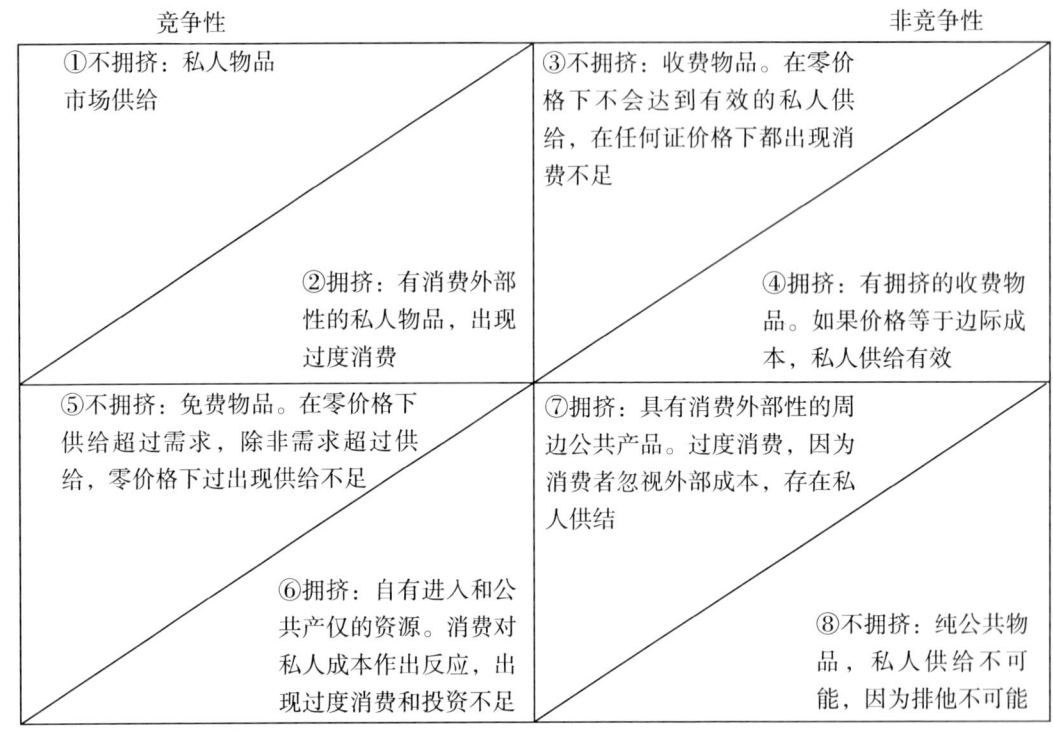

竞争性	非竞争性
①不拥挤：私人物品市场供给	③不拥挤：收费物品。在零价格下不会达到有效的私人供给，在任何证价格下都出现消费不足
②拥挤：有消费外部性的私人物品，出现过度消费	④拥挤：有拥挤的收费物品。如果价格等于边际成本，私人供给有效
⑤不拥挤：免费物品。在零价格下供给超过需求，除非需求超过供给，零价格下过出现供给不足	⑦拥挤：具有消费外部性的周边公共产品。过度消费，因为消费者忽视外部成本，存在私人供结
⑥拥挤：自有进入和公共产仅的资源。消费对私人成本作出反应，出现过度消费和投资不足	⑧不拥挤：纯公共物品，私人供给不可能，因为排他不可能

图1-5 大卫·L·魏默和艾丹·R·维宁对物品的分类[1]

二、全民健身公共体育资源公共物品属性甄别的依据

西方经济学者对公共物品的属性展开了大量讨论，萨缪尔森和马斯格雷夫突出其非竞争性和非排他性；鲍德威、奥斯特罗姆等强调其共用性；还有其他经济学者强调非排他性、非竞争性。总之，公共物品可以为社会大众所共享。效用的不可分割性是区分公、私物品的本质特征，可据此对全民健身公共体育资源的公共物品属性进行分析，主要依据效用的不可分割性、消费的非竞争性、消费的非排他性3个方面进行。

1. 效用的不可分割性

效用的不可分割性主要表现为公共物品的基本功能为全体社会成员所共享，不能

---

[1] David L Weimer, Aidan R Vining.Policy Analysis: Concepts and Practice [M]. New Jersey: Prentice Hall Publishers, 2005.

机械的将其分割给不同的部门或个人,当然也不能按照"谁付款、谁受益"的原则限定享用对象。公共物品和私人物品的重要区别就是不论是否付费和付费多少,共享主体均可以获得等量的相同消费。因此公共物品很难通过市场来提供,只能由公共部门来提供。相反,私人物品的效用则是可分割的,主要表现为私人物品可以分割为不同的自有交易主体,其具体效用为付费主体所享用。

2. 消费的非竞争性

对私人物品而言,消费总量随着消费者人数的增加而增长,消费总量的增长也需要投入资源的增多[1]。纯私人物品的消费总量可通过下式进行相应的表达:

$$\sum_{i=1}^{n} x_r^i \leq X_r$$

其中,X_r表示私人物品消费总量,x_r^i表示第i个消费者对该私人物品的消费量。上式说明私人物品的消费总量受供给总量的(X_r)限制。

对于私人物品而言,每增加一名消费者其消费的总量会随人数的增多而增长。新增加的私人物品的消费者需要消耗一定的边际成本($MC>0$)。因为私人物品消费者的增多影响了消费的质量,同时干扰了私人物品消费者的享有过程。总之,私人物品在消费过程中整体呈现出消费的竞争性。

公共物品在消费的属性上体现出非竞争性。即消费公共物品的社会大众增多不会影响其他居民消费公共物品的质量和规模。在公共物品供给规模整体固定不变的情况下,公共物品分配人数的增多不会消耗更多的边际成本($MC=0$)。

经济学家萨缪尔森最早对于公共物品的概念界定就是依据公共物品消费的非竞争性。马斯格雷夫(1959)将非排他性也加入公共物品的特性当中。而消费的非竞争性的本质特征主要表现为效能上的不可分割。具体可以表示为消费者i的消费行为并不会影响j($j \neq i$)的消费,消费者i和j在消费公共物品过程的权利,数量和质量都是均等的。所以,消费的非竞争性同时也包含联合消费、受益不可分割等特点。

3. 消费的非排他性

公共物品消费的非排他性最早是在1959年由马斯格雷夫提出的[2],但是10年后

---

[1] P.A.Samuelson. The Pure Theory of Public Expenditure [J]. The Review of Economics and Statistics,1954,36(4):387–389.

[2] Musgrave,RA. The theory of public finance [M]. NewYork:Mc Graw-Hil,1959.

他又放弃了该观点[1]。消费的非排他性具体表示为公共物品供给以后，便无法排除任何人对它的消费。换言之，技术上无法将付费的消费个人排除在公共物品享用范围之外，即使有可能实现技术上的排他，由于排他成本过高而不值得操作。

公共经济学家在对公共物品进行分析时都将消费的非排他性作为甄别依据。公共物品消费的非排他性主要体现在社会大众不可能拒绝已被公共部门提供的公共物品。而就公共物品而言，消费者增加并不会影响边际成本（$MC=0$）。边际成本的影响主要表现为两方面：一是消费者的增加并不需要扩大公共物品供给的规模；二是消费者的增加并不会影响其他消费的共享权利以及质量。消费的非排他性使公共物品（资源）的帕累托最优变得相对复杂。

消费者i的消费不会对其他消费者j（$j \neq i$）有任何负面影响。

在自由处置因素不能确定时，私人物品的条件为：

$$\sum_{i=1}^{n} x_r^i \leq X_r$$

对于公共物品，任何一名消费者i可消费的数量为X_{n+r}^2，具体关系可表达为：

$$x_{n+r}^i \leq X_{n+r}$$

上式表达具体含义为公共物品的效能可为消费者所共享，且不存在自由处置的情况，$x_{n+r}^i = x_{n+r}$，否则$x_{n+r}^i < x_{n+r}$。同时也可以表示为消费者共同消费公共物品过程中的总量是相等，且都为该公共物品的总量X_{n+r}。

遵循经济学家萨缪尔森针对公共物品的分析思路，消费的二元属性体现了公共物品的本质特征。此外，效用的不可分割性包含在消费的非排他性之中，消费的外部经济性也是公共物品的特征[2]。

三、全民健身公共体育资源公共物品属性甄别的步骤

首先，对判定资源效用的不可分割性进行甄别，如果确定，直接进入第二步判定；

其次，对判定资源消费的非竞争性进行甄别，如果确定，则进入第三步判定；

最后，对非排他性进行判别，如果表现出消费的非排他性属性，那么说明该判定

---

[1] Musgrave, RA.Provision for social goods, in Margolis, J.&Guit-ton.PublicEconomics [M]. Lodon: McMilan, 1969: 124-144.

[2] 赵成根.新公共管理改革：不断塑造新的平衡[M].北京：北京大学出版社，2007：62-63.

资源即同时具有了效用的不可分割性和消费的非竞争性以及受益的非排他性等综合属性，那么该判定资源即为纯公共物品范畴。它应采取政府部门作为主体供给形式，市场供给以及其他多元供给形式均会出现"市场失灵"的问题。

假如判定资源同时不具有上述的三种属性，那么该判定资源属私人物品的范畴。市场供给可能是最佳方式，同时能够形成供需平衡[1]。

假如判定资源具有效用的不可分割性和消费的非排他性，但消费的竞争属性表现明显，则判定该资源属俱乐部物品范畴。如果判定资源表现出效用不可分割和消费的非竞争性，而在技术上表现出排他性，那么该判定资源即属于价格排他性的公共物品（图1-6）。

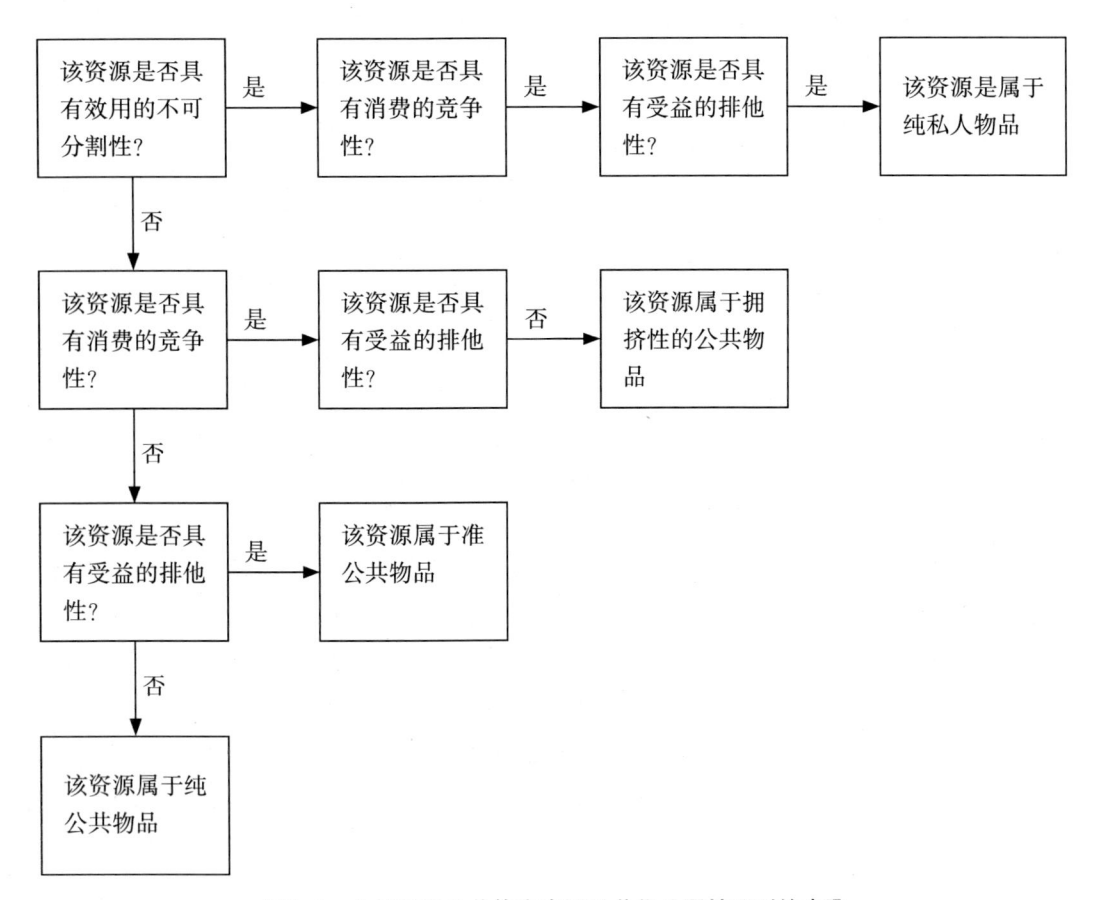

图1-6 全民健身公共体育资源公共物品属性甄别的步骤

---

[1] 池启水，李树源.国防公共物品配置的非均衡分析［M］.北京：中国财政经济出版社，2008：11.

四、全民健身公共体育资源公共物品属性的分析

政府部门在供给体育公共服务和产品的过程中,公共体育资源是重要的物质保障和基础条件。资源配置过程就是公共体育服务和产品的生成和再分配。前文将全民健身公共体育资源要素分为基础性核心全民健身公共体育资源要素和整体功能性全民健身公共体育资源要素。其中基础性核心全民健身公共体育资源要素具体包括人力、物力、财力、信息、组织要素组合。上述五种资源要素是资源配置的客体,是公共体育服务多元主体供给的对象。整体功能性全民健身公共体育资源要素包括有市场资源要素、制度资源要素和文化资源要素,整体功能性全民健身公共体育资源要素是全民健身公共体育资源配置的外环境。

1. 全民健身公共体育资源的要素构成属于不同公共物品分类

前文已对全民健身公共体育资源的整体进行分类,共包含八种不同种类的资源要素。根据上述公共物品判定的依据和方法,对全民健身公共体育资源的公共物品属性进行判定。判定过程中应坚持动态评价的原则,因为有些资源的属性是动态的,是可以发生转变的。马尔金和威尔达夫斯基认为,公共物品的甄别,不能仅依据其自有属性来判定,具体应该以公共选择的实践过程来判断[1]。传统的对于公共物品的判定主要从消费的二元属性入手,布坎南等更倾向于从公共物品的供给主体构成及其决策机制来判定。布坎南等的判定标准是对传统的甄别依据进行有效补充,是对经典公共物品的理论的拓展,是对判别公共物品属性的有效补充。布坎南对于公共物品判定的核心是确定公共物品供给主体的政治选择。当由政府来供给时,需要对消费的二元属性进行判定,同时由于技术原因或是成本原因只能由政府提供。同时还需要对可能存在的某种价值或伦理观念的影响,而需要政府来提供[2]。针对公共体育资源的属性进行分析前还需要明确整体物品和中间物品的区别。政府在供给公共体育服务和产品的过程中投入了丰富的人力、物力资源,通过上述资源整合而形成的组织资源、制度措施、场地器材等均属于全民健身活动开展的中间物品。有效的区分整体物品和中间

---

[1] W VEREECKE. Public goods: An ideal concept [J]. J Social-E-conomics, 1999,(28):200-202.

[2] 谢洪伟,赵克,张红艳,等. 城市居住社区体育场地、设施有效供给的经济学分析[J]. 体育科学, 2011, 31(11):12-22.

物品有利于准确的判定公共体育资源的公共物品属性。

对于公共体育资源公共物品属性进行判定和甄别时应首先从资源的多种构成开始,对物力资源的公共物品属性进行重点分析,重视公共体育资源公共物品数量动态变化的规律;其次,针对纯制度资源的纯公共物品属性进行判定;最后,依据消费的拥挤性以及边际成本的增加来分析其准公共物品的属性。从全民健身公共体育资源的供给主体来看,公共体育资源属于纯公共物品,但该分析的依据相对单一。从当前公共体育资源配置的多元主体构成来看,政府仍占据着主体地位,产权特质明晰,属公共产权归政府所有,政府积极参与公共体育资源的配置过程即是向社会大众提供公共体育服务的过程。此时的公共体育资源同时具有消费的二元属性,属典型的公共物品。当资源配置范围限定于一定地域时,此时公共体育资源呈现消费的二元属性,当供给达到拥挤点时,其边际拥挤成本会急剧上升,拥挤性特征是俱乐部产品重要属性,此时的公共体育资源属于准公共物品(表1-1)。

表1-1　全民健身公共体育资源的属性和特征

属性及特征		公共体育资源物品	
		体育资源的中间物品	体育资源的整体物品
私人物品	消费的竞争性 消费的排他性	社会大众投入的资金、器材等	社会大众投入的物力资源
纯公共物品	消费的非竞争性 消费的非排他性	全民健身公共体育资源配置相关的政策、法规等	制度资源
准公共物品	消费的拥挤性 (一定程度的竞争性和排他性)	体育场地器材、健身知识讲座、公共财政支出、晨晚练点、体育健身中心、社区体育俱乐部、社会体育指导员	物力资源 财力资源 信息资源 组织资源 人力资源

在对全民健身公共体育资源的公共物品属性判别的过程中不能机械地将资源判定分属于不同的类别。公共体育资源在供给过程中体现出动态变化性,其边界、范围也呈动态变化。在适当的环境下,私人物品可以向公共物品转化,例如,居民个人为了更好地开展全民健身活动给与的社会捐赠和捐建,捐赠和捐建的资源本质上属私人物品,当捐赠后居民就可以平等的共享资源,此时捐赠资源就具有了公共性,属公共物

品的范畴。因此，在特定条件和环境下公共物品的内容和属性的转变使得私人物品和公共物品的边界变得难以区分。全民健身公共体育资源属性的甄别并不仅从资源本身的特征出发，资源的消费特征是甄别的重要依据。全民健身公共体育资源中同时具有消费二元属性的属公共物品，体现出明确的消费竞争性的划入私人物品，公共体育资源分类中的基础核心性全民健身公共体育资源同时具有消费的非竞争性以及拥挤性特征，可将其归入准公共物品。

2. 全民健身公共体育的制度资源属于纯公共物品的范畴

制度资源是政府行政部门为了实现有效配置的目标而制定的法律、法规、规章制度的总称，是配置主体开展资源分配的行动纲领和准则。政府部门在强化公共服务供给部门治理能力的过程中，可以通过相应的制度文件调控全民健身公共体育资源配置的规模、效率、均衡性等。

制度资源的供给相对社会大众而言都可以均等的从中受益。社会大众享有政府提供的体育公共服务的权利，且互不影响；制度资源供给使居民在享有体育公共服务的过程中不受地域的限制，且消费的成本基本为零；社会大众依据制度资源的配置平等的享有体育公共服务的权利。社会大众在共享制度资源时兼具消费的二元属性，且消费获益不好区分，因此全民健身公共体育资源配置的制度资源属公共物品的范畴。

3. 全民健身公共体育资源中属准公共物品的范畴

社会大众在享有体育公共服务的过程中，可能会与地域范围内其他居民的享有权利产生竞争性，致使部分居民健身权利的损失。当地域范围内消费体育公共服务的主体人数剧增而形成拥挤时，会影响其他居民共享体育公共服务的质量和权利。对于全民健身公共体育资源配置过程中提供的部分服务和产品来说，并非都具有非排他性和非竞争性的纯公共物品属性。社会大众虽然可以共享该类资源的功能和作用，但在消费过程中还是形成了竞争性和排他性。上述资源在消费过程中达到拥挤点后，边际成本会随着消费人群的规模增长而增加。

如图1-7所示，消费体育公共服务中间物品的拥挤点位于Q_c点，前期体育公共服务和产品的消费群体的增加并不会影响边际拥挤成本，此时边际拥挤成本和横坐标重叠。当消费者的数量增加到Q_c点后，边际拥挤成本会大幅增加，并迅速向右上方倾斜。

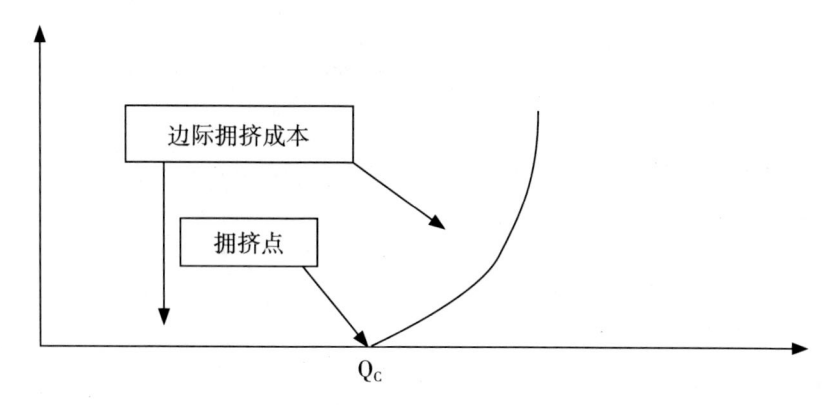

图1-7 全民健身公共体育资源边际拥挤成本的改变

如果仅从消费群体的收益来看，在Q_C点之前，消费人群数量的增加并不会影响其他居民享有体育公共服务和产品的规模和质量，当达到Q_C点以后，每增加1名消费者便会使其他消费者的享有质量有所下降。公共体育资源配置的过程中，稀缺性的本质特征决定了其规模限度，公共体育资源配置的过程中消费的拥挤性和非竞争性并存，因此，公共体育资源中多数属准公共物品。

第八节 全民健身公共体育资源的产权特质

针对公共体育资源的公共产权特质展开深入分析，能够深化全民健身公共体育资源公共产权的混合产品特质以及外部效应的研究，为提升全民健身公共体育资源配置效率、优化资源配置的结构找到理论支点。

一、公共产权的概念

公共产权的概念可以从法律、习俗等多种不同的角度进行定义。产权经济学理论将所有服务和产品的权利构成限定为产权或产权束，就公、私产品的产权和产权束的构成而言，公共产品具有公共产权，私人产品则具有私人产权。公共产品赋予社会大众能够同时消费的权利，公共产权属集体所有，同时限定区域范围的公共产品可以为社会大众所共有，排除了区域范围外任何成员对于公共产权的干扰。特定范围内的社会成员公平的享有公共产权的消费权和使用权，同时也排除特定范围以外的社会成员对公共产权的分享。公共产权的主要特点体现在个人之间是重合的，常带来外部效应。

二、全民健身公共体育资源公共产权特质判定的依据

全民健身公共体育资源产权特质的判定主要以产权界定成本和经营效率损失之间的对比为判定依据。进行产权判定时，首先应区分是私人产权还是公共产权的制度安排，私人产权和公共产权的产权制度安排在界定过程中成本有较大区别。公共体育服务的供给体现出显著的排他性，同时不易进行产权的判定。把公共体育服务的供给从私人供给向公共供给的转换过程即是产权转变的制度安排。而产权制度调整的首要问题要明确界定成本，其成本还会随着产权制度的安排而不断变化。对于公共体育资源产权的排他性，第一步要明确产权主体，其次才是明确产权范围，这一明确产权主体和范围的过程需要消耗界定的交易成本。全民健身公共体育资源的产权特质决定了其为公共产权，意味着居民在享有公共体育资源时的公平权利，在产权界定过程中节约了界定成本。而产权界定成本较少对于优化配置结构、提高配置效率有积极影响。

针对产权判定的标准，还需要考虑产权经营效益的损失情况。假如以私人供给体育公共服务，社会大众在享用体育公共服务的过程中支付相应的费用并给与评价，同时在享用公共体育服务前会对其价值和质量进行评估，只有当社会大众拥有较高的产权效益时，居民才会继续有偿使用该资源。公共体育资源以政府部门为主体供给的过程中，常伴随着结构非均衡、效率不高的现实评价。给与效率不高和失衡评价的社会大众多为使用不当或需求不足的居民，而对于这部分居民他们属于不适当的产权主体，他们在享用公共体育资源时体现出产权效益的不足。结合上述对于公共体育资源产权经营效益的分析，公共体育资源具有公共产权的特质。

公共体育资源在地域范围内属于居民共同所有。因此，体育公共服务和产品都具有公共产权的分布排他性、消费非竞争性和规模有限性等特点，居民可以共享体育健身的场地设施、信息服务、活动组织等。供给主体提供的体育公共服务的规模和水平如果是适度的，居民就会共享各种服务内容，即公共体育资源配置的效率是有效的。反之，如果全民健身公共体育资源配置的水平过高，超出了居民消费的需求范围，就会造成边际成本过高，反而会引起效率值的下降；如果资源配置的整体水平不高，无法满足社会需求，会引起社会大众参与积极性和身体活动水平的下降，会影响资源投入的整体产出效率，导致低效率和无效率情况的出现。

三、全民健身公共体育资源公共产权特质的分析

前文分析了全民健身公共体育资源的准公共物品属性。由于全民健身公共体育资源依据不同的分类标准可以分为多种不同的资源构成，分属于准公共物品和公共物品。因此，对于公共体育资源产权特质的分析应从公共产权和准公共产权展开。

1. 产权的分布排他性

全民健身公共体育资源产权的分布排他性受一定地域限制。由于社区是提供体育公共服务的基层组织，在不同社区、街道等地域范围内居民在享有公共体育资源时体现出地域的排他性。不同区域范围内的居民享有各自区域范围内公共体育资源的消费权和使用权，当居民跨区域享用公共体育资源时，必然会形成对公共体育资源的竞争性，进而体现出享有公共体育资源的排他性产权特质。在不同区域范围内的居民在享用公共体育资源时又体现出体育公共服务产品的非排他性。区域内的居民可以共享公共体育资源的公共产权，居民在享用公共体育场地设施、信息服务、组织服务时都拥有平等的权力。

在提供体育公共服务的过程中，除了兼顾公平之外同时还强调效率。体育公共服务和产品的产权安排主要是指对公共体育资源的重新分配，而公共体育资源的享用在一定区域范围内体现出非排他性产权特质，在区域范围外表现出排他性产权特质。公共体育资源产权的重组和安排能够提高资源配置的效率。效率的提升主要是有效降低了交易成本，提高了社会大众参与消费的积极性。此外，公共体育资源产权安排的界定成本相对较低，节约了相应的交易成本。

2. 消费权的非竞争性

全民健身公共体育资源的公共性主要体现在产权消费的非竞争性，即区域范围内居民拥有平等享用公共体育资源的权力。居民对于公共体育资源的消费不会影响或降低其他居民消费的权力和感受，因此公共体育资源产权消费都是均等的。他不同于一般的私人物品，私人物品的产权具有完全排他性，居民对私人物品的消费会影响其他居民对同一产品消费的规模和权益。全民健身公共体育资源的公共属性决定了他可以同时为区域范围内的多个居民提供服务和产品，居民拥有消费公共体育资源平等的权

利，居民可以共享体育公共服务和产品。公共体育资源的分步排他性和消费权的非竞争性决定了公共服务主体在供给公共体育服务时采取多元主体供给形式，在适当的范围内可以采用委托代理的形式从事适当的经营活动。但公共体育资源消费的非竞争性始终存在。

3. 产权规模的有限性

政府部门在提供公共体育服务的过程中以公共体育资源为物质保障。其产权规模的有限性与当前我国群众体育事业发展过程中人民群众日益增长的体育需求与公共体育服务规模不足相一致。全民健身公共体育资源的产权规模是有限的，其规模不能无限拓展。如果将全民健身公共体育资源的产权规模无限拓展，那么其在一定的时空范围内就不存在稀缺性，最终成为了纯公共物品。全民健身公共体育资源消费的非竞争性也存在临界值，当达到临界值时，公共体育资源消费的非竞争性的环境发生了变化，其产权特质也随之发生了嬗变。所以全民健身公共体育资源供给水平是动态变化的，消费规模也是在一定的阈值范围内浮动。当超出资源配置的承载力时，就会出现资源消费的拥挤现象，进而导致消费的竞争性出现，每增加1个公共体育资源的消费者就会造成其他居民消费权益的损失，这时就会呈现出公共体育资源产权消费的排他性。

本章小结

在对资源、体育资源、公共体育资源等基本概念分析的基础上，采用逻辑学"种差+临近属"的模式明晰了全民健身公共体育资源的概念，就全民健身公共体育资源的内涵、分类、特征等进行了深入分析。针对公共体育资源要素系统的构成、分类、公共物品属性、公共产权特质进行了阐述。

第一，全民健身公共体育资源是指为了满足社会大众参与体育锻炼的需求，提供公共体育服务和产品所需要的所有条件和要素的集合。其中，各类体育场地设施、健身路径、全民健身活动中心等均属于物质要素，体育健身知识、体育活动信息、国民体质监测服务等属于非物质要素。

第二，对于全民健身公共体育资源要素系统进行了分类。依据创生主体可以分为宏观调控性公共体育资源要素及市场促进性公共体育资源要素；依据资源要素系统的内容特质及其相互关系可以将公共体育资源要素系统分为基础性核心全民健身公共体育资源要素子系统和整体功能性全民健身公共体育资源要素子系统。其中，基础性核心全民健身公共体育资源主要表现出外部性、开放性、消费的非排他性以及区域分布的差异性等特征，整体功能性全民健身公共体育资源主要表现出功能性、累积性、自发性、强制性和引导性等特征。

第三，全民健身公共体育资源具有公共物品和准公共物品的属性，其特征主要表现为消费的非排他性、消费的非竞争性以及消费的拥挤性。

第四，全民健身公共体育资源具有公共产权的特质，具体表现为产权的分布排他性、消费权的非竞争性以及产权规模的有限性。

第二章 全民健身公共体育资源配置系统理论研究

第一节 公共体育资源配置系统理论是公共体育服务研究的范式

一、系统理论的突破性贡献

系统是客体的集合，它们彼此之间有属性相同的关系。系统可分为三种类别：①概念性系统；②实质性系统；③抽象性系统。其中实质性系统和抽象性系统与社会工作关系十分密切。此外，系统也具有层级组织的特性，包含次系统、系统以及超系统[1]。

系统理论的主要内容对本研究有着重要的借鉴意义，主要体现在：在系统间有互动关系的基础上对全民健身公共体育资源要素进行了阐述，在系统的独立性（集中化和分散化）基础上就全民健身公共体育资源配置相关研究的基本框架进行了探讨。本文基于系统理论对全民健身公共体育资源配置的目的、原则、分析框架等进行了深入剖析，并对全民健身公共体育资源配置的相关理论进行了系统论述，系统理论是全民健身公共体育资源配置系统研究的理论基础，对研究全民健身公共体育资源配置有突破性贡献。系统的相关理论为全民健身公共体育资源配置系统理论的分析框架提供了参考的依据。此外，系统理论的要素构成为全民健身公共体育资源从要素质到整体质的分析以及公共体育资源配置系统的分析提供了理论依据和思考方法，系统同环境的关系原理、系统的循环特征等为分析全民健身公共体育资源配置的公平性和效率的影响因素提供了分析的视角。

---

[1] 简春安.社会工作理论[M].上海：华东理工大学出版社，2018：143.

二、资源配置理论的支撑作用

1. 资源配置的概念

资源配置的操作定义源自于经济学基本原理，是在社会生产活动中以实现资源在不同生产单位之间的合理分配为主要目的，具有较强的实践性。资源配置通常是指在社会生产实践活动中，为了实现资源在不同生产单位之间的合理分配而采取的行动。资源配置的资源类型主要包括自然资源、经济资源和人力资源三种类型[1]。此外，影响资源的配置状态还包括时间、数量和空间这三个要素。本文将从资源配置的经济学概念、资源配置的数量概念以及资源合理配置的概念三个方面进行阐述。

资源配置的经济学概念。资源的配置状态，离不开数量、时间、空间这三个基本要素。为了实现资源配置的实践活动，需要相应的决策机制、运行机制以及动力机制协同作用，共同推进资源配置行为的发生。资源配置的效率受资源配置的实际情况（平均成本和经济效益）影响以及资源实际使用的增量需求。资源的平均使用效益较好并不能确定增加资源投入是否仍能保持高效益。存在着增量投入产出为零和为负的情况。经济学的基本理论研究证实资源的边际效益是决定资源投入方向的参考指标。针对资源的经济效益进行分析时，首先强调资源的时间价值。即不同时间点投入等量的资源，体现出不同的边际效益。资源配置还体现在空间上的不同指向：首先是资源配置时不同的配置方向，其次强调资源配置在不同地域的区别。资源配置的地域均衡是资源合理配置的价值指向[2]。

资源配置的数量概念。资源配置的数量主要包含两层含义：增量和存量、平均量和边际量。存量主要指资源在某一资源使用主体所拥有的总数。增量是相对于存量而言在某一具体时间点增加的数量。增量是在原有存量基础上体现出来的，是对存量的适度调整。平均量主要包括平均消耗量、输出量以及调入量。边际量主要是指每增加一个产出值需要投入的资源（边际生产需求）或者单指最后一个单位资源的投入（称边际资源投入）[3]。经济学上不仅需要计算平均成本和平均效益，还需要计算边际成本和边际效益。这主要是因为资源与产出存在的非线性关系，也就是说投入的每

---

[1] 彭补拙.资源学导论[M].修订版.南京：东南大学出版社，2014.
[2] 李含琳.资源经济学[M].兰州：甘肃人民出版社，2003：41.
[3] 王子萍，冯百侠，徐静珍.资源论[M].石家庄：河北科学技术出版社，2001：178.

一个单位资源，随着其产出规模的增长，其相应增加的产出是不相同的。因此，资源配置的经济效益就不仅仅是计算其平均效果这么简单，而是要重视资源投入的边际效果。

资源合理配置的概念。资源合理配置主要涉及两方面的问题，第一是在有限的资源投入情况下使收益最大化；第二是在获得既定收益的情况下尽可能减少投入[1]。资源合理配置的基本任务是在经济系统平稳运行的过程中在时间、空间上合理的分配现有资源，以达到经济持续发展和资源的效益最大化。实现资源合理配置需要关注资源在不同时间、不同地域、不同部门之间量的分布关系。资源在分配过程中受技术水平的变化、成本的变化、供需关系的变化、社会效益的变化等多种环境因素的影响。

2. 资源配置理论对指导全民健身公共体育资源配置系统理论研究的价值

任何事物的发展都离不开资源的累积，资源的稀缺性决定了发展的同时可以充分地利用资源，将资源的产能最大化。资源配置理论在时代的潮流中不断发展成熟，其存在着高度的科学性和指导性。全民健身公共体育资源的合理配置同样离不开资源配置理论的指导。资源配置三要素中的时间、空间及数量概念掌控着全民健身公共体育资源配置努力实现帕累托优化，为实现时间维度上的效益最大化、空间结构上的均衡和规模向量上的效率优化而努力。资源理论不仅从宏观上对全民健身公共体育资源配置的方向进行科学把控，还从微观角度投入与产出的关系出发，指导全民健身公共体育资源科学合理的进行配置，从而达到投入后所获利益的最大化。资源配置的方式受不同政治经济制度的影响，为研究我国公共体育资源配置的基本方式（计划配置方式、市场配置方式、计划和市场相结合的配置方式）指明了方向。资源配置的具体调整是基于资源配置的最优化理论，资源配置的优化对合理调整资源规模、优化资源结构等具有操作性意义。

第二节　全民健身公共体育资源配置系统的概念及构成

一、全民健身公共体育资源配置系统的概念

资源配置主要是针对资源的稀缺性、有限性的现实，为实现资源在时间、空间和

---

[1] 曲福田.资源经济学[M].北京：中国农业出版社，2001：64.

数量上的合理分配而采取的行动，是指如何把有限的生产要素配置到社会迫切需要的产品和劳务的生产上去，以实现最佳的资源使用效率[1]。目前，对于全民健身公共体育资源配置系统的相关研究深度还略显不足，对全民健身公共体育资源配置系统的概念不是很明确。本研究关于全民健身公共体育资源配置系统的概念是从资源配置基本概念的基础上演化而来的，结合了全民健身公共体育资源配置的特殊背景和环境，认为全民健身公共体育资源配置是指在资源配置三要素，即时间、空间和数量的把控下，在多元配置主体的共同作用下，从宏观和微观的角度出发，对全民健身公共体育资源进行合理利用、合理分配以及合理安排的执行过程。

全民健身公共体育资源配置系统是指全民健身公共体育资源配置行为和配置执行过程中的诸多要素构成及影响配置行为的因素集合。全民健身公共体育资源配置系统包括配置主体与配置客体。此外，配置系统受配置方式、方法、政策、配置力等多种因素影响。为了深入把握公共体育资源配置系统的内部特征和运行过程，分别从全民健身公共体育资源配置行为的具体构成及全民健身公共体育资源配置系统的分析框架两方面进行分析。

二、全民健身公共体育资源配置系统的构成

系统是由相互作用、相互依赖的若干组成要素结合而成的具有特定功能的有机整体。而系统的构成结构又被称为子系统。全民健身公共体育资源配置系统作为一个社会系统，同样是由多个子系统构成的。公共体育资源是"以人民为中心"，为了满足人民群众日益增长的多元化、多层次的体育需求，为了保障社会大众的体育权力，由政府、体育企业、非政府组织等多元主体提供的公共体育产品和服务所需要的各种条件和要素的总和。包括有形资源（人力、物力、财力）和无形资源（体育信息、管理制度、政策法规）[2]。全民健身公共体育资源配置系统的分析框架主要从配置的目标与原则、方式与方法、行为与效果、结构及特征、运行机制和环境等方面展开。

全民健身公共体育资源配置系统主要涉及配置的主客体、配置的方式和方法、配置的政策和机制等，进行公共体育资源配置主要是以人民为中心，为了保障社会大众参与体育锻炼的权利，而实现公共体育配置的均衡结构和效率最优化。

---

[1] 蒋随. 俄罗斯经济潜力与产业发展[M]. 北京：中国经济出版社，2018.

[2] 何涛. 陕西全民健身公共体育资源配置现状及对策——基于供给侧改革的视角[J]. 新西部：理论版，2017（4）：25+24.

公共体育资源配置系统是配置主体为了实现配置目标，依据配置原则，通过配置政策、机制、方式、方法作用于配置的客体，配置客体也会提供反馈信息给配置主体，配置主体依据配置的具体情况做出相应的调整。资源配置过程中，配置主体发挥主导作用，配置客体对资源配置的过程给与基础支撑，配置方式是资源配置过程的外显形式，配置机制是资源配置行为发生作用的内在机理，对配置结果的绩效评价即是配置效率。

第三节　全民健身公共体育资源配置主体系统解析

一、全民健身公共体育资源配置主体系统的概念

资源配置主体是发挥资源配置的基础性作用的运行载体和运行基础。资源配置主体系统则是指不同资源配置主体之间相互影响、协同作用、共同构成的资源配置的有机整体[1]。全民健身公共体育资源配置主体主要指在全民健身公共体育资源配置运行中起主导作用的相关政府部门以及起基础作用的非政府体育组织、体育企业等相关的运行载体。

全民健身公共体育资源配置主体系统主要是指在全民健身公共体育资源配置过程中，起不同作用的多种运行载体之间相互联系、密切配合所构成公共体育资源配置的有机整体。随着体育强国建设和健康中国国家战略的提出，体育事业迎来发展的重大机遇。政府逐步扩大公共体育资源配置的增量，不仅在专项资金上加大了投入，而且在相关政策制定、组织培育、社会指导员的培训和认证等方面给与支持。政府部门及相关体育负责单位也不断强化其职能，积极发挥其在全民健身公共体育资源配置中的基础性和主导性作用。全民健身公共体育资源配置主体系统主要包括三个参与主体，分别是起基础性作用并处于主导地位负责制定相关政策的政府部门；通过市场机制积极承接公共体育服务供给的承接主体（非政府体育组织和体育企业）；以及处于享用公共体育服务主体地位的社会大众。资源配置主体系统离不开上述三种主体构成的紧密联系。公共体育资源配置主体系统供给公共体育服务产品的对象是社会大众。所以不管是政府部门还是非政府体育组织体育企业在全民健身公共体育资源配置主体系统中都起到指导与服务作用，其最主要的职责就是对公共体育资源配置主体系统进行科

---

[1] 夏丽萍.高等教育资源配置研究［M］.成都：四川大学出版社，2007.

学管理，确保稀缺的公共体育资源能够实现优化配置，从而更好地推动全民健身公共体育事业的发展（图2-1）。

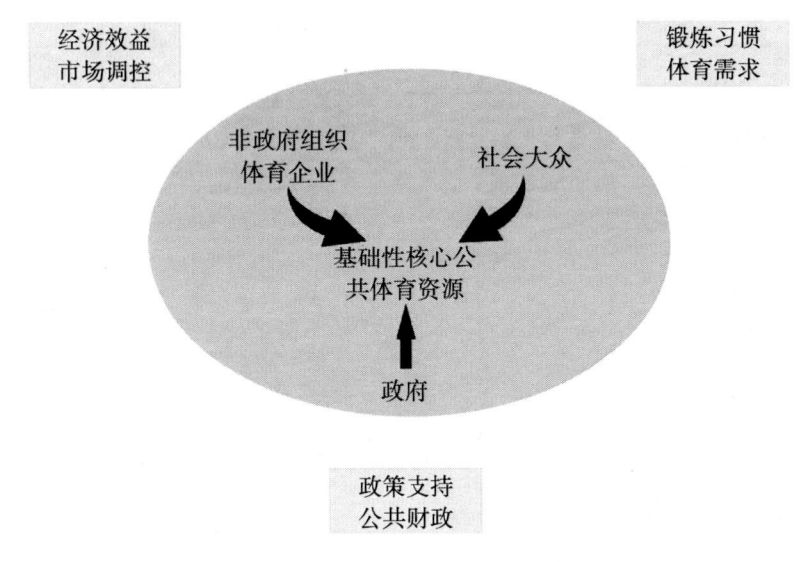

图2-1　全民健身公共体育资源配置系统主体结构图

二、全民健身公共体育资源配置主体系统的功能

缓解公共体育资源的稀缺性与人民群众日益增长的多元化、多层次的体育需求之间的矛盾是公共体育资源优化配置的核心目标。为使全民健身公共体育资源配置的结构优化、效率达到最佳的状态，需要明晰全民健身公共体育资源配置主体系统（政府、非政府组织和体育企业、社会大众）的功能和角色定位。在明确功能和角色定位的基础上深入分析相互之间的关系，才能更好地认识全民健身公共体育资源配置主体系统的功能。

资源配置主体系统是全民健身公共体育资源配置过程中具有能动性和触发性的子系统。资源配置主体依据社会大众的体育需求以及资源配置主体和资源配置客体之间的相互关系来决定采用合适的资源配置方式，并作用于资源配置的客体。由于资源配置主体在公共资源配置过程中具有能动性和触发性，在资源配置过程中应充分发挥配置主体的能动性，通过资源配置主体不断的调控、监管、约束资源配置的过程，进而对资源配置结构进行优化调整，实现资源配置效率的提高（图2-2）。

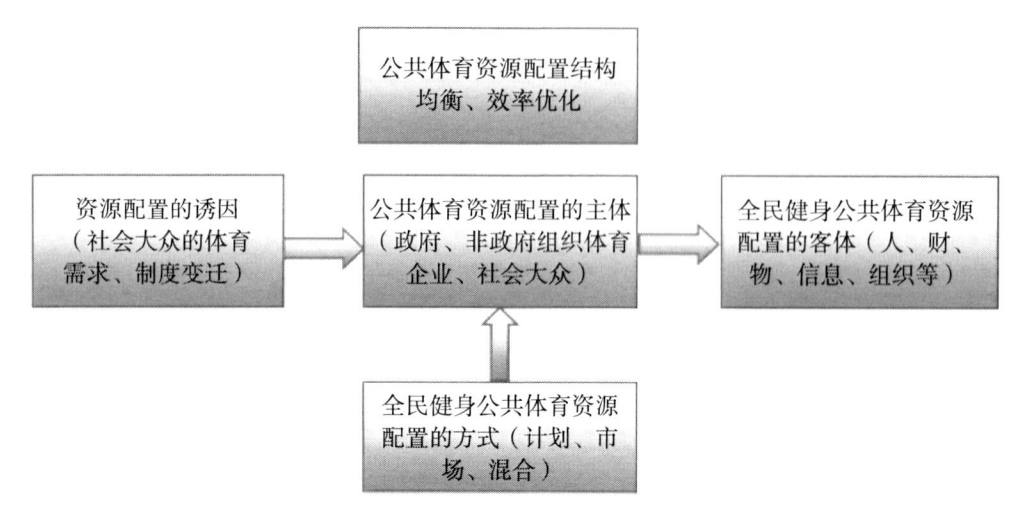

图2-2 全民健身公共体育资源配置主体的功能

1. 政府在资源配置过程中的功能

公共体育服务和产品的外部性以及公共体育资源配置过程中的市场化改革决定了政府在全民健身公共体育资源配置主体系统中处于主导地位，在资源配置中起到了至关重要的基础性作用。政府在全民健身公共体育资源配置过程中的功能主要体现在公共体育资源的提供以及有限生产，制定法规制度以规范和约束资源配置过程中市场化的问题，引导社会大众进行体育消费，对公共体育资源配置的绩效进行评价以及对公共体育服务进行质量管理[1]。

政府在全民健身公共体育资源配置过程中需要公共财政的支持，公共财政是为满足社会公共需求而构建的国家财政支出形式，其实质是为了弥补社会主义市场经济条件下的"市场失灵"情况，其分配的主要目的是满足社会公众的体育需求。政府作为全民健身公共体育资源的提供及有限生产者是由公共体育服务和产品的性质所决定的；公共体育服务具有效用的外溢性，无法排除搭便车者。市场在公共体育资源配置过程也存在"市场失灵"的情况，"政府失灵"和"市场失灵"的同时出现会产生"公共地悲剧"。因此，全民健身公共体育资源配置过程中，政府是资源配置的主体，承担供给公共服务和产品的主要责任。

政府在公共体育资源配置过程中向社会组织购买公共体育服务和产品已成为促

---

[1] 蔡朋龙，王家宏. 论公共体育资源配置市场化改革中政府角色定位[J]. 沈阳体育学院学报，2020，39（2）：58-67.

进健康中国实现的重要途径。《体育发展"十三五"规划》指出厘清政府与市场的边界，增强政府公共体育服务的职责，发挥市场的机制作用，支持各类社会主体参与体育公共服务，形成合力。政府在公共体育资源配置过程中通过政府购买、公私合作、凭单制、服务外包等市场化方式进行公共体育资源的分配。同时政府通过市场化方式购买公共体育服务的过程中还承担着制度供给和市场监督的职能。政府在公共体育资源配置的过程中逐步减少直接配置，引导有资质的社会组织、体育企业以及中介机构参与公共体育资源的配置。政府在公共体育资源市场化配置过程中主要承担加强和优化公共体育服务、保障公平竞争、市场监管、维护市场秩序等。

政府在全民健身公共体育资源配置过程中还承担着引导社会大众积极参与体育消费的任务。2014年，10月20日，以国发〔2014〕46号下发了国务院《关于加快发展体育产业促进体育消费的若干意见》明确指出通过政府向社会组织购买公共体育服务的形式引导社会大众积极参与体育消费，研究提高社会大众体育消费的意识，鼓励社会大众积极参与体育消费的政策。随着全民健身公共体育资源配置市场化的改革推进，社会大众需要转变原有的体育服务和产品的价值观念，提升体育消费的意识，积极参与公共资源的配置。政府通过多种媒介手段宣传和推广积极参与健身活动，培养为健康投资的意识，引导社会大众走出公共体育资源配置的福利化误区。

当政府委托社会组织、体育企业、体育中介等进行公共体育资源配置时，为了保证资源配置的规模、效益等，政府在公共体育资源配置过程中还需密切关注资源配置的绩效以及服务质量等问题。通过建立相应的需求表达机制，能够使公共体育资源的配置满足社会大众的体育需求。政府在公共体育资源配置过程中需对公共体育服务供给承接主体开展绩效评估，收集社会大众对于公共体育资源配置的满意度、体验评价的相关数据，对承接主体供给服务和产品的绩效与质量进行客观评价。

上述关于政府在全民健身公共体育资源配置过程中的主要功能的划分是出于开展研究的目的，多种功能在资源配置过程中形成相互联系、相互配合的闭环系统。政府在全民健身公共体育资源配置过程中主要提供公共财政的支持，通过法规政策等规范和约束市场在资源配置中的行为，引导社会大众参与体育消费，积极参与公共体育资源的配置过程，并对全民健身公共体育资源配置开展绩效评价和质量管理，收集社会反馈信息对配置行为进行及时调整。政府在公共体育资源配置过程中主要功能体现在弥补公共物品的外部性、公共地悲剧以及市场失灵等市场配置功能的不足。

2. 非政府体育组织和体育企业在资源配置过程中的功能

全民健身公共体育资源配置的市场化改革是实现公共体育资源优化配置的重要

手段，主要通过价格、供求、竞争等市场机制实现公共利益的层次化和多样性的政府治理手段[1]。公共选择理论指出公共物品的供给并非是政府的专利，市场和非政府组织也可以提供公共物品，政府、市场、非政府组织的无缝合作是公共服务供给的理想模式。非政府体育组织通常指以政府、企业、特定人群、会员和社会大众为服务对象，承担公共体育服务职能的非营利部门。非政府体育组织可以提供无偿、有偿和补偿的公共体育服务和产品。行业体育协会、志愿组织、非营利性民间体育组织均属于该范畴。体育企业包括各种健身俱乐部、私人健身会所等。市场化改革使政府不再是传统意义上单一的资源配置主体，政府部门主要作为公共体育服务的提供者通过制定法规来监督和调控市场行为，并通过定向委托、公开招标等形式向非政府体育组织、体育企业等承接主体购买公共体育服务和产品。

非政府体育组织、体育企业等承接主体在全民健身公共体育资源配置过程中主要承担公共体育服务和产品生产者的角色。非政府体育组织、体育企业通过公私合作、凭单制、服务购买、合同出租等形式提供的公共体育服务内容和产品主要包括有：全民健身活动的组织开展、国民体质健康测试、社会体育指导员的培训以及全民健身活动宣传等。非政府体育组织和体育企业在承接购买公共体育服务和产品构成资金受审计部门以及财政部门绩效评价的监督和监管。购买主体还需要通过既定的绩效评价目的、评价方法和评价指标来对非政府体育组织和体育企业提供的公共体育服务进行绩效评价。

非政府体育组织、体育企业的市场行为是政府及体育行政部门进行全民健身公共体育资源配置的有效补充，非政府体育组织、体育企业等社会机构在公共体育资源配置过程中起到桥梁和纽带的作用，不仅生产了公共体育服务、体育信息、制度规范体系，还有效的缓解了公共财政支出的压力，引入了有效的市场行为和市场机制参与公共体育资源配置，对优化资源配置结构、提高公共体育资源配置效率、实现经济和社会效益的均衡有积极的意义。总之，非政府体育组织、体育企业等社会因素积极参与公共体育资源配置的模式是实现创新的重要途径。

3. 社会大众在资源配置过程中的功能

社会大众是公共体育资源配置的享用主体，同时也积极地参与到公共体育资源的配置中。当前公共体育服务和产品的供给主要以公共财政支出为保障。公共财政主要是社会大众通过缴纳税收的形式募集而来，而公共财政支出是对现有资源重新分配的

---

[1] 蔡朋龙，王家宏. "有效市场"和"有为政府"：公共体育资源配置市场化改革中政府与市场的三重边界[J]. 天津体育学院学报，2019，34（3）：19-27.

过程。因此，社会大众在公共体育服务供给的过程中不仅是享受主体更提供了经费资源，而且是全民健身公共体育资源优化配置的主要经费来源。

体育彩票公益金是国家为了筹集体育发展基金，拓展体育事业发展的经费来源而实行的特殊政策。体育彩票公益金是公共财政支出对全民健身公共体育财力资源配置的有效补充。体育彩票管理办法明确指出体育彩票收入的60%用于群众体育事业的发展。体育彩票公益金的购买主体是社会大众，发行体育彩票是政府为了发展社会福利事业筹集资金，并对募集资金进行再分配以保证社会公平正义和保障社会大众参与体育锻炼的权力。社会大众积极购买体育彩票的行为是变向的全民健身公共体育财力资源投入的有效形式，为丰富资金来源、拓展资金渠道和实现资源优化配置提供支持。全民健身公共体育资源的公共物品属性体现在消费的二元属性。在一定地域范围内，公共体育资源的稀缺性和拥挤性仍然存在，社会大众需要积极购买公共体育服务和产品以弥补稀缺性和拥挤性带来的供给不足。社会大众购买公共体育服务和产品的行为是积极参与公共体育资源配置的功能体现。

随着市场化改革在公共体育资源配置过程中的推行，公共体育资源配置的主要目标是向社会大众提供公共体育服务和产品。资源配置过程中了解社会大众的体育需求至关重要。社会大众在享用公共体育服务和产品的过程中会对服务和产品的数量、质量等做出评价，并会对配置主体提供相应的反馈信息，以便在资源配置过程中及时调整。社会大众在公共体育资源配置过程中积极参与公共体育服务满意度调查，以供资源配置主体及时调整配置规模、结构，实现配置结构的合理和配置效率的帕累托优化。

三、全民健身公共体育资源配置主体系统的特征

系统的存在有其特殊性。全民健身公共体育资源配置作为一种特殊的社会资源配置，在内外部条件的影响下塑造了公共体育资源配置主体系统的特征。对全民健身公共体育资源配置主体系统特征的探讨必须通过全方位、多视角的考查。

1. 内部结构

全民健身公共体育资源配置主体系统主要由政府、非政府体育组织和体育企业、社会大众三大主体构成。政府部门在公共体育资源配置主体系统中处于主导地位，起主导作用。不仅是公共体育服务和产品的提供者、制度的供给者、生产的组织者，还是市场的规划者、消费的引导者。非政府体育组织和体育企业服务主体，在全民健身

公共资源配置主体系统中起到了纽带和桥梁作用，主要通过合同外包、委托、公私合作等形式供给公共体育服务和产品，将社会大众的体育需求同政府的资源配置过程相衔接。社会大众是公共体育资源配置的享用主体，资源配置主体系统主要以满足社会大众的体育需求为主要目标，同时，社会大众也要积极的参与体育消费活动。上述三大主体都有着稳定的意识形态和社会存在，存在于全民健身公共体育资源配置主体系统之中。同时，全民健身公共体育资源配置主体系统也离不开三者的紧密互动，这三个组成要素之间相互作用、相互协调、相互促进，共同推进资源配置主体系统的完善和发展，尽力实现全民健身公共体育资源配置结构的优化和配置效率的提高，保证社会大众能够享受多元的公共体育服务和产品。

2. 进化过程

公共体育资源配置主体系统各主体之间的作用会随着社会经济制度发展方向的变化以及公民对体育资源需求的变化而不断调整。社会资源配置的方式、方法和过程受政治经济制度的影响。中共十八届三中全会明确指出要充分发挥市场在资源配置中的决定性作用，政府做好市场化改革过程中的顶层设计工作，使市场化改革的方向在全民健身公共体育资源配置过程中进一步明确[1]。在经济转轨逐步市场化发展的过程中，政府的作用至关重要。政府在公共体育资源配置的过程中逐步转向市场，"有为的政府"联合"有效的市场"共同解决现存的公共体育服务供给过程中过度的市场化行为、供需矛盾突出、政府责任缺失等问题。非政府体育组织和体育企业也积极通过公私合作、合作经营、委托代理、服务外包等形式承接公共体育服务的供给和生产。社会大众对全民健身体育资源需求度不断提高，在政府部门积极引导下，体育消费意识逐步增强，参与资源配置的主动性也更积极。公共体育资源配置主体系统在政府部门的主导下，正朝着科学化、高效化的方向不断完善和发展。随着市场经济体制改革的推进，非政府体育组织、体育企业和社会大众在全民健身公共体育资源配置过程中的角色越来越重要，政府作为配置主体逐步从公共体育服务和产品的生产者、提供者逐步向市场化规划者、制度供给者和生产组织者过度。非政府体育组织和社会大众参与公共体育资源配置的主动性也被激发，其在公共体育资源配置过程中的作用日渐突出。

---

[1] 蔡朋龙，王家宏. 论公共体育资源配置市场化改革中政府角色定位[J]. 沈阳体育学院学报，2020，39（2）：58-67.

3. 不同主体的边界区分

明晰政府、非政府体育组织和体育企业以及社会大众在全民健身公共体育资源配置过程中的边界，"有为的政府"联合"有效的市场"是解决当前公共体育资源供需矛盾的重要途径，是实现全民健身公共体育资源合理配置的关键环节[1]。公共体育资源配置主体构成主要包括政府、非政府体育组织和体育企业、社会大众三部分，不同配置主体间在配置过程中通过配置政策、方式、方法等途径实现配置过程。虽然三者之间相互作用、相互联系但各配置主体之间也有其独特的功能，有明确的区分边界。三者在公共体育资源配置的过程中既有交集、又有分工、也有相容[2]。中共十八届三中全会确定了市场机制在资源配置过程中的决定性作用，更好的发挥政府的顶层设计。政府在公共体育资源配置过程中逐步减少直接配置，政府主要提供制度支持、引导体育消费、调控市场，通过多种途径优化公共体育服务，保障公平竞争，加强市场监管等。政府让渡权力和机会给非政府体育组织和体育企业，充分发挥市场机制在全民健身公共体育资源配置中的活力，以实现公共体育资源的合理配置和公共体育服务质量的提升。非政府体育组织和体育企业在公共体育资源配置过程中也应树立"以人民为中心"的理念。在资源配置主体系统中，为了解决不同人群对体育资源需求"众口难调"的问题，同时兼顾不同地区体育发展整体状况，激发社会大众的体育消费需求，积极参与公共体育资源配置过程能够有效缓解资源配置结构非均衡、效率不高的窘境。资源配置主体系统在权能边界、领域边界以及效用边界的区分都是比较明确的。

第四节 全民健身公共体育资源配置客体系统解析

一、全民健身公共体育资源配置客体系统的概念

全民健身公共体育资源配置客体是指公共体育资源配置过程中主体调控和支配的对象，是多种资源要素的集合。全民健身公共体育资源配置客体系统是指公共体育资

---

[1] 蔡朋龙，王家宏."有效市场"和"有为政府"：公共体育资源配置市场化改革中政府与市场的三重边界[J].天津体育学院学报，2019，34（3）：19-27.

[2] 查尔斯·林德布洛姆.政治与市场：世界的政治-经济制度[M].王逸舟，译.上海：上海三联书店，1992：108.

源配置过程中，多元主体构成相互影响、协同作用使各种资源要素互相整合所构成的公共体育资源配置客体的有机体系。

全民健身公共体育资源配置的客体系统实际上就是指各类公共体育资源要素的集合，资源要素集合系统的存在保证了公共体育服务和产品的有效供给及全民健身体育活动的组织和开展。前文依据公共体育资源的形态结构和特征将全民健身公共体育资源分为基础性核心全民健身公共体育资源和整体功能性全民健身公共体育资源。全民健身公共体育资源配置客体系统实质上就是指基础性核心全民健身公共体育资源的整体构成，通过多元主体的操作和运用以其特殊的途径和配置方式在不同时间、地域进行分配。公共体育资源配置客体系统包含两大方面，即有形资源系统和无形资源系统，上述两大资源系统的有机组合及体系之间协同作用构成了公共体育资源配置的客体系统。

二、全民健身公共体育资源配置客体系统的范围

全民健身公共体育资源配置客体系统分为有形资源系统和无形资源系统。有形资源系统是指能够看得见的并且可以量化的资产。无形资源系统具体指没有具体物质形态和存在形式，需要依托一定物质资源实现感知的资源形式[1]。

1. 有形资源系统的范围

有形资源系统主要包括人力资源、物力资源、财力资源和组织资源。

人力资源系统是全民健身活动开展的重要保障，是公共体育资源配置的重要依托。人力资源系统是指全民健身活动开展过程中能够组织、管理、策划以及提供指导的人员构成的集合。主要包括有公共体育服务的专兼职管理人员、社会体育指导员以及公共体育服务的志愿者。公共体育服务的管理人员有专职和兼职之分，主管群众体育的管理人员多数还负责教育、文化等。社会体育指导员是指在全民健身活动开展过程中提供技能传授、锻炼指导以及组织管理的工作人员[2]。目前我国的社会体育指导员主要分为国家级、一级、二级、三级，上述不同等级的社会体育指导员均属于人力资源系统的构成。志愿者是指在全民健身活动开展过程中尚未获得社会体育指导员

---

[1] 付泉.管理经济学[M].武汉：华中科技大学出版社，2013.

[2] 王凯珍，赵立.社区体育[M].北京：高等教育出版社，2004：163.

证书但能够开展一定的健身指导、组织管理的社会人群。上述三类主要人群构成了人力资源系统的有机整体。

财力资源系统是指在全民健身活动开展过程中以货币表现形态存在并以全民健身基本建设资金和多种投入资金的形式呈现的有机整体。有拨入（或收入）、分配、支付、流通和结算等环节，是保证公共体育资源配置正常运行的基本条件。财力资源的来源主体主要包括政府公共财政支出、企业税收、相关企业的赞助与投入、体育彩票公益金收入以及社会大众在参与体育运动过程中的消费投入等。上述资金集合在一起共同构成了公共体育服务的整体财力资源，财力资源以人力资源和物力资源消耗的货币形态投入到全民健身公共体育资源配置中，其目的是为了保障社会大众可以共享公共体育服务和产品。

物力资源系统是全民健身公共体育资源配置客体系统的重要组成部分，是多元供给主体提供公共体育服务和产品的物质载体，是全民健身活动开展过程中物力资源要素形成的物质形态的资源体系。物力资源系统依托财力资源系统的投入，是满足社会大众公共体育需求的各类体育场馆以及健身场所的有机整体。其构成主要包括有大型公共体育场馆、公共体育设施、户外公共体育资源、全民健身中心、体育公园、全民健身路径等多种物质形态的公共体育资源。物力资源系统是开展全民健身活动的物质基础，也是衡量我国全民健身公共体育事业整体发展状况的标志之一[1]。随着公共财政投入的增加，全民健身工程、雪炭工程、体彩综合健身馆等项目积极推进，公共体育资源配置的物力资源系统不断完善，最大限度的保障社会大众的体育需求。

组织资源是指通过体育组织机构对全民健身体育相关资源进行统筹与管理，进而对全民健身公共体育资源配置进行良性干预的一种组织形态。体育社会组织主要是以普及体育健身知识、开展健身活动为主要内容，为社会大众提供公共体育服务，维护社会大众的体育权力，并具有一定的自组织性、志愿性等特点的非营利性的组织。通常包含有四种类型：体育社团、体育类民办非企业单位、体育基金会以及未登记的体育组织。根据其归属也可以分为行政主导型和自主松散型两种。行政主导型组织资源主要包括全民健身公共体育活动中心、基层体育协会、社区体育俱乐部和地方体育指导与服务中心等。自主松散型是指公民自发组织的体育组织，主要包括体育活动站点、单项体育协会等。近年来，随着创新体育组织培育和发展形式，逐步形成了政府主导、依托社会、群众参与的具有特色的体育社会组织体系。

---

[1] 赵冰，朱晓兰. 现代高校公共体育管理与体育科学研究：第5卷 [M]. 北京：中国建材工业出版社，2006.

2. 无形资源系统的范围

无形资源系统范围主要是指公共体育信息资源。公共体育信息资源是指在全民健身公共体育资源配置客体系统中积累起来的以信息为核心的各类信息活动要素的集合。公共体育信息的供给以政府为主导，通过计算机、网络、APP、报纸、报刊等多种媒介手段将体育健身知识、体育赛事、体质监测、体育活动等相关信息传递给社会大众，以满足大众的体育信息需求。公共体育信息资源不仅包括通过信息技术传播的电视节目、网络、广播、APP等信息资源类型，还包括纸质传播的信息资源类型，如：报纸、书刊、杂志、宣传单等。此外基层体育工作者组织开展的各种健身知识普及讲座、全民健身宣传活动和一些健康知识宣讲等均属于公共体育信息资源的范畴。总之，公共体育信息资源是指以文字、广播、电视、网络等多种传播媒介形式为社会大众提供体育健身指导、体育健身活动开展、体育场地设施查询、体质健康数据以及运动处方制定等多种融合信息的资源系统。

三、全民健身公共体育资源配置客体系统的特征

1. 整体性

全民健身公共体育资源配置客体系统是多种资源要素相互协调、相互配合，贯穿全民健身活动开展的有机整体。从配置客体的物质形态来看，可以分为有形资源系统和无形资源系统两个子系统；从系统的功能结构上来看，公共体育资源配置客体系统可以分为人力、物力、财力、组织、信息5个子系统；从配置资源的来源途径来看，主要来自政府及行政机构、非政府体育组织和体育企业以及社会大众；从城乡二元结构上看，可以分为城市公共体育资源配置客体系统和乡村公共体育资源配置客体系统；依据不同的地域范围可以分为国家级、省级、市级、县级、街道、社区等。上述关于公共体育资源配置客体系统的分类是依据不同的分类标准进行划分的，其主要目的是丰富公共体育资源配置客体系统相关理论，方便开展社会研究。总之，全民健身公共体育资源配置客体系统是由多个子系统相互联系、相互支撑而构成的有机整体，它们之间相互协调、相互联系，共同供给公共体育服务和产品，它们具有整体性的本质和特征、结构和功能、作用和地位以及规律和趋势。

2. 地域性

全民健身公共体育资源配置客体系统还体现出地域性特征。公共体育服务是以"人民为中心"，由政府、非政府体育组织和体育企业以及社会大众公共参与资源配置，以满足人民群众多样化、多层次的体育需求。我国幅员辽阔，不同地区的经济、人文、环境等状况都有其独特性，不同地区在资源配置过程中应兼顾配置客体系统的地域性特征，因此在公共体育资源配置过程中需对客体资源系统进行合理规划，在充分考虑地域因素的情况下合理配置资源。城乡二元结构决定了在公共体育资源配置过程中需考虑城乡结构的差异。对于城市范围来说，政府虽给予公共财政支持，但农村地区公共财政支持力度有限。公共体育服务市场化改革虽然在一定程度上对公共体育资源配置的非衡结构进行了有效调整，但在人力资源（社会体育指导、体育行政管理人员）、组织资源、信息资源上仍体现出明显的地域特征。

3. 复合性

全民健身公共体育资源配置客体系统内部各资源子系统并不独立存在，各子系统之间互相辅助、互相支持构成了资源配置的客体系统。资源配置的客体系统主要由人力、物力、财力、信息、组织等资源要素子系统综合构成。财力资源是物力资源、信息资源等资源配置的基础，物力、信息资源是财力资源配置的重要载体。人力资源是组织资源形成的有效支撑，组织资源是人力资源组合的外在形式。公共体育资源配置客体系统的结构功能并不是各子系统资源要素的简单组合，而是多种资源要素组合而成的整体。公共体育资源配置客体系统是资源配置行为的基础，各子系统的性能、结构、规模等对公共体育资源配置的整体功能有重要的影响和制约作用。资源配置过程中有形资源和无形资源组合在一起互相促进资源功能的发挥，融合成具有高度支撑性的资源配置客体系统。

4. 协同性

全民健身公共体育资源配置客体系统是资源配置主体系统调控、支配的对象，同时也是公共体育资源配置主体系统的主体性结构和力量的对象化表征，全民健身公共体育资源配置的客体系统无论是从资源要素构成、系统结构、整体功能、配置过程和配置机制来说，都具有高度的自组织性和协调性。为了实现公共体育资源的优化配置需要主客体系统协同作用形成合力。公共体育资源配置客体系统的协同性需要人力、财力、物力、信息、组织等资源子系统相互配合、相互协作，各资源子系统的协同作用能够实现资源配置的内外联动，进而促进资源要素结构的优化和配置力的提高，为实现公共体育资源优化配置创造条件。反之，资源配置客体系统结构失衡、规模不足等会使各资源子系统的配置合力受挫，导致公共体育资源配置客体系统的功能紊乱、配置低效和结构失衡。全民健身公共体育资源配置客体系统的协同性主要体现在资源子系统之间相互协调配合，从而减少系统内部的摩擦和内耗，使资源要素之间相互激发活力，以实现公共体育资源优化配置的目的。

第五节 全民健身公共体育资源配置系统的分析框架

一、全民健身公共体育资源配置系统的目标

经济学中的资源配置是指社会以多种方式来支配和使用有限的经济资源，生产出更多的产品，以满足社会成员的需求。资源配置主要针对资源的稀缺性与社会大众需求之间的矛盾问题。因此资源配置的目标应该是满足社会大众的多种需求，实现资源配置的高效率[1]。许一经认为，资源配置的目标是资源配置的最优化和有效率，即社会的多种资源得到最优的分配与有效的利用[2]。龚仰树、安体富、周升业提出了相同的观点，认为资源的稀缺性需要把有限的资源进行合理的配置，实现资源配置结构的合理化，使资源能够得到有效利用，从而更好地实现经济和社会效益双重目标[3]。

公共体育资源配置系统的目标是为社会大众提供能够满足其需求的资源，实现不同群体、地域、行业之间的合理分配。公共体育资源合理配置包含两层含义：一是使有限的公共体育资源产生最大的社会和经济效益，在资源投入规模相对固定的情况下，通过对公共体育资源配置结构的优化，配置行为过程的调控实现效益的最大化；二是在产出规模固定的情况下，尽可能地节省投入资源的规模。即为了实现既定的目标，通过对配置结构优化、配置过程的调控，使资源的投入减少。如果全民健身公共体育资源配置的目标是实现地域范围内资源合理配置的问题，多体现第一层含义；如果全民健身公共体育资源的配置是为了实现既定的配置目标，多体现第二层含义。总之，随着国家建设服

---

[1] 朱柏铭.公共经济学[M].杭州：浙江大学出版社，2002：4.

[2] 许一经.社会主义市场经济学[M].上海：上海交通大学出版社，1994：4.

[3] 龚仰树.国内国债经济分析与政策选择[M].上海：上海财经大学出版社，1998：29-32.

务型政府以及公共体育服务体系运行机制的确立，公共体育资源配置要以社会大众的体育需求为出发点和落脚点，社会大众是公共体育服务的享受主体，同时参与资源配置的过程。公共体育资源配置系统的目标就是以人民为中心，为人民提供多样化、个性化的公共体育服务和产品，协同政府、非政府体育组织和体育企业、社会大众，利用制度、市场和文化等配置力，实现公共体育资源的合理配置。全民健身公共体育资源配置系统的目标即是为社会大众提供社会福利，实现公共体育资源配置的共享和共建。当前，公共体育资源配置过程中体育场地设施相对不足、体育社会组织发展滞后、公共体育财政支出相对短缺、社会体育指导员偏少等问题仍制约着公共体育服务供给的规模和质量。全民健身公共体育资源配置的目标是满足公众体育需求，保障人民群众的体育权利，该目标集中体现了公共体育资源配置的社会效益。因此，全民健身公共体育资源配置的目标就是提高资源配置效率，实现社会、经济效益的最大化。

二、全民健身公共体育资源配置系统的配置原则

1. 效率原则

效率原则的具体含义包括两种：一种是资源得到有效的配置，另一种是成本有效。按照资源配置的效率原则，应当运用投入产出模型对成本和效益进行分析，重点考察资源投入产出过程中的成本和效益，公共体育资源应该持续增加，直到边际成本增加到与公共体育资源配置同等的效益时为止。效率可以分为生产效率（单位时间里的投入产出比）和配置效率（对现有资源的利用程度）[1]。如果将公共体育服务和产品看作商品，生产效率具体指在某一时间点、一定的地区范围内，综合现有资源所开展的全民健身活动的次数、参与体育锻炼的人次、体质测试合格人数等；配置效率主要指多元配置主体充分发挥制度、文化和市场的配置力，对资源配置的过程进行监管、调控，充分发挥公共体育资源的优势，努力实现资源配置的综合效益。

全民健身公共体育资源配置应该遵循的效率原则主要是指以尽量少的资源投入，获得尽可能多的公共体育服务和产品。为了实现效率，资源配置过程中应使资源投入都能获得尽可能的利用，优化配置结构，避免投入资源的浪费和闲置，同时提供的公共体育服务和产品能够满足社会大众的体育需求。相对于公共财政支出不足、体育场地设施薄弱、非政府体育组织匮乏等应该重点关注，补齐短板。公共体育资源配置的

---

[1] 薛黎明，李翠平. 资源与环境经济学[M]. 北京：冶金工业出版社，2017：7.

效率问题作为本研究的核心问题，需要对效率不足的决策单元进行识别，分析影响效率的因素，提高公共体育资源配置的效率。

2. 以人民为中心原则

以人民为中心的原则，主要指公共体育资源配置过程中以人民的利益为出发点，资源配置的规模、结构、均衡性等方面能够保障人民群众公平的享有公共体育服务和产品。公共体育资源配置过程中，效率并不是评判配置状况的唯一标准，资源配置是否以人民为中心，是否能够体现社会的公平正义不仅是判断资源配置经济效益的重要标准，也是政治需求和伦理判定的含义[1]。公共体育资源配置作为社会公平在全民健身工作中的衍生和落实，作为向社会大众提供公共体育服务和产品的有效形式，在考虑经济效益的同时，还应该突出其社会效益，能够综合体现公共体育服务供给的质（效益）量（规模）。为了实现公共体育资源的有效配置，需要在一定时间范围内对不同地域的资源进行不断调整，以人民为中心，保障社会公平正义的资源配置原则能够实现社会大众公平享有公共体育服务和产品。需要资源配置的多元主体贯彻以人民为中心的原则，根据人民群众的需求配置公共体育资源，提供公共体育服务和产品，从根本上缓解当前资源供给不足的现实，统筹公共体育资源合理布局，提高社会大众的满意度和幸福感。

3. 共建共享原则

公共体育服务和产品的供给问题属于民生问题。解决当前突出的民生问题，需要坚持共同建设、共同享有的原则。在全民健身公共体育资源配置系统发挥制度、文化、市场的配置力对人力、财力、物力、信息、组织等资源要素进行配置的过程中坚持共建共享的原则，凸显了人民群众的主体地位。共建共享强调了公共体育服务享用主体是人民的全体，落脚点是配置的参与者和享有者的统一，彰显了社会大众实践主体和价值主体的地位。资源配置过程中坚持公共体育服务供给是为了人民，配置成果为人民所共享，能够充分调动社会大众参与体育消费的积极性和主动性。坚持共建共享的原则，以解决当前社会大众公共体育服务和产品供给不足的问题，实现资源配置的效率提升，促进社会公平正义。共同建设和共同享有，是密切联系的整体，共同建设为共同享有提供物质基础和保障条件，共同享有是共同建设

---

[1] 施红.精准扶贫与中国特色发展经济学研究［M］.北京：经济日报出版社，2018：12.

追求的目标和理想归宿[1]。在政府及相关体育部门的引导下，鼓励社会大众积极纳税、购买体育彩票、参与体育消费、参与公共体育服务和产品的供给过程，激发全民健身公共体育事业的发展活力。全民健身公共体育资源配置系统的享受对象是广大人民群众，而人民群众又投身于全民健身体育事业的建设中，所以全民健身公共体育资源配置系统应坚持共建共享的原则。

4. 因地制宜原则

所谓因地制宜主要指资源配置过程中根据不同地域的特点，制订和采取适宜的配置方案，以实现有效配置。我国疆域辽阔，不同地区的地形、人文、经济等均有不同，全民健身公共体育资源配置过程中应根据南北差异、城乡分割的二元体制，针对不同地域进行公共体育资源的配置。例如，北方地区冬季室外温度低，可适当增加室内公共体育场地设施的配置，同时冬季项目在北方地区开展较好，可适当增加冰雪项目相关场地设施的供给。公共体育资源配置系统的配置需要制度、文化、市场三种配置力协同发挥作用，不同的地域文化在资源配置过程中也会发挥具体作用。同时，由于公共体育资源配置的出发点和落脚点是满足社会大众的体育需求，保障社会大众的体育权利，为社会大众提供多样化、个性化的公共体育服务和产品，为了提高资源配置效率，更好地服务于广大人民群众，公共体育资源配置的过程中应该坚持因地制宜的原则，深入了解不同地区社会大众的体育需求，从而统筹全局进行科学调控。因此，因地制宜原则在公共体育资源配置系统中占有举足轻重的地位。

三、全民健身公共体育资源配置系统的配置行为与效果分析

公共体育资源配置的多元主体在配置过程中通过制度、市场、文化配置力作用于人力、财力、物力、信息、组织等基础性核心资源，并随着整体功能性全民健身公共体育资源要素子系统和基础性核心全民健身公共体育资源要素子系统交互作用的增强，同步强化了资源配置系统的结构稳定性，进而促成资源要素系统向公共体育资源配置系统的过渡。

系统的功能主要反映系统与外界环境的关系，是系统性质和行为的表达。系统功能通常泛指系统的整体外在表现[2]。在公共体育资源配置要素向配置系统转变的过

---

[1] 李高东. 历史唯物主义视域下五大发展理念研究[M]. 徐州：中国矿业大学出版社，2017：6.
[2] 许国志. 系统科学[M]. 上海科技教育出版社，2000：26.

程中，配置系统的功能不断强化，为社会大众提供多样化、多层次、个性化的公共体育服务内容和产品，促进全民健身公共体育事业的发展。因此，公共体育资源配置行为是实现资源配置功能的能动过程，资源配置的效益、效果是资源配置行为的外在表现形式，并可以通过对效益、效果的客观评价表现评价行为的实施过程和实现程度。

本研究将公共体育资源配置的行为分别从静态行为和动态行为两个方面进行考量。静态的资源配置行为是从宏观上统筹全局，能够表征配置系统全局的绩效；动态行为突出表现为资源配置的多元主体通过制度、市场、文化等配置力对人力、财力、物力、信息、组织等资源进行监管、调控的过程，该行为贯穿资源要素投入产出的全过程，重点在产出环节体现配置行为的具体效果。相对于静态配置行为关注全局的配置规模，动态性配置行为能够综合反映资源配置的规模、结构、效果等内容。因此，资源配置过程中的动态行为是本研究关注的重点。

针对上述关于全民健身公共体育资源配置行为的动静态分型，资源配置行为的绩效评价可以分别从能力评价和效率评价展开。能力评价重点关注公共体育资源配置的规模效应，突出其绝对量的提升；效率评价重点关注资源投入产出的比值，突出其内化配置技术水平的进步。当前，关于公共体育资源配置能力的提升正在从整体能力的增强向效率和能力同步提升转变。传统的粗放式资源配置方式重点关注资源配置绝对量的增多，能够在短期内补齐公共体育资源配置不足的短板，但不具有长效性和累积性；集约化的资源配置方式强调资源配置整体效率的提升，内涵式的资源增长方式体现出较强的竞争力和可持续性。因此，从粗放式的资源配置方式向集约化的资源配置方式转变成为公共体育资源配置内涵式发展的应有之义。建立在效率提升基础上的资源配置行为更具创作力和持续性。效率的提升是资源配置总能力提升的基础和前提，对配置总能力的提升起重点支撑作用。因此，本研究将公共体育资源配置效率的评价研究作为识别公共体育资源配置能力的重要构成。基于资源配置效率评价视角对全民健身公共体育资源配置能力的考察才具有理论和实践意义。

公共体育资源配置系统需要在配置行为发生过程中与外界环境实现交互过程，体现了资源配置系统的开放性。配置能力、配置效率均是公共体育资源配置行为的外显表达形式，配置效率提升是公共体育资源配置行为对效果的价值追求。资源配置效率受配置系统的内部结构、外部环境以及配置系统运行机制的影响，在关注资源配置效率核心问题，对效率变化的主要影响因素进行有效识别，并采取有效的监管和调控措施的基础上，实现公共体育资源配置经济效益和社会效益的双丰收。前文对于公共体育资源配置系统的分析强调其开放性、动态性，在对配置系统的内部结构、外部环境、运行机制的交互过程进行深入分析有利于深化资源配置系统的认识，利于识别影响公共体育资源配置系统的因素等（图2-2）。

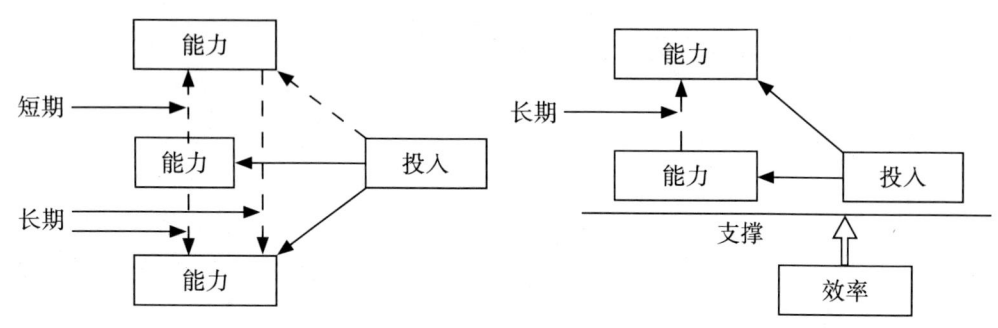

图2-2　全民健身公共体育资源配置效率和配置能力的关系图

基于此，为了深入剖析公共体育资源配置效率的变化特征以及影响效率变化的主要因素，对于公共体育资源配置系统的内部结构、外部环境、运行机制以及交互过程的研究就成为前提条件。另外考虑资源配置系统的动态性特征，对效率开展评价研究，对影响效率变化因素进行分析需要针对资源配置系统的内部结构、外部环境、配置方式、配置政策、配置方法、配置力等开展综合分析，以解决当前配置总体规模不足、配置结构失衡、配置效率偏低的问题（图2-3）。

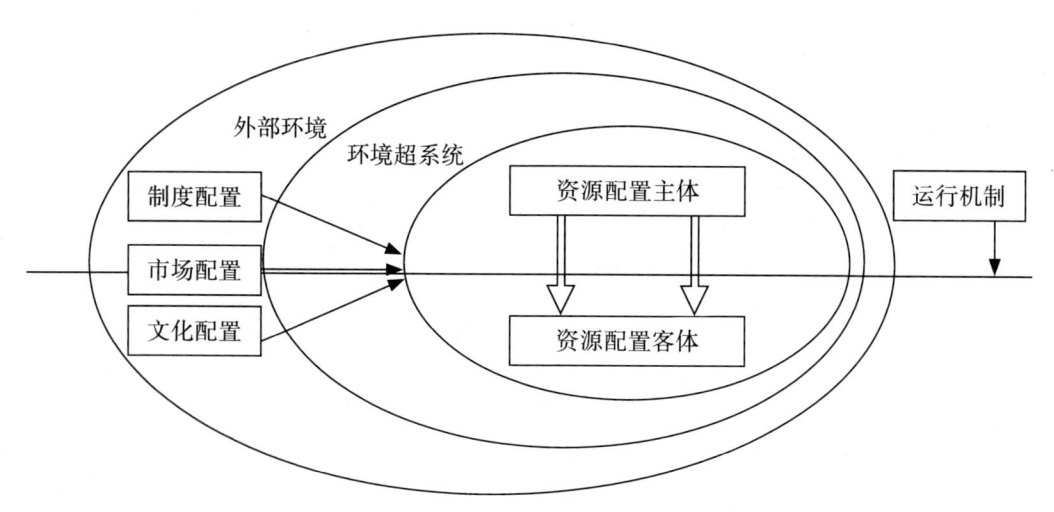

图2-3　全民健身公共体育资源配置行为影响因素关系图

四、全民健身公共体育资源配置系统的结构与特征分析

1. 全民健身公共体育资源配置系统的结构分析

系统由相互联系、相互作用的若干要素构成，是具有一定的结构和适应环境的特定功能和相对稳定的有机整体[1]。系统结构具体指系统内部各个组成要素之间的相互联系和相互关系，即各个要素在时间和空间上的排列和组合的方式或顺序。系统结构是系统保持整体性和功能的内部根据[2]。全民健身公共体育资源配置系统由三个子系统构成，分别是资源配置的主体系统和客体系统，以及主体系统作用于客体系统的配置力（制度、市场、文化）。

公共体育资源配置主体系统由政府、非政府体育组织和体育企业、社会大众三种主体构成。政府部门在资源配置过程中起主导作用，其主要负责制定资源配置的政策和规划；向社会组织等承接主体购买公共体育服务；对公共体育服务的生产和供给过程进行有效的监管和调控；直接生产和供给公共体育服务，保障公共体育需求。资源配置过程中政府扮演着统筹全局的角色，坚持以人为本、共建共享和公平公正的原则，以满足大众的公共体育需求，保障体育权利，维护社会公平正义。非政府体育组织和体育企业作为公共体育服务供给的承接主体，能够有效地缓解政府部门的压力，是公共体育资源配置系统的重要构成。非政府体育组织和体育企业通过市场参与公共体育服务生产和供给，不仅能够缓解政府部门资源配置过程中的责任和压力，还能发挥市场在资源配置过程中的优势，使资源配置的经济效益得到提升。社会大众作为公共体育服务和产品的享用者，也积极参与公共体育服务的供给过程，主要通过文化配置力影响社会大众的体育消费意识等内化为资源配置的动力。总之，资源配置主体的多元构成协同作用共同参与资源配置的监管、调控和评价，有助于资源规模效应的增加、效率的提升、结构的优化（图2-4）。

---

[1] 谭暑生. 现代唯物主义哲学的沉思 [M]. 长沙：湖南教育出版社，2017：145.
[2] 谭暑生. 现代唯物主义哲学的沉思 [M]. 长沙：湖南教育出版社，2017：148-149.

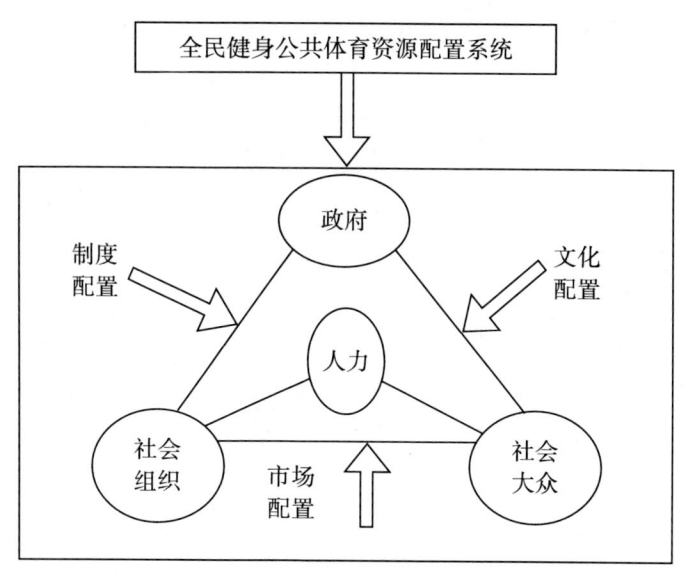

图2-4 全民健身公共体育资源配置系统结构示意图

客体系统是资源配置主体作用的对象。公共体育资源配置的客体系统包括有形资源子系统和无形资源子系统。有形资源子系统包括人力、财力、物力、组织等；无形资源子系统主要指的信息资源。人力资源是公共体育资源配置系统中最具能动性、创造性的核心资源，对财力、物力资源的分配发挥着主导作用；物力资源为全民健身活动开展、公共体育事业发展提供物质支撑；财力资源为物力资源的分配、组织资源的建设、信息资源的供给提供资金支持；组织资源是全民健身活动开展的依托形式，能够增强社会大众参与全民健身活动的积极性和凝聚力。信息资源能够为社会大众提供健身服务信息、体育赛事信息、健康指导等多种内容，有利于社会大众参与全民健身活动的科学性。

全民健身公共体育资源配置系统的正常运行需要配置主体和配置客体在配置力的作用下完成。资源配置系统在不断完善发展的过程中，整体功能资源（制度、文化、市场）作用于基础核心性资源，配置的整体结构不断优化、配置的机制体制不断完善、配置的功能不断增强，凸显了制度、市场、文化资源配置力协同作用的发挥。

2. 全民健身公共体育资源配置系统的特征分析

（1）开放有序性

根据系统论熵增原理的阐述，将公共体育资源配置系统与外部环境结合在一起形成孤立的体系，以资源配置系统与外部环境之间进行物质、能量、信息交换的熵变作为判定体系发展方向的依据,当体系的熵值增加时,其无序程度会有一定的增加。公共体育资源配置系统作为一个远离平衡态的开放复杂系统,同外部环境(政治、经济、文化)不断进行着资本、技术、产品、信息的交换,当外部环境变化达到特定阈值时,会引起系统内部各子系统的非线性相对运动和协同,并通过各子系统相对关系的涨落和突变涌现出新的有序的系统特征。公共体育资源配置系统在与外部环境交互的过程中,不断调整其内部结构、功能使其向有序状态转变。

(2)整体涌现性

公共体育资源配置系统的整体涌现性体现在结构效应和外部环境共同作用的过程中。其具体表现为资源配置系统内部各构成要素在外部环境(政治、经济、社会、文化)影响下依据系统内部结构相互作用而激发出来的各构成要素、子系统所不具有的特征和功能。促使系统整体涌现性的发挥需要内部结构产生正的结构效应,系统内部的熵值处于减小的状态,进而体现出资源配置系统的有序发展状态。为了使资源配置系统各子系统、要素充分发挥其功能需要不断对资源配置结构进行优化,促进内部系统和外部环境的资本、信息、技术等进行交换,对公共体育资源要素的结构、规模不断进行调整,给与相应的政策、法规、规章等形成配置系统调整的依据,进而实现公共体育资源合理配置的目标。

(3)动态演化性

公共体育资源配置要素系统为公共体育事业的发展提供物质基础、保障条件。资源要素系统的发生和发展是与公共体育服务体系的逐步完善以及全民健身公共体育事业发展同步累积的过程。公共体育资源配置系统内部资源要素的累积过程是通过资源存量和增量逐步统一的过程。公共体育资源配置系统资源要素动态演化的动力一方面来自于公共体育服务体系的确立以及社会大众公共体育需求诱导;另一方面来自我国公共体育服务供给体系确立较晚以及早期对于群众体育投入不足累积的公共体育服务和产品供给不足,是资源配置结构优化、效率提升的现实需要。总之,多方面因素共同促成了公共体育资源要素规模、结构的现实状态,促使公共体育资源由简单系统逐步向复杂系统过渡。

(4)自组织性

系统在与外部环境不断进行资本、信息、技术、能量交互的过程中,逐步形成了偏离平衡的有序结构。有序结构的形成是系统内部各子系统、构成要素协同作用发挥的结果。全民健身公共体育资源配置系统的自组织性体现在配置主体系统、客体系统、配置力以及配置环境在交互作用过程中,促使资源配置目标、原则、方式、方法等形成的有机系统。通过各子系统、要素间相互作用形成的优势互补效应,促进全民健身公共体育资源配置系统的良性运行。良性运行系统的形成过程是系统内部多种资源要素子系统自行组织、自行演化的过程,为公共体育资源配置结构的优化、效率的提升提供了前提。

(5)互塑共生性

外部环境对资源配置系统的作用表现为资源要素的输入,经济子系统提供公共财政支持、社会子系统提供丰富的文化资源、政治子系统提供制度和决策支持。外部环境也提供多种干扰因素,如社会生活中存在的不良生活方式影响着社会文化资源的输入,相关政策对资源配置系统也会有一定的干扰。外部环境和资源配置系统之间不断进行着资本、信息、技术的交换,外部环境因素影响着系统内部资源要素的发展方向及结构特征。当外部环境的资源要素输入大于干扰因素的输入时,有利于资源配置系统资源要素的供应,扩大资源要素的规模,提高配置效率。

公共体育资源配置系统会对外部环境输出资源,对外部环境起到积极影响的作用,有利的输出统称为功能效应。资源配置系统的行为特征呈现出与外部环境的资源竞争。全民健身公共体育事业的发展可以促进国民体质健康水平的提升,减少卫生资源配置系统的压力,因此,资源配置系统对外部环境有积极效应。另外,公共体育资源配置过程中出现的晨晚练噪声扰民、争夺场地的现象属于系统对外部环境的不利影响,体现出资源配置系统对外部环境的塑造作用。

五、全民健身公共体育资源配置系统的环境分析

系统是由相互联系、相互制约的要素结合而成的具有特定功能的有机整体(集合)[1]。一般将系统周围的其他事务或存在称为系统的环境[2]。系统与环境之间除了存在着紧密的联系和作用,还存在着经常性的物质、能量、信息的交换,环境对系统的内部结构和行为特征也有影响[3]。公共体育资源配置系统并不是时空上有限的存在,与环境也有着复杂的联系。系统内部资源要素通过不断重组实现结构的相对稳定,并与外部环境相互作用而产生新的涌现性。全民健身公共体育资源配置系统的环境是指由经济、政治、社会、教育、市场等环境子系统在与资源配置系统进行物质、能量、信息交换过程中形成的环境超系统,对公共体育资源配置系统有调控、约束、

---

[1]钟雁.管理信息系统[M].第2版.北京:北京交通大学出版社,2018:11.
[2]谭暑生.现代唯物主义哲学的沉思[M].长沙:湖南教育出版社,2017:146.
[3]刘玲利.科技资源配置理论与配置效率研究[D].长春:吉林大学,2007.

规范等作用，对资源配置系统绩效的提升有重要影响。

1. 环境子系统对全民健身公共体育资源配置系统的作用分析

公共体育资源配置系统在与外部环境的交互作用过程中良性运行。系统在维持自身稳定性的同时需要与外部环境相适应。外部环境为配置系统的运行提供了条件，同时也为配置系统的改善提供了动力。政治、经济、社会文化、教育等环境子系统为资源配置系统的运行提供了多种资源要素，包括人力、财力、物力、组织、信息等。上述环境系统影响着资源配置系统的资源要素、运行机制、配置行为、配置效率等，对资源配置系统整体功能的发挥产生影响。

（1）经济子系统是影响全民健身公共体育资源配置的重要的环境因素

经济体制决定社会经济生活中的各种经济关系[1]，是决定公共体育资源配置系统决策行为、运行机制、内部结构的决定性变量。经济环境为公共体育资源配置系统的运行提供了时空条件、物质基础、组织条件等，影响着公共体育资源配置过程中采用的配置方式和方法，对资源配置方向起着决定性作用。经济子系统决定着资源配置主体的构成，计划经济时期政府成为公共体育资源配置的唯一主体，"单位"成为配置资源重要组织形式，但由于"科层式"供给具有单向度和垂直特征，限制了公共体育服务供给中的外部效应，使得配置效率不高。社会主义市场经济时期，市场力量积极参与资源配置系统的运行，弥补了政府配置资源过程中无法提供的服务和产品，对于促进配置主体多元化发展有积极作用。其次，决定了资源配置系统的内部结构。不同经济背景下，资源要素构成在资源配置系统中的地位、作用力、角色定位以及资源要素之间的交互作用存在较大的差异，决定着资源配置系统的内部结构，造成了资源配置系统结构上的差异。最后，决定着资源配置系统的运行机制。不同经济背景下，资源要素的构成、配置结构的差异，共同决定了资源配置系统运行过程中的交互方式，影响着系统运动的调控机制。

（2）教育子系统在人力资源培养过程中有效提高公共体育资源配置的效率

体育行政管理人员、社会体育指导员以及社会大众在教育过程中学习运动技能方法和手段；培养积极参与体育锻炼的意识；形成积极参与体育消费的理念等。教育子系统一方面培养了大量积极参与全民健身活动推广、组织的人员，有效地增强了资源配置系统的造血能力和发展潜力；另一方面培养了掌握一定运动技能和方法、拥有良好的体育意识以及体质健康的社会大众。对于开展全民健身活动，提高资源配置效益

---

[1] 顾新.区域创新系统论 [M].成都：四川大学出版社，2005：119.

具有积极的作用。

（3）社会文化子系统为资源配置系统运行提供心理条件和智力支持

社会文化子系统是指社会大众为了达到物质与社会心理功能的需求系统。包括日益形成的价值观念、风俗人情、社会风气、心理素质等。社会文化子系统影响着社会大众对体育运动价值的理解，影响着社会大众参与全民健身活动的积极性和对身体的认识。社会文化子系统中的体育元素和身体活动元素能够激励和促进资源配置系统内部资源要素、运行机制、配置结构的作用发挥，积极引导社会大众积极参与全民健身活动，促进全民健身活动开展的次数增加、提高国民体质健康测试的人数等，从而提高资源配置系统的运行效率。

（4）政治子系统为公共体育资源配置系统提供制度资源（政策、法规、规章）

政治环境是公共体育资源配置系统赖以生存的生态系统。社会主义市场经济转型时期，市场在资源配置过程中发挥作用，政府部门需要相应的制度资源对市场行为进行监管、调控、引导，以保障社会效益和经济效益的双丰收。同时，政府在体育法以及地方政府出台相关政策文件中对资源配置的规模、购买公共体育服务的方式等都进行了详细的规定，不仅在宏观上加大了公共体育资源投入的规模，对政府向社会组织采用服务外包、公私合作等购买形式，促进市场配置力的发挥都起到了积极作用。政治环境同时与决策组织一起决定着体育决策制定和执行。

2. 环境超系统对全民健身公共体育资源配置系统的作用分析

根据生态学关于环境概念的阐述，公共体育资源配置系统的形成和发展过程，机制的运行均是在一定的环境条件下实现的。由于资源配置系统自身内部结构的特性，外部环境是配置系统运行、调控的系统构成，可以将公共体育资源配置系统运行的外部环境称为环境超系统。资源配置系统的开放性特征表现为与环境超系统之间保持着经常性的联系或物质、能量、信息的交互。经济运行机制、政策的制定和决策环境、社会文化环境、教育环境等构成了资源配置系统运行的宏观环境，且资源配置系统和环境超系统之间相互联系、相互影响。环境超系统为资源配置系统的运行、结构优化、配置方式方法的调整等提供了决策的环境，资源配置系统也会对环境超系统的调整提供参考意见。环境超系统对资源配置系统的作用过程体现在各子系统对资源配置的约束和调控，其作用机制区别于环境超系统对资源配置系统的监督和调控。

从历史演进过程来看，环境超系统对资源配置系统的监督、调控、约束和规范作用体现出动态累积性特征。其作用过程是通过多个外部环境子系统相互配合、相互协同完成的。各子系统在历史演进过程中体现出靶向作用，呈现出经济性、政治性、社会性、混合性等多种特征。各子系统作用力一旦形成，便会保持一定的持续性，影响着资源配置系统的内部结构和演进历程。为了实现公共体育服务的有效供给，应持续推进社会经济领域的制度改革和创新发展，完善社会治理体系，夯实社会治理能力。政府努力从经济建设型政府向服务型政府转变，政治子系统的重大改革促使经济、社会文化、教育子系统的适度演变，以适应资源配置系统运行环境的变化。

从同一时间节点来看，环境超系统对资源配置系统的作用过程体现出协同性特征。协同性主要体现为环境子系统通力协作，协调一致影响着资源配置系统整体功能的发挥，而协同作用是各个子系统单独作用于资源配置系统时无法体现的。资源配置系统的效率提升、结构优化需要多元配置主体通过配置力作用于客体过程中，与环境超系统有效合作实现资源的有效配置。第一，健康的经济运行环境为公共体育服务的供给提供了资本积累；第二，政府提供的政策支持和决策环境能够实现多元主体供给，能够充分发挥市场在资源配置过程中的决定性作用；第三，良好的教育环境能够实现人力资本的供应；第四，社会营造的积极参与全民健身活动的文化环境，为全民健身公共体育事业的发展创设了良好的社会文化氛围。

总之，环境超系统在历史演进过程中体现出的动态累积性和同一时间节点的协同性特征是外部环境子系统形成合力共同作用于资源配置系统的结果，是各子系统均不具备的，也不等于各子系统作用力的简单累加。

本章小结

系统论和资源配置相关理论是公共体育资源配置系统研究的理论基础。全民健身公共体育资源配置系统是为社会大众提供公共体育服务和产品的行为过程以及资源调控过程中多种要素的集合，包括配置主体、配置客体。资源配置主体系统主要由政府、非政府体育组织和体育企业、社会大众构成，呈现出结构稳定且联系紧密的特征。资源配置客体系统包括了有形资源和无形资源，呈现出整体性、地域性、复合性和协同性等特征。对公共体育资源配置系统的结构特征以及运行的过程进行了分析。公共体育资源配置过程中应坚持追求效率、以人民为中心、共建共享和因地制宜等原则。公共体育资源配置系统呈现出开放有序性、整体涌现性、动态演化性、自组织性和互塑共生性等特征。最后，对影响公共体育资源配置的环境子系统和环境超系统的影响过程进行阐述。

第三章 全民健身公共体育资源配置方式、方法、政策及国际比较

第一节 全民健身公共体育资源配置方式

一、全民健身公共体育资源配置方式的概念及决定因素

资源是难以实现自我分配的，不会"人性地"根据人们的需要来进行自我优化配置，需要一定的制度安排和组织力量来进行资源配置以实现供需平衡。全民健身公共体育资源的稀缺性和有限性是进行资源合理配置的动力机制。全民健身公共体育资源配置方式主要是指为了实现公共体育资源在时间、空间以及不同部门之间的合理分配，在分配公共体育资源配置时所采取的形式。为了实现资源配置的目标，需要做出一定的制度安排和经济规则的设定即建立一定的经济体制[1]。资源配置的类型按照配置方式的内容可以划分为自然经济、市场经济和计划经济。当前关于资源配置的方式可以分为计划机制的资源配置方式和市场机制的资源配置方式。决定资源配置方式的决定性因素是经济运行的体制机制。

计划机制的资源配置方式在公共体育资源配置过程中的特点表现为：首先，计划经济体制背景下资源配置的决策机构是政府行政部门，国家和地方政府通力协作通过对社会大众体育需求信息的收集形成决策目标；其次，政府通过行政命令和指令性的文件实现资源配置的调控过程，信息传递机制呈现出纵向传递的特点；最后，资源配置的动力方向不一致，资源配置方向在决策者和执行者之间不易协调，因为决策制定过程中对社会需求、反馈信息的收集相对困难，同时决策执行者并不能根据社会大众的需求做出适当的选择，需要决策制定者创设良好的推进环境。

市场机制的资源配置方式在公共体育资源配置过程中的特点体现在：首先，非政府组织和体育企业依据市场的需求调整资源配置的决策方向，通过价格机制、竞争机制实现利润的追求；其次，资源配置过程中的社会需求、社会反馈信息的传递是横向

---

[1] 吴敬琏.计划经济还是市场经济[M].北京：中国经济出版社，1993：44-45.

的，能够即时反映资源配置的动态性特征；最后，政府部门较少直接参与资源配置的过程，多通过相应的法律、法规、规章制度等对配置过程进行宏观调控。

针对两种不同经济体制背景下公共体育资源配置的主体、出发点、动力和状态开展深入研究。研究认为，词源意义上的公共体育资源配置方式仅指分配公共体育资源时采用的形式。从本质上来说，全民健身公共体育资源配置的方式是指分配公共体育资源的根本体制。计划经济背景的国家在公共体育资源配置过程中主要采用计划配置方式，主要通过政府的计划性政策、行政管理手段作为主要的配置途径，表现为统一分配公共体育资源，统一安排体育管理机构及其发展规模等。市场经济体制的国家或处于该阶段的国家主要采用市场配置的方式，以市场机制为主体，对公共体育资源的配置和要素组合发挥调节作用的分配方式，通常采用竞争机制、价格机制以及供求机制等市场要素来实现公共体育资源在不同部门、不同区域、不同机构的分配，而处于转型时期的部分国家会采用混合式资源配置方式来分配公共体育资源。资源配置过程中的"政府失灵"和"市场失灵"都有可能存在，不能仅依靠市场机制在公共体育资源配置过程中起基础作用，计划和市场相结合的资源配置方式，相互之间可以弥补另外一种配置方式的缺点，政府可以针对"市场失灵"进行及时的监管和调控，市场可以针对计划配置的僵化、低效注入活力。总之，采用混合式的配置方式能够充分发挥各自的积极作用使有限的公共体育资源得到合理配置。

二、全民健身公共体育资源配置方式的分类

1. 计划配置方式

公共体育资源的稀缺性、有限性在一定范围内长期存在。公共体育资源的分配采用计划配置方式，通常以政府指令性计划和行政手段为主，体育行政管理机构、企事业单位以及社会公众均以国家的整体发展计划为行事方式[1][2]。政府通过多种手段从全局和整体利益出发来规划公共体育资源的规模和配置公共体育资源，体现了公共体育事业的整体性、全局性、公平性等，能够有效地调节、控制地域和不同经济地区的差异等因素的影响。计划配置方式整体上属于宏观配置，利于集中有限的公共体育

---

[1] 刘可夫, 刘晓光. 论体育资源的合理开发和配置[J]. 解放军体育学院学报, 1999, 18 (2): 1-5.
[2] 保罗·A. 萨缪尔森, 威廉·D. 诺德豪斯. 经济学[M]. 第12版. 北京: 中国发展出版社, 1992: 68.

资源实现既定的体育发展目标，总体上保持公共体育资源的合理配置，其主要目的是保障和实现公平性。计划配置方式也存在突出的问题和弊端，由于主要通过行政命令来决定公共体育资源的配置规模和资源要素的组合，易导致公共体育资源配置的非衡结构以及资源的闲置和浪费。

采用计划机制的资源配置方式实现全民健身公共体育资源的有效配置需要"以人民为中心"，及时了解大众的体育需求及其变化。同时需要对配置资源的整体规模、结构等有宏观的整体的把握，以利于实现供需平衡，保证全民健身公共体育资源配置经济效益和社会效益的双丰收。建立和完善社会（信息）反馈机制也是实现资源有效配置的保障条件，通过完善社会（信息）反馈机制了解社会大众体育需求的表达并及时反馈给资源配置的主体，针对反馈信息在规模、结构等方面做出及时的调整。采用计划配置方式进行公共体育资源配置的各级政府存在着"政府失灵"，其主要原因是政府的过度和低效干预导致的。公共选择理论认为政府官员在社会活动和交易活动过程中拥有利益目标，体现为政府工作人员的个人利益以及基层部门的小集团利益[1]。政府体育部门在进行公共体育资源配置的过程中本应以追求公共利益的最大化为目标，但存在不同层级工作人员价值导向和个人偏好影响资源配置的合理性。同时政府自利性的存在也会滋生徇私和腐败行为。计划配置方式在对全民健身公共体育资源调控和分配的过程中还存在政府决策成本过高、微观经济主体丧失活力、分配平均主义严重等问题[2]。

2. 市场配置方式

市场机制的良性运行可以对商品的供求关系以及结构、利益主体间的分配关系进行调节[3]。市场配置方式的含义是以市场机制为主体，对全民健身公共体育资源的分配和要素组合发挥调节作用的资源配置方式。市场配置方式主要通过市场主体的竞争机制、市场价格波动机制以及市场供求机制等市场要素实现公共体育资源在不同部门、地区和机构的分配和优化配置，其主要目的是实现效率目标[4]。市场机制主

---

[1] 舒宗礼. 有效的市场与有为的政府：公共体育资源优化配置的关键[J]. 成都体育学院学报，2015，41（6）：55-61.
[2] 方武，李要南. 浅谈我国体育产业资源及配置合理化的对策研究[J]. 内蒙古体育科技，2010（1）：120-121.
[3] 丁俊发. 中国供应链管理蓝皮书[M]. 北京：中国财富出版社，2017：50.
[4] 王维澄，李连仲. 社会主义市场经济教程[M]. 北京：北京大学出版社，1995：178.

要以经济效益（盈利和亏损）来对资源配置的有效性进行判别，体现出客观性、内在性、竞争性、利益制约性等特征[1]，因此，公共体育资源配置过程中，积极地利用"市场"机制有利于实现资源的开发和利用的高效运行。

计划经济体制下，全民健身公共体育资源在分配过程中存在着盲目性、随意性，既未遵循价值规律，又缺少合理的调节调控手段，导致公共体育资源配置的效率低下、结构失衡，难以满足社会大众对公共体育服务和产品的需求。市场机制的竞争、价格、供求等参与公共体育资源的配置，实现了结构的优化和效益的最大化。全民健身公共体育资源的市场配置方式主要指政府分配公共体育资源向市场调控转向。具体指政府放权，通过竞争、价格、供求等市场机制调节公共体育资源配置的方式。在市场体制中，市场供求关系变化引起价格波动，并向资源配置主体反馈供求信息，引导资源要素向供需矛盾严重、价格表现良好的生产部门转移，以实现公共体育资源的优化配置。以市场配置方式实现全民健身公共体育资源配置的帕累托最优还需考虑以下基本条件：一是要构建完善的市场体系；二是在国家制度规范的引导下破除资源的垄断性控制；三是提供资源自由流动的空间。要实现上述三个资源配置帕累托最优的条件仅依靠"看不见的手"来调控还存在明显缺陷和不足。多元配置主体之间为了实现自身利益的最大化，会因不正当竞争而导致配置效率的不足；配置主体的趋势还容易造成资源配置的地域不均衡，配置主体更倾向于向能够获得丰厚经济利益的地区配置资源。向社会公众提供公共体育服务和产品是一项社会福利事业，公共体育资源的配置应该以经济利益和社会利益两者并重，市场机制对资源的配置具有自发性、事后性、分散性等特点，对于市场供给与需求的总量平衡、结构优化、实现公平和效率目标还需政府部门进行有效的监管和调控。

3. 计划与市场相结合的资源配置方式

前文所述的"计划"和"市场"两种资源配置方式在资源配置过程中都有自身的不足和劣势，计划配置方式易导致"政府失灵"，市场配置方式会出现"市场失灵"的情况。因此，"计划"和"市场"组合形成的混合资源配置方式能够兼顾政府宏观调控以及市场在微观领域的分配职能，实现"看不见的手""看得见的手"相互协调、相互配合。公共体育资源配置过程中采取"市场"和"计划"相结合的方式充分发挥各自的积极作用使有限的公共体育资源能够实现有效配置，更有利于公共体育资

---

[1] 夏子贵，罗余九. 政治经济学 [M]. 北京：高等教育出版社，2002：294.

源配置的效率和公平目标的实现。"计划"和"市场"相结合的资源配置方式使用范围遍布全球,各国根据各自国情选择了不同的亚型,有的政府采用政府主导型的配置方式,有的采用市场主导型的方式。

全民健身公共体育资源的配置需要"有为的政府"和"有效的市场"共同协作实现公共体育资源的合理配置。在公共体育资源的配置中,首先要正确处理计划配置为主的政府与市场配置为辅的市场之间的关系,充分考虑公共体育服务和产品供给的特殊性,依据公共体育资源配置的现实情况、内部结构和客观规律,既充分利用"计划"配置方式的导向作用和宏观调控功能,又充分发挥市场的价格机制、供求机制、竞争机制的基础作用不断完善公共体育服务市场体系,实现计划和市场的统一[1]。合理确定计划干预和市场调节的力度、范围以及层次。对于具有公共物品属性的资源由政府采取计划干预机制来配置,以确保可得性和可及性。对于公益性较低、价格弹性较大的公共体育服务产品的资源配置,可运用市场机制来调节供求关系。就全民健身公共体育资源的配置而言,易采用政府主导型的资源配置方式。公共体育资源的配置作为一项社会福利事业更注重其社会效益,为了保障社会大众参与体育锻炼的基本权利,满足社会大众多层次、个性化的体育需求需要在资源配置过程中体现较强的计划性。但市场也逐步由辅助作用到决定性作用进行转变,以实现资源配置效率的提升及结构优化。

三、我国全民健身公共体育资源配置的方式

我国全民健身公共体育资源的配置实践随着经济体制的转型和社会体制的转轨也发生了巨大的变迁。计划经济时期公共体育服务和产品的供给被认为是社会福利事业,体育领域的意识形态与政府采取行政命令配置的公共体育资源,表现为公共财政支出的统一分配,呈现出计划配置公共体育资源的方式。随着经济体制的转型,在"计划"和"市场"有机组合的背景下,市场在资源配置过程中逐步呈现决定性作用,传统的公共体育服务和产品的属性发生了转变,资源配置的主体也从政府的独角戏开始向政府、非政府体育组织和体育企业、社会大众等多元配置主体过渡,市场配置方式逐渐崭露头角。当前我国仍处于社会主义市场经济发展的转型时期,以政府统

---

[1] 任海,王凯珍,肖淑红,等.论体育资源配置模式——社会经济条件变革下的中国体育改革(一)[J].天津体育学院学报,2001,16(2):1-5.

筹规划、监管、调控和市场通过竞争、价格、供求等配置相结合的混合式资源配置方式是该阶段的最佳选择。"计划"和"市场"相结合的混合式资源配置模式可以充分发挥公共体育资源的活力和创造性，同时政府可以通过政策、法规、规章制度等对市场的扰动进行干预和规制。

计划配置方式在特定的时期也起到举足轻重的作用。政府部门以计划配额、行政命令来统管和分配资源。计划配置方式可以从整体利益上协调公共体育事业的发展，集中力量来补短板、增效能。但在配置公共体育资源过程中存在政府决策排斥社会大众的需求选择，统筹部署代替市场竞争，市场参与资源配置的活力和创造性难以发挥的现象，造成公共体育资源配置闲置和浪费的情况。计划配置方式能够从总体上保持公共体育资源配置的合理状态，有效地防止重复建设和巨额浪费，保持社会的公平正义。但在配置过程中也存在着：过渡依赖政府行政部门、配置信息的反馈机制不通畅、配置结构的非均衡、配置效应为负的低效率、配置模式的管办合一等问题。

我国公共体育资源配置方式还处于计划配置方式向市场配置方式过渡的时期。资源配置的主体逐步从单一主体向多元主体转变，形成了政府、非政府体育组织和体育企业、社会大众等多元主体共同参与、协同发挥作用的公共体育资源配置模式，该模式一改"计划"配置方式下政府统筹统管的局面，使市场在公共体育资源配置中可以充分发挥供求、竞争、价格的调节能力和范围，但政府部门仍不能完全放手，需要对市场行为进行监督和管理，体现出明显的政府主导、市场积极参与的特征，可称为政府主导型的资源配置方式。该方式已逐步放权、官办分离，但受其过渡性和运行机制的约束仍存在一定的短板。党的十八届三中全会指出引导市场在资源配置中的作用由基础性作用向决定性作用转变，进一步深化公共体育资源配置方式的市场化改革成为未来一段时期的工作方向[1]（图3-1）。

---

[1] 蔡朋龙，王家宏. 论公共体育资源配置市场化改革中政府角色定位［J］. 沈阳体育学院学报，2020，39（2）：58-67.

计划配置方式向市场配置方式的转变历程

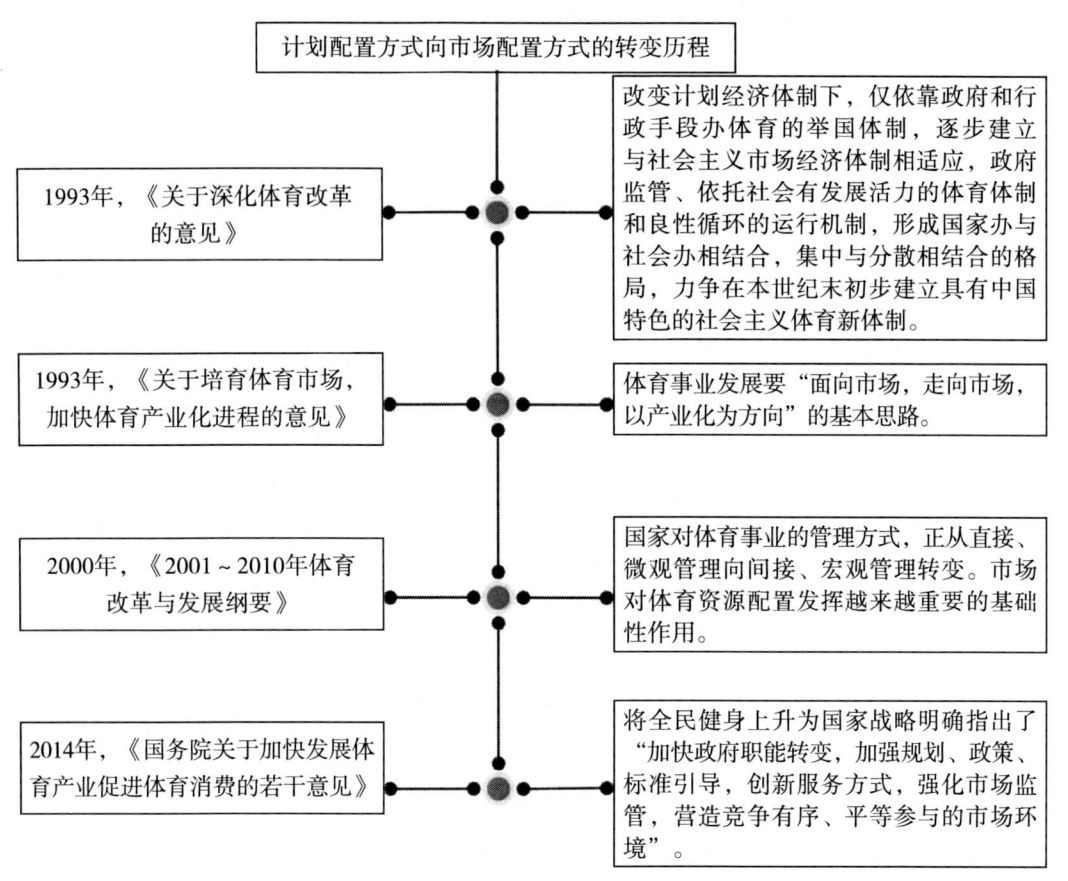

1993年,《关于深化体育改革的意见》	改变计划经济体制下,仅依靠政府和行政手段办体育的举国体制,逐步建立与社会主义市场经济体制相适应,政府监管、依托社会有发展活力的体育体制和良性循环的运行机制,形成国家办与社会办相结合,集中与分散相结合的格局,力争在本世纪末初步建立具有中国特色的社会主义体育新体制。
1993年,《关于培育体育市场,加快体育产业化进程的意见》	体育事业发展要"面向市场,走向市场,以产业化为方向"的基本思路。
2000年,《2001~2010年体育改革与发展纲要》	国家对体育事业的管理方式,正从直接、微观管理向间接、宏观管理转变。市场对体育资源配置发挥越来越重要的基础性作用。
2014年,《国务院关于加快发展体育产业促进体育消费的若干意见》	将全民健身上升为国家战略明确指出了"加快政府职能转变,加强规划、政策、标准引导,创新服务方式,强化市场监管,营造竞争有序、平等参与的市场环境"。

图3-1 全民健身公共体育资源配置方式的演进历程[1][2][3]

---

[1] 国家体委. 国家体委关于深化体育改革的意见[EB/OL].[2021-1-20]. http://www.china.com.cn/chinese/zhuanti/tyzcfg/885948.html.

[2] 国家体委. 国家体委关于培育体育市场、加速体育产业化进程的意见[EB/OL].[2021-1-20]. http://www.fsou.com/html/text/chl/866/86605.html.

[3] 国家体育总局. 2001~2010年体育改革与发展纲要[EB/OL].[2021-1-20]. http://www.chinaculture.org/gb/cn_zgwh/2004-06/28/content_53440.html.

四、国外全民健身公共体育资源配置的方式及启示

1. 国外全民健身公共体育资源配置的方式

美国、英国、韩国、日本等国家多通过市场的供求机制、竞争机制、价格机制来对公共体育资源进行配置。主要表现为公共体育服务和产品能够进入市场自由流通和发生交易行为。政府在公共体育资源配置中的主要作用不局限于提供大型的体育场馆设施、构建全民健身组织网络，完善公共体育信息等，政府还通过制定相应的法律、法规、规章等对市场的干扰行为进行约束和规制，为公共体育资源配置的市场化运行提供良好的环境。

美国、英国、韩国、日本等大众体育发展较好的国家，在公共体育资源配置方式的选择上通常有两种形式，一种为市场主导型的公共体育资源配置方式，另一种为政府参与型的公共体育资源配置方式。市场主导型的公共体育资源配置方式强调公共体育服务产生市场流通和交易行为的动力来源于不同市场主体趋向利润的本性，以及市场竞争和价格机制带来的外部压力。前者的主要特征体现在：一是从政府的定位来看，采用市场主导性资源配置方式的国家，其政府严格的将其定义为"守夜人"角色。资源配置过程中仅通过法律、法规、规章等对市场配置行为进行调控和规制，对市场经营中的内容、方式不加干涉。二是拥有完善的社会组织体系。政府在资源配置的过程中可以通过公私合作、服务外包、凭单制等形式向社会组织购买公共体育服务和产品。政府成为公共体育服务和产品的提供者，其委托社会组织和体育企业生产公共体育服务和产品，并通过建立完善的反馈机制、绩效评价手段、公共体育服务标准等形成公共体育服务和产品有效供给的闭环。三是建构了完整的市场体系。包括有体育健身指导市场、体育培训市场、体育博彩市场等，不同的市场亚型交互发展、交互运行，创设了良性的市场运行氛围。

判断一个国家采用何种资源配置方式主要是依据政府在全民健身公共体育资源配置过程中的角色定位。如果政府在公共体育资源配置的过程中为了维护社会公众的权利和利益，避免市场失灵，通过完善价格机制、市场准入机制以及调控和监督机制等来营造宽松而有活力的市场竞争，那么就是政府参与型的资源配置方式。反之，政府对市场不进行过多的约束和规制，则采用的是市场主导型的资源配置方式。政府主导型的资源配置方式其主要特点体现在：一是政府干预公共体育资源配置的过程，并就全民健身发展制定目标、制定公共体育服务标准、公共体育服务绩效评价体系等。

二是政府通过指令性文件、行政命令对公共体育资源配置中的决策行为进行部署，信息传递和社会反馈均是通过行政机构间的上传下达实现的。三是资源配置主体相对单一，表现为社会组织和体育企业的发展不够成熟，不同市场主体之间还缺乏有效的沟通手段等。四是非营利体育组织逐步向盈利机构转型。非营利体育组织在市场化改革的过程中，演化成为政府公共体育服务和产品的承接主体，成为市场的主角。

市场主导型和政府参与型的公共体育资源配置方式的分类主要是依据政府在市场化改革过程中的角色定位来判定的，分类整体相对比较抽象。现实的资源配置方式应该是动态的，在上述多种资源配置方式中可能还存在其他过渡性、融合性的配置方式。总之，不同国家的资源配置的方式主要是由经济体制、政治体制来决定的。

2. 国外社区体育资源配置方式的启示

市场化改革过程中还需要有为的政府和有效的市场通力合作，坚持善治的治理理念来解决当前我国公共体育资源供需问题。国外市场资源配置方式的高效为我国提升资源配置效率提供了参考价值。

第一，充分发挥市场调节机制对全民健身公共体育资源进行配置。为了使市场在公共体育资源配置过程中发挥其决定性作用，需要不断深化政府和市场在资源配置过程中的协同机制。首先处理好政府宏观调控和市场调节的范围、层次之间的关系，其次要明确"计划"和"市场"之间的协调关系。最后，利用供求关系对价格波动的影响、利用市场竞争机制引领资源配置的方向，进而实现配置效率的提升。总之，市场化改革的过程中应该让"有效的市场"承担更多责任。

第二，建立与市场化配置方式相匹配的运作模式。以市场配置方式配置公共体育资源能够保证资源配置的经济效益，但与市场化配置模式相匹配的运作模式是重中之重。国外发达国家有完善的通过健身俱乐部建立的全民健身组织网络，且俱乐部作为公共体育服务的生产者和政府的委托代理机构能够提供健身指导、场地设施、体质监测、体育活动信息等多种服务和产品。该模式不仅为社会大众提供充足的物质资源还配置了组织体系引导社会大众的体育参与。政府多通过委托代理、服务外包等形式放权市场积极参与公共体育资源的配置过程。目前，我国也建立了社区体育俱乐部和青少年体育俱乐部，但在其运作过程中从理念到具体操作还有较大差距。

第三，明晰"有为的政府"和"有效的市场"的边界。经济体制转轨过程中，政府由"无限政府"向"有限政府"转变，政府和市场的价值边界、领域边界、有效边界需要统筹兼顾公平和效率、成本和权益。国外各国政府在公共体育资源配置过程中主要职责表现为提供法律、法规、政策等对市场行为进行监管和规制，能够通过市场行为实现的配置目标，政府仅需进行有效的调控和监管。当前公共体育资源配置的现实环境还存在官办不分、政企不分、事企不分等多种问题，政府向社会组织购买公共体育服务过程中存在着内部化现象，影响了市场机制的发挥。因此，在全民健身公共体育资源配置的过程中应该有效区分"有为的政府"和"有效的市场"的边界，建构政府和市场协同配置公共体育资源的体制机制。

第二节 全民健身公共体育资源配置的方法

一、全民健身公共体育资源配置方法的含义

公共体育资源的稀缺性、有限性现实存在，为了实现公共体育资源合理配置的目标，需要深入研究公共体育资源的配置主体、对象、目标、实现途径、社会反馈机制、绩效评价以及投入产出值的调整等。如何实现资源的合理配置、有效配置是经济学关注的重点课题，实现合理配置公共体育资源需要满足人民群众日益增长的多样化、多层次、个性化的体育需求，使有限的公共体育资源得到充分的开发和利用[1]。为了实现公共体育资源配置结构的优化，配置效率的帕累托最优，在公共体育资源配置过程中需要实现经济效益和社会效益的双重目标，兼顾公平和效率。

全民健身公共体育资源配置方法具体是指分配公共体育资源时发掘的门路和具体的程序。对公共体育资源配置方法起决定作用的是配置模式，全民健身公共体育资源配置模式包括：粗放式的配置模式和集约式的配置模式。因此，全民健身公共体育资源的配置方法应包括有集约式配置方法和粗放式配置方法。

二、全民健身公共体育资源配置方法的决定因素

计划经济时期粗放式的资源配置模式对公共体育事业发展起到了巨大的推动作用，但随着社会主义市场经济体系的确立，粗放式配置方法已不能适应全民健身公共体育事业发展的需要。摒弃粗放式的资源配置模式，探索集约式配置模式的操作步骤和流程成为当前双重国家战略背景下推进公共体育服务体系完善的重要环节。粗放式的公共体育资源配置模式强调高投入、低效率，严重影响了公共体育事业发展的速度。总之，从词源上来说，全民健身公共体育资源配置的方法是指人力、财力、物

---

[1] 肖林鹏.中国竞技体育资源调控与可持续发展[D].北京：北京体育大学，2003：55.

力、信息、组织等资源配置过程中的门路和程序。本质上来看,公共体育资源配置方法就是指公共体育资源配置过程中逐步形成的配置模式。

20世纪50年代,受计划经济时代的影响,粗放型经济增长模式下确立了粗放型的体育发展模式[1]。粗放式资源配置模式的特点包括:第一,为了追求发展目标,重配置结果轻配置过程。由于信息交流不对称、决策机制不健全、激励机制不完善,政府缺少资源配置的全面规划,且缺少监管和规制方案,容易造成资源配置过程中投入规模过大,不注意投入产出比,资源浪费和闲置现象频出。第二,过于强调通过资源投入规模的增大获取社会和经济效益,忽视细节管理。计划经济时期,政府是公共体育资源配置的唯一主体,政府及体育行政部门依据资源的社会需求情况进行统筹规划,但由于信息的交流不畅导致供需关系出现问题,公共体育资源不能实现优化配置。第三,资源配置缺少结构均衡的考量。公共体育资源配置过程中如果不考虑资源配置的结构,缺少对资源可及性、可达性等细节的关注,社会大众的需求也不会得到满足,满意度也不会很高。

人民群众日益增长的多样化、多层次的需求与相对不足的公共体育资源之间的矛盾仍然是公共体育服务供给过程中的主要矛盾[2]。公共体育资源投入产出的低效,资源配置的结构失衡加剧了供需矛盾。粗放式的配置模式已不能适应经济增长的发展需要,低成本、高效益的集约式配置模式成为我国公共体育事业发展的必然选择。集约式配置模式的特点主要包括:第一,能够兼顾资源配置的社会效益和投入产出效率。确保在公共体育资源配置过程中能够用较少的资源投入获得社会效益和经济效益的双丰收。集约式的资源配置模式强调在资源配置规模相对固定的情况下,公共体育服务和产品的供给规模越大、质量越高、辐射范围越广越好[3]。第二,资源配置过程中除了宏观上的调控外还应注重细节管理,以避免资源配置过程中造成资源闲置和浪费,保证公共体育资源利用效益的最大化。公共体育资源的稀缺性和有限性决定了资源配置过程中不仅要重点关注社会效益,还应该给与经济效益适当关注。资源配置过程中充分利用市场(供求、价格、竞争)机制实现公共体育资源的有效配置[4]。

---

[1] 陈勇军,王爱丰,李明华.论我国体育事业由粗放型经营向集约型经营的转变[J].中国体育科技,1999,35(7):15-17.

[2] 国家体育总局政策法规司.体育事业"十二五"规划文件资料汇编[M].北京:人民体育出版社,2011:10.

[3] 陈慧敏,陈喜珍,于丽莉.对我国体育事业投入产出效益的现状分析与对策研究[J].中国体育科技,2002,11:10-12.

[4] 刘可夫,刘晓光.论体育资源的合理开发和配置[J].解放军体育学院学报,1999,18(2):1-5.

第三，重视均衡的资源配置结构。公共体育资源配置过程中，密切关注供需关系的动态变化并及时调整配置的结构能够促进公共体育事业的均衡发展。集约式资源配置方法是公平和效率兼顾的有力保证。创新体育发展方式的重点应关注公共体育事业的发展与资源要素投入产出的经济和社会效益，其实质就是公共体育发展水平的提升。创新体育发展方式一方面让市场在资源配置过程中承担更多的责任，形成政府监管、市场发挥积极作用的公共体育资源配置的新方式；另一方面拓展公共体育资源利用的途径，逐步从集中关注社会效益向社会和经济效益并举过渡[1]。

三、全民健身公共体育资源配置方法的分类

全民健身公共体育资源的配置方法应与资源配置模式相匹配。依据不同经济体制背景下资源配置的类型来分可以将公共体育资源配置的方法分为粗放式的配置方法和集约式的配置方法。

所谓粗放式的全民健身公共体育资源配置方法是指资源配置过程中过于强调规模效应而忽略投入产出效益的资源配置方法。采用粗放式的配置方法容易产生公共体育资源浪费、闲置，资源配置的经济效益和社会效益难以兼顾。粗放式资源配置方法只有部分计划经济体制国家或是处于该阶段的国家在采用，粗放式的资源配置方法对我国体育事业的发展起到举足轻重的作用，但该方法也有其自身的不足和弊端[2]。第一，经济和社会环境整体发展水平不高是粗放式公共体育资源配置方法存在的外环境。在特定的历史时期，我国生产力不高、社会环境封闭、社会价值体系统一，在该阶段使用统筹统管、官办合一的粗放式配置方法使我国公共体育事业有了巨大的发展。伴随社会主义市场经济体制的完善和发展，市场在资源配置中赋予了新的功能定位，粗放式的公共体育资源配置方式已不能适应当前的社会发展环境，严重影响了资源配置结构优化和效率提升。第二，供求关系也是影响资源配置方法的重要因素。随着社会大众参与体育锻炼意识的增强，表现出多样化、多层次、个性化的体育需求与当前供给规模有限、种类单一的矛盾不能有效缓解，粗放式的配置方法在解决当前供需矛盾时显得十分乏力。依据社会大众的体育需求配置公共体育资源成为必然选择，

---

[1] 裴立新，王晔，武志峰，等."集约化"是社会主义初级阶段我国体育资源合理配置与有效利用的必然选择[J].西安体育学院学报，2001（1）：1-4.

[2] 任海，王凯珍，肖淑红，等.我国体育资源配置中存在问题及其原因探讨——论社会经济条件变革下的中国体育改革（二）[J].天津体育学院学报，2001，16（3）：1-9.

考察资源配置过程中的供求关系对选择适宜的资源配置方法具有积极影响。第三，粗放式的公共体育资源配置方法需要政府及体育行政部门通过行政命令来维持。公共体育资源的配置在政府的行政干预下是有效的，可以集中有限的资源解决当前的问题。但当市场在资源配置过程中开始起决定性作用时，需要依据供求关系配置公共体育资源，由价格机制进行引导，并通过市场的竞争机制来实现利润的最大化。资源配置主体的单一化运行机制已不能适应当前公共体育发展的需要，政府、非政府体育组织和体育企业、社会大众多元配置主体通力协作、共同参与资源的配置过程。

集约式公共体育资源配置方法是指以资源配置效率的提升为主要突破口，以实现社会效益和经济效益为双重目标的资源配置方法。集约式的资源配置方法强调投入产出比，注重资源的充分利用以及配置结果。集约式资源配置方法主要表现为公共体育资源配置过程中的市场化、产业化。我国当前公共体育资源的配置方法也逐步向市场化转型，使市场在资源配置过程中起决定性作用，公共体育资源配置的主体也呈现多元化趋势，政府、非政府体育组织和体育企业、社会大众协同参与公共体育资源的配置[1]。通过供求机制、竞争机制、价格机制等市场机制促进公共体育服务的交易，实现公共体育资源的市场流通[2]。市场参与公共体育资源的配置过程，有一定的优势也存在一些不足。主要表现为无法消除市场垄断、市场的外部性无法满足社会大众对公共产品的需求。同时，公共体育资源的配置需要兼顾经济效益和社会效益。公共体育资源配置过程需要在政府的监管、调控下充分发挥市场在资源配置中的作用。集约式的公共体育资源配置方法在注重经济效益的同时，通过竞争、价格机制促进公共体育服务和产品等资源要素的自由流通。全民健身公共体育资源的配置充分利用市场的原则、方法、手段等实现公共体育资源配置的最优化。集约式的公共体育资源配置方法注重投入产出比，在公共体育服务和产品规模、质量固定的情况下，投入的越少，产出的越多，经济效益越高[3]。

四、我国全民健身公共体育资源配置方法及成因

伴随着我国经济体制改革从"计划为主、市场为辅"到"市场在国家宏观调控下

---

[1] 吴周礼.体育资源配置方式变迁及相关问题分析[J].体育文化导刊，2007（3）：19.
[2] 赵像，何西瑞.论市场机制和宏观调控在体育经济发展中的作用[J].湖北体育科技，1998，2：1.
[3] 陈勇军，王爱丰，李明华.论我国体育事业由粗放型经营向集约型经营的转变[J].中国体育科技，1999，35（7）：15-17.

对资源配置起基础性作用"再到"市场在资源配置中起决定性作用，更好的发挥政府作用"[1]。全民健身公共体育资源配置的方法也在不断的调整和优化，逐步从计划经济时期粗放式的公共体育资源配置方法向社会主义市场经济时期集约式的公共体育资源配置方法过渡。当前，粗放式的资源配置方法在资源配置过程中还占据着主导地位，无论是从资源要素的宏观调控还是在具体的资源配置操作过程中，都影响着当前的配置结构，导致非均衡、效率不高的现象。

我国公共体育资源配置过程中采用粗放式配置方法主要是由于转型阶段计划还具有一定的效能，管理体制和方式相对落后，理念和技术手段更新较慢，同时社会反馈机制和监督管理机制不健全等原因造成的。第一，转型阶段计划还具有一定的效能。计划在资源配置过程中更关注资源配置的整体性，弱化了资源配置经济效益的作用。当前创新我国体育事业的发展方式已被提上日程，如何改善当前体育行政事业改革的滞后与体育各行业快速发展脱节的问题成为重中之重。第二，管理体制和方式相对落后。当前政府在公共体育资源配置过程中以计划经济手段配置公共体育资源的"痕迹效应"明显，政府的行政管理体制呈现出管办合一、政社不分、政企不分的特征[2]。在这种管理方式下公共体育资源的配置缺少对经济效益的关注，粗放式的公共资源配置方法成为必然的选择。第三，理念和技术手段更新较慢。计划经济体制背景下公共资源配置主体缺少对供求关系的整体把握，缺少竞争机制的刺激，同时也缺少先进技术手段支持。导致我国在转型阶段仍以相对落后的粗放式配置方法来进行资源的调控。第四，社会反馈机制和监督管理机制不健全。计划经济时期全民健身公共体育资源配置主体单一化，主要依靠政府的行政命令对资源进行宏观调控，缺少完善法律、法规和规章制度体系保障利益相关者的权责。公共体育资源的配置存在着高投入、低产出，资源的闲置、浪费严重，存在着"搭便车"现象。公共体育资源的产权不清晰以及缺少法律规范、社会监督的情况下，资源流失严重[3]。政府、社会、个人之间权责关系的不清晰使得各利益主体各自行事，"搭便车"现象频发。同时，针对资源配置结果的反馈机制还尚未建立，影响了资源配置主体获取反馈信息的速率，无法依据社会反馈对配置的规模、结构、效率等及时调整。所以，粗放式资源配置方法仍为转型期全民健身公共体育资源配置的方法选择。

---

[1] 舒宗礼. 有效的市场与有为的政府：公共体育资源优化配置的关键[J]. 成都体育学院学报，2015，41（6）：55-61.

[2] 姜玉红. 我国公共体育资源管理中的政府职能[D]. 呼和浩特：内蒙古大学，2009.

[3] 隋路. 中国体育资源配置效率研究[M]. 北京：社会科学文献出版社，2009：104-105.

五、国外全民健身公共体育资源配置的方法及启示

1. 国外全民健身体育资源配置的方法

集约式配置方法能够实现资源配置的高效率运行,充分发挥市场供求、竞争、价格机制对资源配置的结构进行调整,以实现资源配置的经济效益。社会主义市场经济体制逐步确立的过程中,全民健身公共体育资源配置的方法也在不断的调整和优化,逐步从计划经济时期粗放式的公共体育资源配置方法向社会公共市场经济时期集约式的公共体育资源配置方法过渡。国外公共体育资源配置方法的成功经验对我国公共体育资源配置有积极的影响。

美国、英国、澳大利亚、日本等国家在公共体育资源配置的过程中多以市场的自主调节为主对公共体育资源进行配置。公共体育服务和产品的价格主要依据供求关系,通过市场定价,对于供不应求的资源价格不断上涨,对于供过于求的资源价格不断下降。并通过价值规律来调节公共体育服务和产品的生产、供给过程,利益主体主要通过市场竞争实现效益。政府在资源配置过程中主要负责制定规划、审议拨付体育经费、协调资源和关系,具体资源配置的过程多委托社会组织(体育社团组织和体育基金会)来完成。政府的主要职责是对市场运行过程中的垄断行为以及违法违规行为进行监管和约束,为利益相关主体提供公平竞争环境[1]。另外,资源配置过程中的技术变革对资源配置效率的提升有着积极的影响,美国、英国、日本、澳大利亚等国家在公共体育资源配置过程中均积极采用先进的技术平台、网络技术以及城市规划技术,考虑资源配置过程中可及性、可达性等问题。全民健身公共体育资源的稀缺性、有限性使资源配置的目标包含两种含义:第一,充分利用现有资源获取最大的经济和社会效益;第二,通过资源配置技术水平进一步提高资源配置的效率,以较少的资源要素的投入获得目标效益。国外许多国家在公共体育资源配置过程中多采用集约式的配置方法,让市场在资源配置中起决定性作用,委托社会体育组织和体育企业承接公共体育服务和产品的生产,以实现资源物尽其用。日本在公共体育场地设施配置过程中首先将场地设施分为三种类别:公共体育场地设施、企事业单位场地设施和社会体育场地设施,为了实现场地设施的有效利用,政府在调控场地设施的使用时将自主性放在首位,鼓励经营单位采用灵活多变的经营和管理方式,并设立表彰奖以鼓励经营

---

[1] 隋路.中国体育资源配置效率研究[M].北京:社会科学文献出版社,2009:109.

单位发掘场地设施运营的潜力[1]。

2. 国外全民健身公共体育资源配置方法的启示

（1）注重市场机制（价格、供求、竞争）调控资源配置过程

全民健身公共体育资源配置的出发点是满足社会大众对公共体育服务和产品的需求，将稀缺的公共体育资源进行优化配置以保障社会大众公平享有参与体育的权利。从国外公共体育资源配置的方法应用来看，集约式的公共体育资源配置方法占据主导地位，主要依靠市场在资源配置过程中的决定性作用，依靠供求、价格、竞争等机制来对资源进行合理配置。政府部门通过公共财政支出、公共体育服务供给的政策、法律、法规、规章等来调节市场作用，促进公共体育资源在不同的地域、部门、人群间合理配置。在市场参与公共体育资源配置的过程中，社会公共的体育需求决定了政府部门应该生产什么、让谁生产、怎么分配等问题，非政府体育组织和体育企业通过市场价格波动做出扩大和缩小生产规模的决策。如何生产公共体育服务和产品则主要依靠生产者之间的竞争关系来决定，降低成本、技术革新等创新手段能够帮助体育企业在竞争中获胜。我国经济体制改革从"计划为主、市场为辅"到"市场在国家宏观调控下对资源配置起基础作用"，再到"使市场在资源配置中起决定性作用，更好的发挥政府作用"[2]。借鉴国外在政府部门的宏观调控下让市场在公共体育资源配置中承担更多责任的混合式资源配置方式将对资源配置效率的提升有积极作用。

（2）注重先进技术手段以及管理理念的革新

国外发达国家在公共体育资源配置中借助网络技术搭建了资源分配、管理的技术平台，在实现资源合理配置的基础上节省了更多的管理人员；将城市地理信息系统（GIS）应用于公共体育场地资源配置过程中，重点解决了场地设施在给社会公众提供锻炼场所时的可及性、可达性等问题。先进的技术手段和管理理念的革新为国外公共体育资源配置节约了大量的成本，提高了资源配置的效率。因此，借助先进的技术手段、革新管理理念是我国在全民健身公共体育资源配置中应积极学习的关键环节。

（3）注重资源配置过程中投入产出比的提高

全民健身公共体育资源配置过程中，为了获得较高的资源配置效率，多元配置主体投入的越少、产出的越多即表现为效率的提升。提升资源配置效率途径有两种：一

---

[1] 杨萍.中日大众体育场地设施及人才培养和管理的比较分析[J].哈尔滨体育学院学报，2008（1）：8.

[2] 舒宗礼.有效的市场与有为的政府：公共体育资源优化配置的关键[J].成都体育学院学报，2015，41（6）：55-61.

是在投入资源规模不变的情况下,提高产出的效益;二是在产出不变的情况下尽量节省投入的资源总量。长期以来,在计划经济体制背景下,粗放式的资源配置方法,仅依靠资源要素投入的增加来提高社会效益,为我国公共体育服务的供给做出了重要贡献。高投入、低产出成为制约公共体育服务体系完善发展的重要因素。造成投入产出比不高的原因有体制、管理、思想等多方面的因素,此外资源配置过程中的技术水平的落后尤为显著。因此,转型期积极探索切实有力的措施,提高投入产出比对于提高公共体育资源配置效率大有裨益[1]。

第三节 全民健身公共体育资源配置政策分析及国际比较

全民健身公共体育资源配置以满足社会大众的体育需求为出发点和落脚点。受经济体制转轨、社会文化体制转型的影响,创新政府和社会协同治理公共体育服务体系的机制,尤其是需要从政策、法规、制度层面做好顶层设计,运用政策工具合理地配置公共体育资源。

一、全民健身公共体育资源配置政策的含义和范围

公共政策是指由政府行政、立法、司法机关为了解决社会公共问题,保障社会公共利益而制定的法律、法规、路线方针、规章制度的统称[2]。公共政策是稀缺的公共资源在不同地域、行业、社会群体间分布的行动指南。体育政策是指公共体育资源在不同社会群体之间分配和公众健康利益的实现过程[3]。全民健身公共体育资源配置政策是指为了实现公共体育资源优化配置的目标而付诸实施的系列法规、制度、规章的总称。其主体构成包括资源配置政策主体、客体、目标、形式、资源等,依据政策的不同类型以及政策作用的不同定位可以分为公共财政支出政策、价格政策、社会筹资政策以及市场管理政策等。

公共政策的制定主体是指直接或间接参与公共体育资源配置政策制定、执行、评估和监控整个政策运行过程的组织、团体和个人的总称。主要包括有政府的决策者和

---

[1] 隋路. 中国体育资源配置效率研究 [M]. 北京:社会科学文献出版社,2009:115.
[2] 莫勇波. 公共政策学 [M]. 上海:上海人民出版社,2013:2.
[3] 冯国有. 利益博弈与公共体育政策 [J]. 体育文化导刊,2007(7):62-64.

非政府的参与者，前者主要包括有立法机关、行政机关以及体育主管部门等；后者主要包括有非政府体育组织、社会大众、智库等。公共体育资源配置政策的制定主体为中央国家机关，落实政策执行的具体主体为地方政府部门[1]。随着我国公共体育服务供给模式由传统的、单一的政府供给模式逐步向政府主导的社会化、市场化多元化发展。公共体育资源配置的规模不断拓展，配置的非衡结构日益复杂，社会大众对公共体育服务和产品的需求日益增长，并呈现出多元化、多层次、个性化的趋势[2]。因此，研究政府在公共体育资源配置政策方面的公共责任，从政策、法律、法规等体现出公共体育服务供给社会化的迫切需求。

政策最基本的特征是充当人们处理社会问题、进行社会控制以及调整人们之间关系特别是利益关系的工具或手段。公共体育资源配置政策的客体是指公共体育资源配置政策所要解决的资源配置过程中的核心问题以及政策作用的目标群体。公共体育资源配置政策的主要功能是实现社会大众公共体育利益的最大化，其目标的实现不仅受政策制定者和执行过程中多元因素的干预和影响，政策客体也决定着政策目标是否能实现。公共体育资源配置政策客体主要包括：一是公共体育政策执行过程中所要发生作用的目标群体，协调好目标群体间的利益关系是公共体育资源配置政策的主要职能；二是公共体育资源配置政策制定以及执行过程中状态的不断调整；三是公共体育资源配置政策所要处理的社会问题。所谓社会问题是指政策执行的实际效果和应有状态的差距。

公共体育资源配置政策的目标是指公共体育政策从颁布到实施期望实现的目标价值。公共体育资源配置政策供给过程应有总目标还有分目标，同时多个目标的设定是与我国经济体制转轨、社会文化体制转型的背景相适应的。十三五时期是我国体育事业改革发展的攻坚阶段，公共体育服务供给体系的发展与体育强国建设的总目标仍不适应，人民群众日益增长的多元化、多层次的体育需求与体育有效供给不足的矛盾依然突出。公共体育资源配置政策的整体目标即是缓解上述矛盾，尽量保障社会公众拥有参与体育锻炼的机会和权利，保证社会公平正义[3]。全民健身公共体育资源配置政策的分目标主要包括：一是从经济角度，实现资源配置主体的多元化，鼓励非政府组织和体育企业、社会大众积极参与资源供给，建立与经济增长相适应的财政投入增长机制，保证增量的持续扩大，优化配置结构，实现经济效益和社会效益的双丰

---

[1] 冯火红.我国地方政府社会体育政策内容研究——以沈阳市为例[J].体育文化导刊，2007（6）：16-19.

[2] 陈勇军.不同经济模式下体育资源的配置方式及评价[J].南京体育学院学报，2001，15（6）：21-23.

[3] 国家体育总局政策法规司.体育发展"十三五"规划[EB/OL]．（2016-5-5）[2020-5-1]．http://www.sport.gov.cn/n10503/c722960/content.html.

收。二是从政治角度，转型期政府作为供给主体在公共体育服务和产品的供给中仍承担重要责任，公共体育资源配置政策是政府部门向社会大众提供公共体育服务的制度保障，对进一步完善全民健身公共体育服务体系是重要支持。三是从社会文化角度，资源配置政策有利于激发社会大众参与体育消费的热情，积极参与公共体育服务的供给，主动参与体育锻炼，增强身体素质。

公共体育资源配置政策还存在一定的政策形式以及政策执行过程中需要一定的政策资源。政策形式也可以用政策的结构形式来表述，具体指政策的层次性，不同层级的公共体育资源配置政策的制定者、法律地位、效力、作用范围是有较大区别的。公共体育资源配置政策的形式特征主要是依据政策制定机关的权力划分和权力配置决定的。政策资源是政策执行的有力保障，政策执行过程中政策资源的供求如果是平衡的就能够保证正常顺利执行。政策执行过程中对资源的需求通常会超出资源的供应，追加资源成为破解困境的唯一途径。追加资源的政策执行称为"孵化"，不追加资源的政策执行称为"生产"。

二、全民健身公共体育资源配置政策的分类

全民健身公共体育资源配置政策的结构形式内容丰富，形成了相对完善的政策体系。为了有效支持公共体育资源配置的全过程，政策构成主要包括财政政策、社会筹资政策、价格政策以及市场管理政策。

1. 财政支出政策

公共体育资源配置的财政政策主要指政府为了实现公共体育资源合理配置的目标而对公共财政支出、税收等做出的选择。财政政策有两个重要的工具：政府收入和支出。通常把税收作为收入的主要来源，把政府购买和对社会的转移支付作为支出的去向。公共体育财政支出不仅影响着公共体育资源配置的整体规模，对配置结构及配置效率均起决定性作用。完善的公共财政支出和转移支付制度是我国公共体育服务体系健康、完善发展的重要保障[1]。财政政策是适应"健康中国"和"体育强国"建设双重战略任务的需要，坚持公共体育财政支出的经济效益和社会效益双丰收对提高公共体育服务水平有重要意义。税收作为政府收入的手段，与政府购买支出和转移支付一样，都具有乘数效应，可以通过税收政策的不断调整来调控市场供求关系。总之，

---

[1] 隋路. 中国体育经济政策研究［M］. 北京：人民出版社，2007：47.

公共体育资源配置的财政政策工具主要通过税收、购买支出和转移支付制度来实现公共体育服务供给的调节。

2. 社会筹资政策

社会筹资政策是指为了弥补公共体育财政支出不足，拓展多种渠道、形式来募集社会资金用于发展公共体育事业的行动准则[1]。公共财政支出的有限规模制约了进一步完善公共体育服务体系的战略部署，资源配置主体的多元化是拓展资金来源的必由之路，逐步建立政府、非政府体育组织和体育企业、社会大众共同参与的筹资渠道。社会筹资政策不仅包括政府发行体育彩票的相关法规、规章等，还包括支持国内外企事业单位、社会团体和社会大众投资体育和赞助体育事业的相关规定和意见。1998年《体育彩票公益金管理暂行办法》的出台标志着公共体育资源配置社会筹资政策的正式确立。此外，体育发展基金征收制度是社会筹资政策的有益补充。

3. 价格政策

价格政策是政府为了实现一定的经济目标，在商品价格上采取的一系列方针、措施的总称[2]。社会主义市场经济环境下，价格自发的由价值规律和市场供求决定。但在公共体育资源配置过程中，政府部门应制定相应的价格政策来对商品价格进行干预。政府部门对商品价格实施调控的政策手段包括有：管制性价格政策、调节性价格政策、指导性价格政策、服务性价格政策。政府可以针对公共体育资源的公共物品和准公共物品属性直接限定价格水平和价格的浮动幅度，还可以通过调节供求关系达到调节价格的目的，实现鼓励体育消费的作用。公共体育服务和产品的价格波动受供求关系、价格波动等多种因素影响，也决定着全民健身公共体育资源配置和结构优化。此外，还可以通过服务性的价格政策促进和扩大公共体育服务和产品的市场准入，减轻非政府体育组织和体育企业的负担，增强公共体育服务承接主体的信心，从而繁荣市场，实现价格政策的目标[3]。

4. 市场管理政策

市场管理政策是指政府为了发展经济、维护市场秩序而制订的市场管理方针、计

---

[1] 隋路.中国体育资源配置效率研究[M].北京：社会科学文献出版社，2009：115.
[2] 季燕霞.政府经济学[M].北京：首都经济贸易大学出版社，2014：144.
[3] 季燕霞.政府经济学[M].北京：首都经济贸易大学出版社，2014：146.

划及其具体规定[1]。市场管理政策能够有效地调节市场主体内部的生产和外部的经营活动，其具体管理作用表现为维护市场主体的基本权益，保证市场能够正常运行；有利于公共体育服务和产品的经营者在市场上展开竞争；有利于盘活市场，保持公共体育服务市场的活跃和畅通。公共体育服务和产品供给过程中的市场管理政策主要包括：对非政府体育组织、体育企业等承接主体的公共体育资源经营过程进行管理，包括营业登记、经营内容、经营方式等；二是对公共体育服务和产品承接主体的市场准入进行管理。

三、我国全民健身公共体育资源配置政策的内容

1. 财政支出政策

公共财政支出是公共体育服务和产品供给的重要保障，财政政策随着我国公共体育体系的逐步完善而不断演化。在宪法基础上制定的《中华人民共和国体育法》第四十条明确指出县级以上各级政府应当将体育事业经费、体育基本建设资金列入本级财政预算和基本建设报资计划，并随着国民经济的发展依据地方经济的增长水平，逐步增加对体育事业投入。《全民健身计划纲要》（1995）、《全民健身条例》（2009）也分别依据体育法对公共财政支出做出了补充。《全民健身计划纲要》（1995）第二十条指出体育部门要改善资金支出结构，逐步增加群众体育事业费在预算中的支出比重[2]。《全民健身条例》（2009）依据体育法对于公共财政支出的阐述作出了进一步强调，县级以上人民政府应当将全民健身工作所需经费列入本级财政预算，并随着国民经济的发展逐步增加对全民健身的投入。

除上述关于全民健身公共体育财政支出的法律、法规外，多个政府职能部门也分别以意见、规章等对全民健身公共财政支出的内容进行了说明。《关于深化改革，加快发展县级体育事业的意见》（1996）对全民健身公共体育事业财政支出、体育场地设施建设、公共体育场馆的建设等相关内容做出了规定。1999年，财政部、国家体育总局等部门为了落实《全民健身计划纲要》《奥运争光计划纲要》等相关制度的实施，设立了体育场馆维修转型专项资金，明确对维修体育场馆经费兜底。《2001—2010年体育改革与发展纲要》（2000）在明确各级地方政府对公共体育财政支持的

---

[1] 黄运武.商务大辞典[M].北京：中国对外经济贸易出版社，1998：39.
[2] 国务院.全民健身计划纲要[R].1995.

基础上，将财政支出的功能定位聚焦于体育场地设施的建设和维修。同时延续了体育法、全民健身计划纲要等对县级以上人民政府公共体育财政支出的规定。各级地方政府的财政支出主要用于体育场地设施的修建和维护、为社会大众提供公共体育服务、举办全民健身活动等。《公共文化体育设施条例》（2003）也指出各级人民政府举办的公共文化体育设施的建设、维护、管理资金，应当列入本级人民政府基本建设投资计划和财政预算。《中共中央 国务院关于进一步加强和改进新时期体育工作的意见》、体育事业"十一五"规划、体育事业"十二五"规划、《国务院关于加快发展体育产业促进体育消费的若干意见》、体育发展"十三五"规划等相关的行政法规和规划文件中均提及全民健身公共体育财政支出的相关政策。

对于税收政策而言，我国目前在固定资产投资方向的调节税、营业税、个人所得税、增值税等方面提供了优惠。首先，针对高档健身娱乐项目征收特种附加税，而对于社会大众所需的一般健身项目则是少征税或是不征税。如：对租赁大型公共体育场馆设施开展健身指导、体育培训的公司、企业免征国有资产税；向体育公益组织进行捐赠的企业、公司、法人等，免征等额的税费。其次，体育事业单位利用空余空间、场地从事经营活动补贴事业费的，免征土地增值税和房产租赁税。

2. 社会筹资政策

基于我国经济发展的阶段特征以及体育事业发展过程中的突出问题，仅依靠公共财政支出显然存在短板，为了有效弥补短板，拓展多种渠道、多种形式的筹资途径是弥补资金不足的有效措施。社会筹资政策的筹资途径包括发行体育彩票、接受社会捐赠以及发展体育基金等。发行体育彩票作为社会筹集资金主要途径，其优势体现在人民群众生活水平的日益提升为社会闲散资金流向体育彩票购买提供可能，发行体育彩票筹集资金的形式相对简单易于接受。

对于公共体育资源配置的社会筹资政策而言，《中华人民共和国体育法》（1995）第四十一条明确指出鼓励企业事业组织和社会团体自筹资金发展体育事业，鼓励组织组和个人对体育事业捐赠和赞助。《全民健身计划纲要》（1995）第二十条鼓励企事业单位、社会团体、个人投资体育健身活动。提倡家庭和个人为体育健身投资，引导群众进行体育消费，拓展体育消费领域，开发适应我国群众消费水平的体育健身、康复、娱乐等市场。《体育彩票公益金管理暂行办法》（1997）对体育彩票公益金中用于发展群众体育事业的额度（60%）做出了明确规定。《关于加强城市社区体育工作的意见》（1997）提出鼓励企事业单位、社会团体、个人捐赠资助社区体育活动和体育设施建设，鼓励辖区单位举办或承担社区大型体育活动。有条件的社区，可设立由团体和个人投资的社区体育发展基金。《公共文化体育设施条例》(2003)鼓励通过自愿捐赠等方式建立公共文化体育设施基金,并鼓励依法向人民政府、社会公益性组织或者公共文化体育设施管理单位捐赠财产,捐赠人可以按照税法的有关规定享受优惠。《全民健身条例》(2009)第二十六条规定体育彩票公益金应依据彩票公益金管理办法全部投入公共体育服务体系的建设和运行中。《国务院办公厅关于加快发展体育产业的指导意见》(2010)要求加强对体育彩票公益金使用的监管,提高其使用效益。还积极鼓励社会捐赠体育事业,对于符合税法规定的可以在计算企业所得税后予以抵扣。

除了发行体育彩票外,推行体育发展基金征收制度,体育基金投资风险小收益稳健,投资收益对于公共财政支出的不足是有效的补充。积极鼓励企事业单位、社会团体、个人等积极捐赠发展全民健身公共体育事业。征收体育基金还通过在商业性体育赛事门票上增收10%的体育基金,用于大型体育场馆设施的维护以及全民健身活动的组织开展等。企事业单位、社会团体、个人发起的社会捐赠由中华全国体育基金会统一管理,以保障社会捐赠能够用于发展公共体育事业。

3. 价格政策

价格政策是政府为了实现一定的经济目标,在商品价格上采取的一系列方针、措施的总称[1]。社会主义市场经济环境下,公共体育资源配置依靠市场(供求、价格、竞争)机制进行有效调控。公共体育服务和产品的价格影响着市场中的供求关系,影响着公共体育资源配置结构。公平、合理的体育商品价格能够促进公共体育服务体系的良性发展,增添公共体育服务供给市场的活力,通过市场竞争能够促进市场的发展[2]。计划经济时期,政府作为公共体育服务供给的单一主体,主要通过限制性价格政策来约束和规范公共体育服务的供给。改革开放以后,价格机制在公共体育资源配置过程中的作用凸显,公共体育服务和产品作为体育商品依据市场需求、市场定价、市场竞争等形式参与市场的交易和流通,国家通过调节性价格政策对体育商品的价格进行宏观调控,以避免出现通货膨胀。价格政策和市场定价方法协同作用,共同规范和约束市场经济条件下公共体育服务的定价过程。

健身俱乐部作为提供健身服务和指导的有效组织形式,由于其投入资金多、效益成本回收慢,体育健身俱乐部经营过程多采用会员制,并且常采用月卡、季卡、半年

---

[1] 季燕霞.政府经济学[M].北京:首都经济贸易大学出版社,2014:144.
[2] 陈林祥,金赤.体育商品价格制定的依据及影响价格的因素分析[J].武汉体育学院学报,1996(1):50-53.

卡、年卡，针对特殊人群有一定的折扣和优惠措施。《关于加快发展社区服务业的意见》明确规定要建立健全完善的社区服务的价格体系，针对不同的受众采用多种方式建立标准完善的服务价格体系以改善服务成本回收困难的现状。在全民健身公共体育服务和产品供给的过程中，市场在资源配置过程中起决定性作用，供求、价格、竞争等参与资源配置的调控过程，实现公共体育资源配置经济、社会效益的双丰收。

4. 市场管理政策

随着我国经济体制的转轨，为了避免公共体育资源配置过程中的"政府失灵"，政府逐步放手，让渡市场通过供求、价格、竞争等机制在公共体育资源配置过程中发挥有效的调节作用，政府部门通过多种市场管理的政策和手段加强公共体育服务和产品市场的有效监管，以避免"市场失灵"。就目前政府在公共体育资源配置过程中的作用来看，主要体现在制定了市场管理相关的政策、法规和规章，明确了政府在市场管理中的角色定位，成立了市场管理的专门机构，建立了体育市场准入审批程序和许可制度，完善了体育市场经营的审批程序和许可制度，制定了经营者和消费者的合法权益保护制度，制定了体育基金经营管理的管理文件[1]。

《中华人民共和国体育法》（1995）第四十四条指出县级以上政府及体育行政部门应对从事健身体育活动的经营部门加强监督和管理。《体育事业"十一五"规划》（2006）明确规定要对体育健身服务市场进行有效的监管，积极维护市场的秩序，保障消费者、经营者的权益。随着政府逐步放手，市场在全民健身公共体育资源配置过程中逐步起到决定性作用，政府应加强对"市场失灵"的有效监管，市场管理政策对实现公共体育资源的合理配置意义重大。

四、国外全民健身公共体育资源配置政策及启示

1. 国外全民健身体育资源配置政策的内容

（1）公共财政政策的内容

国外发达国家以促进市民积极参与体育锻炼为出发点和落脚点，分别出台了相关政策以支持和调控大众体育的发展。英国颁布的《大众体育的未来》明确规定：政

---

[1] 隋路.中国体育资源配置效率研究［M］.北京：社会科学文献出版社.2011：140.

府应给市民提供体育健身的场地器材,为市民提供平等参与体育锻炼的机会。并强调地方政府、体育俱乐部、非政府体育组织、行业协会的角色定位[1]。此外,国外均承认大众体育俱乐部的非营利社会公益性,俱乐部所从事的经营活动均免征税收。例如,西班牙政府对提供体育赞助的公司给予税收上的优惠,通常政府要向公司征收10%作为所得税,体育赞助商公司则免征企业所得税[2]。德国政府在《向体育俱乐部提供援助法》(1990)规定对非营利性俱乐部和体育协会实行减税,为俱乐部运营减轻了负担。意大利在1986年专门制定了针对业余体育活动盈利纳税法案,并在1991年简化了志愿协会以及非营利性体育协会的会计程序。瑞典政府对公共体育事业的发展采取高福利政策,主要通过国家的公共财政支出支持公共体育事业的发展。

日本政府在公共体育发展中除了中央政府通过《体育振兴法》《体育振兴彩票法案》等对公共体育的发展进行宏观掌控外,各地方政府出台的《地方自治法》《地方财政法》《社会教育法》均包含相关财政政策支持的内容,规定国家及地方公共社团主要对公共体育提供经费支持,日本对公共体育场地设施和开展公共体育活动主要采用补助金制度(图3-2)。

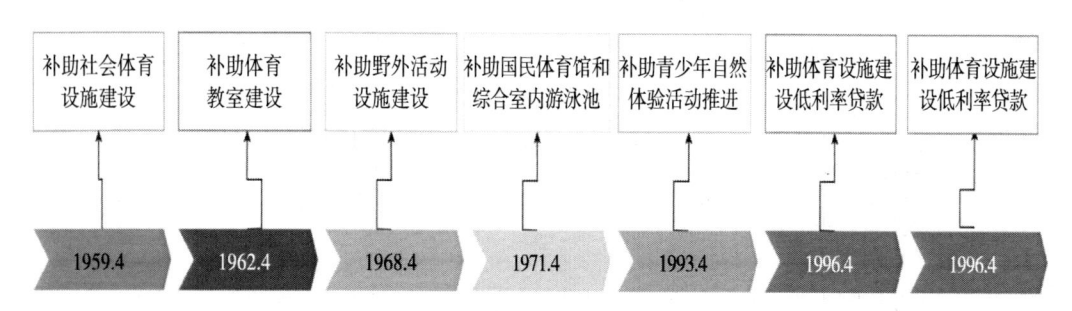

图3-2 日本政府推行补助金制度以支持体育场地设施建设和大众体育活动开展

韩国公共体育发展的经费来源主要是中央和地方财政预算、体育振兴基金、大韩体育会、地方体育会以及国民生活体育会等自主筹集资金(图3-3)。韩国中央政府公共财政支出在2010年大幅增多,比上一年增加了7倍。大众体育公共财政支出首次超过了竞技体育的财政支出(图3-4)。在国家层面的引导下,各地方政府也纷纷加大了对大众体育的公共财政支出,增幅达10~20倍。

---

[1] 徐通.英国福利制度与大众体育政策演变[J].体育文化导刊,2008,4:114-118.
[2] 国家体委政法规司.体育经济政策研究[M].北京:人民体育出版社,1997:171.

图3-3 韩国大众体育资金来源及组成部分（单位：亿韩元）

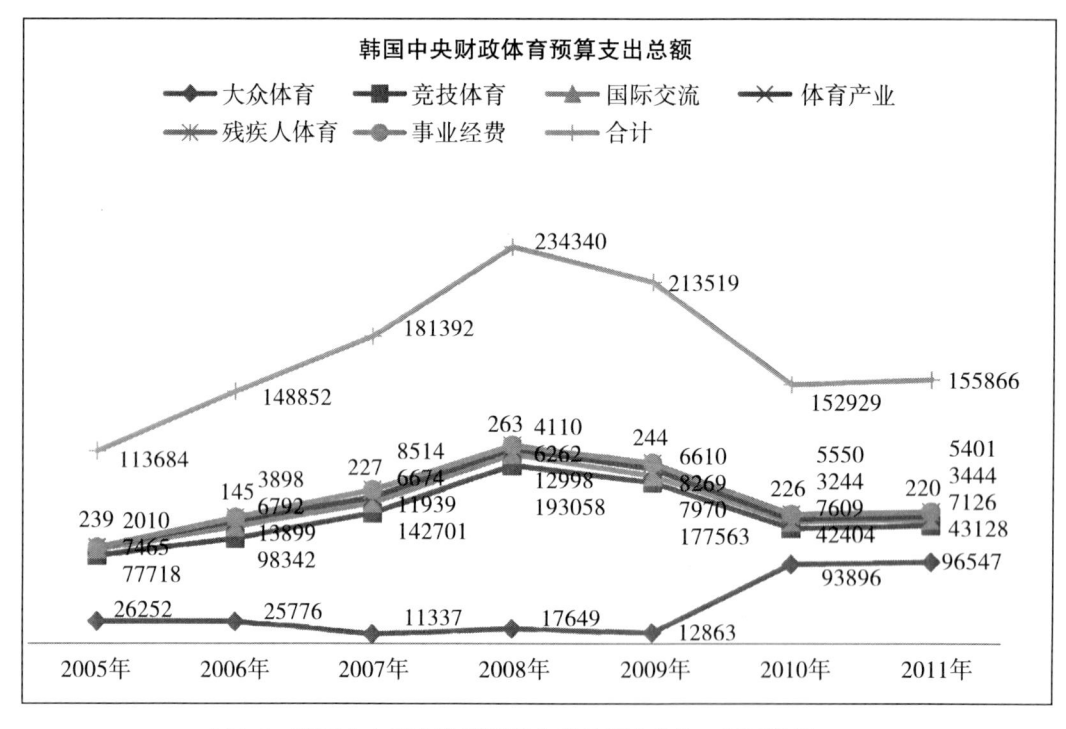

图3-4 韩国中央财政体育预算支出总额（单位：百万韩元）

除公共财政支出外，体育振兴基金对于大众体育的经费支持占比最高。体育振兴基金是汉城奥运会后，将奥运遗产（约3500亿韩元）独立运营成立的体育基金组织，该组织通过投融资活动使资产不断增加，重点支持韩国大众体育协会、各单项体育组织等机构。成为韩国公共体育发展的重要资金来源。

（2）社会筹资政策的内容

国外发达国家除了公共财政支出为大众体育的发展提供资金保障外，还通过发行体育彩票、接受社会捐赠等社会筹资形式来补充公共财政的不足。美国、英国、德国、法国等国家的公共财政支出占全部体育经费支出的1/3左右，社会资金为大众体育的发展注入了活力。从多种社会筹资方式来看，发行体育彩票是最为便捷的途径。美国、意大利、加拿大、英国、法国、俄罗斯等国纷纷将体育彩票发行作为辅助大众体育事业发展的重要支撑。《西班牙体育法》（1980）明确规定体育彩票收入是发展体育事业的重要经费来源[1]。加拿大从1981年开始发行体育彩票，筹集资金重点支持大众体育事业的发展。韩国体育彩票收益金主要用于支持大众体育发展，重点支持青少年体育以及残疾人体育的发展。德国体育彩票公益金管理办法也分别对获得收益的使用途径进行了明确，将其中50%的体育彩票公益金用于支持社会组织发展体育事业。

日本《体育振兴基本计划》（2001）对体育彩票公益金的支持对象和支持份额做出了明确规定，体育彩票公益金重点支持体育场地设施的建设和维修、为开展大众体育活动提供援助等；体育彩票公益金中除去管理费和返还中奖者的金额外，一部分上缴国家财政，由政府统一调配；一部分用于补助体育社团（主要是综合性社区体育俱乐部）；一部分用于支持地方政府。体育彩票公益金的具体使用途径包括上缴国家财政统一支配、补助体育社团、支持地方政府。体育振兴彩票公益金在大众体育上具体的使用方式见图3-5。

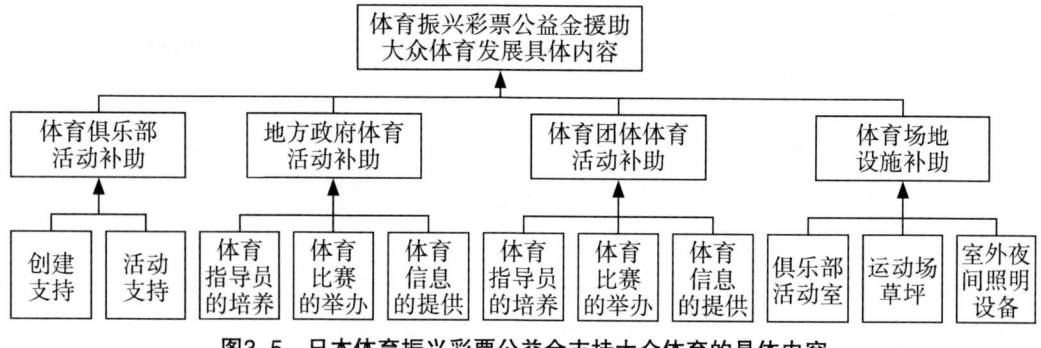

图3-5 日本体育振兴彩票公益金支持大众体育的具体内容

---

[1] 国家体委政策法规司.体育经济政策研究[M].北京：人民体育出版社，1997：172.

（3）价格政策和市场管理政策的主要内容

通过对英国、美国、澳大利亚、日本、韩国等国家大众体育发展过程中政府和市场的定位来看，激发市场在公共体育服务供给过程中的活力，通过市场对公共体育资源进行定价。随着对公共体育资源配置的公益性和产权的不断明晰，政府职能逐步转变为监管和调控，市场交易过程中公共体育服务和产品的公益性特征决定了其价格应该是社会大众能够有效购买的。所以政府部门通过限制性定价政策来调控公共体育产品和服务的价格能够保证公共体育资源配置的社会效益。

国外经济发达国家的体育市场发展水平较高，发达的体育市场赋予资源配置过程中的活力，对资源配置效率的提高有积极意义。从实践过程来看，发达国家公共体育资源配置的高效率得益于完善的市场管理政策。市场竞争机制为公共体育产品和服务交易过程提供了规则的途径，避免了单纯依靠市场而出现"搭便车"的现象。同时，由于市场交易过程中会存在违规经营的问题，有效的市场管理政策、行为就成为规范公共体育服务市场化供给的重要抓手。

2. 国外全民健身公共体育资源配置政策的启示

（1）公共财政支出政策是重要保障

公共财政支出政策是政府提供公共体育服务和产品的重要保障。国外经济发达国家均对公共财政支出作用于社会大众体育的开展给予了重点关注。充足的公共财政支持为大众体育蓬勃发展提供了物质条件。德国社区体育俱乐部活动经费20%来自公共财政支出；日本近年来社区体育俱乐部的活动经费有一半来自公共财政支出。在我国，全民健身公共体育财政支出也在逐年增加，但相对我国众多的人口以及资源配置结构而言，公共财政投入显得相对不足。针对当前公共财政投入不足和资源配置结构的非衡性，以落实财政支出政策为抓手，鼓励地方政府随着经济的增长继续加大全民健身公共体育事业的投入力度。同时协调好财政支出在公共体育服务供给和竞技体育发展之间的问题。

（2）优惠的税收政策是有力保证

结合国外大众体育发展的历程，优惠的税收政策为大众体育的发展注入了活力。公共体育场馆用于承接大众体育活动减免税收，针对社区体育俱乐部的运营减税，对从事体育基金以及体育相关的投融资减税，针对社会捐赠、体育赞助等减免税收。多种形式的减税、免税能够鼓励更多的体育社会组织和体育企业从事公共体育服务和产品的市场运营，给予市场参与公共体育服务的供给注入了活力。目前，我国也明确了给予从事公共体育服务和产品的生产和供给的社会组织及体育企业以优惠的税收政策，但还存在操作性不足、非持续性特点。如对经营体育比赛的社会组织未进行营利性和公益性区分，统一按照3%的税率进行征收，而税收优惠政策对于全民健身活动的推广和组织均未做出明确规定。因此，借鉴国外发展的经验，制定详细的、可操作性较强的税收优惠政策，设计详细的税收激励政策将有利于激发体育社会组织、体育企业投身全民健身公共体育事业的积极性，从而促进公共体育事业的可持续发展。

（3）积极发挥市场调节机制的作用

国外发达国家在公共体育服务和产品供给的过程中，市场（供求、价格、竞争）机制在资源配置过程中发挥了重要作用。依据供求关系对公共体育服务和产品进行定价，通过竞争机制来调节公共体育服务和产品的配置过程。社会主义市场经济条件下，我国应积极地调动市场机制参与全民健身公共体育资源的配置，政府在资源配置的过程中进行监管和调控，区分好社会福利性、社会化、产业化的内容。公共体育服务供给过程中涉及福利性的内容，政府部门应继续加大公共财政投入，而对于产业化的内容应让渡市场行为来分配。综上，美国、韩国、日本等国家在大众体育发展、合理配置公共体育资源方面提供了可供借鉴的成功经验，依靠市场机制来进行定价、生产、供给能够有效地提高全民健身公共体育资源配置的效率。

本章小结

针对全民健身公共体育资源配置的方式、方法、政策的含义、决定因素、分类等进行了分析，并与美国、韩国、日本等国家进行了比较。全民健身公共体育资源配置方式主要是指在对公共体育资源进行分配的过程中所采用的形式，从本质上来说，公共体育资源配置的方式是指全民健身公共体育事业发展过程中，影响公共体育资源分配的根本体制。社会主义市场经济体制的逐步确定决定了全民健身公共体育资源的配置主要采用计划与市场相结合的混合式的资源配置方式。混合式的资源配置方式能够为市场参与全民健身公共体育资源的配置创设良好的环境，同时政府部门也可以通过多种途径对配置过程进行有效的监管和调控。全民健身公共体育资源配置方法具体是指分配公共体育资源时发掘的门路和具体的程序。全民健身公共体育资源的配置方法有"集约式"和"粗放式"两种。目前，我国正在从"粗放式"的配置方法向"集约式"的配置方法转变。全民健身公共体育资源配置政策主要由财政支出、社会筹资、价格以及市场管理等政策构成，逐步确立了公共体育资源配置的政策体系。国外大众体育资源配置的方式、方法、政策与我国有一定的区别，具有一定的参考价值。

第四章　全民健身公共体育资源配置效率评价

第一节　全民健身公共体育资源配置效率的概念和内涵

一、效率

效率用英文表示是"efficiency"，最早是工程、机械学以及电学中的概念，后被引用到社会经济活动中，涉及功效、效能、效力等多种含义。微观经济学表达的效率指的是一种均衡状态，具体指社会经济活动中对恰当的边际条件的满足，通常表达为产出与投入的比值。宏观经济学将效率的具体含义表示为在资源投入总量相对固定的情况下所获得的产出。效率在社会经济生活中可以作为评价资源配置合理性、有效性的重要依据。

萨缪尔森将效率定义为：最大限度地发挥经济体的资源效用以获得市民需求和愿望的满足。经济体在发挥最大产能时，在不增加投入的情况下无法生产更多的物品，即处于生产的前沿面上，则该经济体的生产活动是有效率的[1]。帕累托效率重点强调资源配置的状态，该状态处于改变任何资源配置的结构、方式等都不会使部分人在损害其他人的情况下获得利益。即是实现了资源配置的最优状态。帕累托效率包含帕累托最优和帕累托改进两层含义，帕累托改进更重视资源配置实现合理配置的过程，不能实现更进一步帕累托改进的状态即可称为达到了帕累托最优。

实现帕累托最优的三个基本条件：一是交换的最优，交换效率主要是在限制产品种类和数量的情况下，产品应如何在不同的消费者之间进行配置才是有效的。二是生产的最优，生产效率是指在限定资源和技术的条件下，使产出量达到最大化，没有资源闲置和浪费，技术运用合理的状况。三是生产与交换的最优，是指各种产品的生产和消费应符合一定的比例关系。市场经济中，这种比例关系主要由消费者的需求和愿望决定的。当上述三种最优条件同时实现时即达到了帕累托最优。怀特赛尔对于效率

---

[1] 保罗·萨缪尔森，威廉·诺德豪斯.宏观经济学[M].萧深，译.北京：华夏出版社，2001：10.

的分类更为具体，他认为技术效率和配置效率共同构成了效率，同时给出了技术效率的具体概念：在产出规模和市场价格恒定的情况下按照既定要素投入比例所能达到的最小生产成本占实际的比值。技术效率主要反映既定投入下生产部门获取最大产出的可能性；配置效率反映既定投入价格下生产部门以最优比例使用投入的可能性；技术效率和配置效率的乘积是总体效率[1]。

综合上述效率相关概念的分析，研究认为效率实际反映了社会经济生活中资源要素投入和产出的比值，凸显了资源利用的程度（资源配置结构以及资源配置效率）、资源要素的投入产出关系以及满足社会成员需求的程度。效率的特点主要体现在：①节约，不能以过度的资源投入来追求产出的增长；②合理，资源要素投入结构分配相对均衡；③稳定，从资源投入角度来看，资源的投入产出方式能够持续有效；④最优，努力探寻满足公共需求的决策机制。

二、资源配置效率

"资源""效率"作为经济学概念服务于社会经济活动，其中效率在经济活动中可以分为两种类别：一种是能够以经济价值作为换算单位的效率，另外一种是不能以经济价值作为换算单位的效率[2]。意大利经济学家维尔弗雷多·帕累托对资源配置效率的概念进行了归纳总结。从抽象意义上来说，资源配置的目标是实现社会成员或整个社会效用的最大化，如果资源配置状态的改变可以改善某些人的处境，同时其他人没有损害任何利益，那么这种改变可以增加社会总效用。分析这种好坏的准则即是帕累托标准[3]。资源配置过程中对现有配置状态进行调整使得有至少一个消费者的分配状况转好，而其余消费者的状态未受影响，那么该配置状态的调整过程即是有效的。这种向好转变的过程即是帕累托改进。帕累托改进过程中未有可改进的状态和步骤时，该状态即称之为帕累托最优。社会经济生活中，帕累托改进持续存在，主要是由于帕累托最优状态不易实现。帕累托效率为社会经济生活中的资源配置的有效性、合理性提供了评价的依据。因此，帕累托效率的具体含义可以描述为：帕累托持续改进过程中，对于资源配置过程所采取的任何分配措施应当使消费者的获得多余消费者的损失[4]。

---

[1] 魏洁云.技术创新效率测度及创新路径研究[M].徐州：中国矿业大学出版社，2016：18.

[2] 郭志鹏.公平与效率新论[M].北京：解放军出版社，2001：64-65.

[3] 高培勇.公共经济学[M].北京：中国人民大学出版社，2012：2.

[4] 高培勇.公共经济学[M].北京：中国人民大学出版社，2012：3.

三、全民健身公共体育资源配置效率的概念

全民健身公共体育资源配置是指在既定发展目标的基础上，对一定时期、区域内的资源进行系统有效的整合和布局，为社会大众提供公共体育服务和产品，以满足社会大众的体育需求过程。帕累托效率强调社会资源的重新配置，如果不能影响和提升配置状态，该状态即为帕累托最优状态，是有效率的。帕累托效率实际上是一种资源配置效率的理想状态，在社会经济活动中实现帕累托最优是不现实的。"帕累托改善"即成为全民健身公共体育资源配置的目标。通过分析可以将全民健身公共体育资源配置效率的概念理解为：在既定公共体育资源配置规模的基础上，在地域范围内对资源的规模和结构进行优化调整，使配置后的资源能够实现效能最大化和结构最优组合的过程。在全民健身公共体育资源配置投入产出的过程中，更强调投入产出的转换比率。假设全民健身公共体育资源配置规模不变的情况下，其产出的公共体育服务和产品规模越大，其效率越高；或者是公共体育服务和产品产出固定不变的情况下，资源要素投入越少则效率越高。

四、全民健身公共体育资源配置效率的内涵

全民健身公共体育资源配置的效率主要指资源配置的全要素生产率，在对效率进行测评的过程中全要素生产率由技术效率、进步水平指数、纯技术效率、规模效率等效率值构成。

全民健身公共体育资源配置效率主要指投入和产出的比值，即效率=产出/投入，上述概念对于效率的测评在考虑单投入和单产出时显得相对易于操作，但对于公共体育资源配置的多种投入、多种产出的效率测评来说还需要将多种投入资源要素融合成单一指数的方法进行测量。法瑞尔、勒宾森基于产出角度，将技术效率定义为在产出规模固定不变的情况下，资源要素投入组合生产固定量的产品所需最小投入与实际投入之间的比率[1]。公共体育资源配置的技术效率重点反映了公共体育资源要素投入组合实现产出最大化的能力。具体配置效率是指公共体育资源要素投入组合固定不变的情况下，反映结构优化组合的能力[2]。配置效率集中于公共体育资源配置过程中

---

[1] 徐琼.基于技术效率的区域经济竞争力提升研究[D].杭州：浙江大学，2005.

[2] 张忠明.农户粮地经营规模效率研究——以吉林省玉米生产为例[D].杭州：浙江大学，2008.

投入和产出多种资源要素的结构组合,并能够实现资源配置的效能最优化。社会经济生活中的效率主要体现的是全要素生产率,全要素生产率由技术效率和配置效率的乘积而得,其中技术效率又可以分为纯技术效率和规模效率。纯技术效率是指资源配置过程中资源要素组合投入实际使用过程的效率。规模效率主要反映资源要素投入组合的结构特征,资源要素投入结构的组合使产出效率越高,则资源投入结构越合理[1]。总之,规模效率主要反映公共体育资源要素投入的规模结构是否合理,是否是配置行为结构最优组合的效率。

第二节 全民健身公共体育资源配置效率评价的内容

通过对全民健身公共体育资源配置行为、过程以及环境影响因素的分析,资源配置过程在时间维度上体现出动静结合的特征。对于静态特征而言,主要反映在公共体育资源配置行为具有截面数据的特点,可以从某一时间节点对公共体育资源配置的静态效率进行分析;对于动态性而言,资源配置投入产出反映在时间序列上的连续性。全民健身公共体育资源配置效率的测评重点将集中反映配置过程的动态性变化。

本研究主要从省域层面和基层社区的全民健身公共体育资源配置效率开展测评。首先是针对不同地域的配置效率进行测评;其次是分析影响资源配置效率的主要因素。效率测评主要集中于资源要素集合的投入与产出比,着重强调资源要素的总投入和总产出,同时对影响公共体育资源配置效率变化的影响因素进行分析。将全民健身公共体育资源配置效率的动静态相结合,评价过程中对于效率值和影响效率变化的因素进行综合分析能为配置结构优化、投入规模组合提供决策的科学依据。

全民健身公共体育资源配置效率测评的分析过程主要包括指标的选取、方法的选择以及模型的构建等。选择合适的效率测评方法,筛选合适的指标,尝试建构科学的、可操作的测评模型直接影响效率测评的准确性和便捷性。将测评结果用于指导资源配置的实践,对于投入冗余值的调整,配置结构的优化等都具有指导意义。因此,在全民健身公共体育资源配置过程中选择科学的方法、构建丰富的指标库、筛选科学易测量的指标以及选择科学的评价模型意义重大。具体评价内容和过程如图4-1所示。

---

[1] 高春亮. 1998-2003:我国城市技术效率与规模效率实证研究[J]. 上海经济研究,2006(6):36-42.

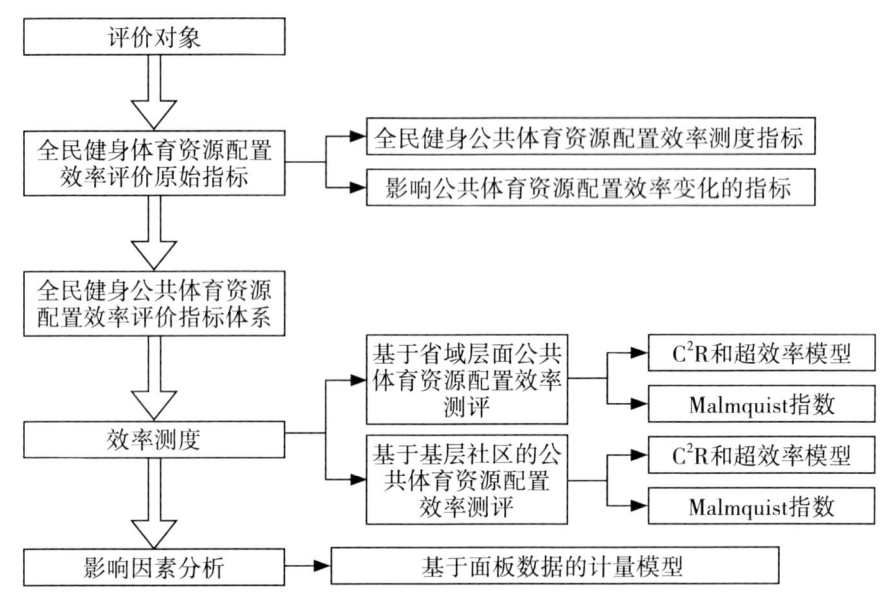

```
┌──────────────┐
│   评价对象    │
└──────┬───────┘
       ↓
┌──────────────┐      ┌────────────────────────────────┐
│全民健身体育资源配置│─────→│全民健身公共体育资源配置效率测度指标│
│效率评价原始指标  │      ├────────────────────────────────┤
└──────┬───────┘      │影响公共体育资源配置效率变化的指标 │
       ↓              └────────────────────────────────┘
┌──────────────┐
│全民健身公共体育资源│
│配置效率评价指标体系│
└──────┬───────┘
       ↓              ┌──────────────┐     ┌──────────────┐
┌──────────────┐      │基于省域层面公共│────→│C²R和超效率模型│
│              │─────→│体育资源配置效率│     ├──────────────┤
│   效率测度    │      │    测评      │────→│Malmquist指数 │
│              │      ├──────────────┤     ├──────────────┤
│              │─────→│基于基层社区的公│────→│C²R和超效率模型│
└──────┬───────┘      │共体育资源配置 │     ├──────────────┤
       ↓              │  效率测评    │────→│Malmquist指数 │
┌──────────────┐      └──────────────┘     └──────────────┘
│  影响因素分析  │─────→┌────────────────────┐
└──────────────┘      │  基于面板数据的计量模型 │
                      └────────────────────┘
```

图4-1　全民健身公共体育资源配置效率评价内容结构图

第三节　全民健身公共体育资源配置效率评价指标体系的构建

评价指标体系的构建以及评价方法的选择是公共体育资源配置效率测评的关键环节。针对公共体育资源配置效率测评的内容，选取了效率测度指标以及影响因素分析指标。对于效率测评指标的筛选主要从公共体育资源投入和产出两方面选取。对于公共体育资源配置效率影响因素指标的选取主要从资源配置系统的内外部以及运行机制等方面进行选择。效率测评指标的选择主要从基础性核心资源要素中选取，效率影响因素指标的选取主要从整体功能性资源以及资源配置的外部环境中选取。

一、全民健身公共体育资源配置效率评价指标体系构建的原则

1. 科学性与系统性相结合原则

全民健身公共体育资源配置效率评价指标的选择应能全面反映评价对象的本质特征并坚持指标之间的系统结构。评价指标的选择主要是对投入和产出指标的筛选，既

坚持指标构成的系统性，同时能够反映资源配置效率测评的客观需要。因此，公共体育资源配置效率评价指标体系的选择应坚持系统性和科学性相结合的原则，在指标选择过程中坚持准确、科学原则，在指标体系结构上能够实现结构完整、层次清晰、相互联系，保证效率评价的可信度和有效度。

2. 可操作性与可比性相结合原则

公共体育资源配置效率评价指标体系的构建主要是用于效率评价的实践，希冀能够准确反映资源投入产出的经济效益。指标体系的可操作性反映在相关的统计年鉴、社会调查以及体育主管部门内部资料的指标数据中，在考虑可操作性的问题上除考虑指标数据的可及性以及数据来源的稳定程度外，同时还应该考虑指标计算方法的准确与规范，确保全民健身公共体育资源配置效率测评的有效实施。

3. 全面性与典型性相结合原则

全民健身公共体育资源的投入种类繁多，有人力、物力、财力、信息、组织等多种资源要素。在依据资源配置——绩效模型进行指标选取的过程中除考虑投入产出指标的全面性外，应重点关注能够准确反映公共体育资源投入产出本质的指标，进而选取操作性强、可度量的指标进行效率的测度。同时，为了能够准确反映评价效率的科学性和准确性，还应该关注指标数据截面特点和时间序列特征。

4. 动态性和静态性相结合原则

为了探讨全民健身公共体育资源配置效率变化的时间序列特征，在指标体系构建过程中应坚持动静态相结合的原则。在选择指标和指标体系构建时所形成的指标体系是相对稳定的，但随着公共体育服务运行体系的优化发展，不同地域、层次、年度的配置效率也会随着外界环境的变化而变化。因此，在对指标进行选取时还应根据不同的效率测评目的不断调整。

二、构建公共体育资源配置效率评价指标体系的理论模型

明晰公共体育资源配置效率指标体系建构的理论模式有利于实现评价过程的科学性、规范性和可操作性，以实现该指标体系进行绩效评价的积极作用[1]。已有研

---

[1] 郑进军. 全民健身社会评价指标体系的研究[D]. 长沙：湖南师范大学，2007.

究指出建立具有指导意义的理论模型是建立科学的评价指标体系的前提条件[1]。构建绩效评价指标体系时常用的几种模型主要包括"条件——结果"模型、"需求——条件——效益"模型、"投入——运行——产出"模型、"条件——运行——结果模型"、"过程——目标"模型、"配置——运行——绩效"等理论模型等[2]。社区体育、竞技体育、全民健身等相关社会评价指标体系的构建采用了不同的理论模型，楼兰萍选择了"资源——制度——服务——效益"模型[3]。雷艳云选择了"资源配置——运行——效益"模型[4]。郑进军选择了"资源配置——效益"理论模型。

当前，我国全民健身公共体育资源的配置逐步形成政府、非政府体育组织和体育企业、社会大众多元主体参与的新局面。基于绩效评价、资源配置效率评价的理论研究，公共体育资源配置效率评价研究的重点集中于资源要素投入固定不变情况下公共体育资源配置的整体水平和资源投入产出的绩效问题。在此基础上明确了全民健身公共体育资源配置效率测评的理论模型即是"资源配置——效益"模型。该模型突出资源配置宏观上的投入产出的绩效问题，较少关注资源配置的结构、规模等。全民健身公共体育资源配置效率测评的目的集中于发现效率不高的决策单元，分析效率不高的原因以及影响因素，并对投入冗余值进行优化调整，为资源配置投入产出的规模调整提供科学决策以实现资源配置的结构优化和效率提升。"资源配置——效益"模型准确反映了全民健身公共体育资源配置的本质特征，为指标体系的构建奠定了框架基础。

三、全民健身公共体育资源配置效率评价指标体系的构建

1. 指标的初选

基于前文对于公共体育资源配置行为、效果、影响配置过程因素的综合分析，基于资源配置——效益模型从公共体育投入和产出两个方面对公共体育资源配置效率评价指标体系的指标进行初选（表4-1）。其中投入系统指标主要包括有人力、物力、财力、信息、组织、制度等资源要素指标。对于投入系统具体指标而言，各资源要素

---

[1] 韩玉敏.新编社会学辞典[M].北京：中国物资出版社，1998：676.
[2] 郑进军.全民健身社会评价指标体系的研究[D].长沙：湖南师范大学，2007.
[3] 楼兰萍，虞力宏.社区体育发展水平评价指标的研究[J].北京体育大学学报，2004（5）：594-598.
[4] 雷艳云，王新国.竞技体育社会评价指标体系构建研究[J].韶关学院学报，2003（3）：116-120.

均可以通过可测量的指标进行分析。其中人力资源指标由政府体育行政管理人员总数、社会体育指导员人数、体育志愿者人数、体育骨干人数等构成；财力资源指标由公共财政支出、体育彩票公益金投入额、社会捐赠资金投入额、人均体育消费支出等构成；物力资源指标由公共体育场地设施面积、公共体育场馆数、全民健身路径工程数、体育场地器材数等构成；信息资源由全民健身宣传活动次数、全民健身知识讲座次数等构成；组织资源由全民健身活动中心数、晨晚练点数、社区体育俱乐部数等构成；制度资源由全民健身公共体育管理制度、全民健身工作考核办法、全民健身工作计划等构成。产出系统具体包括体育参与、体育活动、居民健康、居民体育意识等4个指标；体育参与指标用经常参加体育锻炼的人数占总人数的比例表示；体育活动指标用年举办全民健身活动的次数以及年全民健身活动参与人次来表示；身体健康指标用国民体质健康测试合格人数和合格率来表示；体育意识指标用参与全民健身活动的积极程度、对身体健康的关注程度等来表示。

表4–1　全民健身公共体育资源配置效率测评指标体系初选指标

一级指标	二级指标	三级指标
投入指标	人力资源	政府体育行政管理人员总数
		社会体育指导员人数
		体育志愿者人数
		体育骨干人数
	财力资源	公共体育财政支出
		体育彩票公益金投入额
		社会捐赠资金投入额
		人均体育消费支出
	物力资源	公共体育场地设施面积
		公共体育场馆数
		全民健身路径工程数
		体育场地器材数
	信息资源	全民健身宣传活动、知识讲座开展次数
	组织资源	晨晚练点数
		全民健身活动中心数
		社区体育俱乐部数

（续表）

一级指标	二级指标	三级指标
投入指标	制度资源	全民健身公共体育管理制度
		全民健身工作考核办法
		全民健身工作计划
产出指标	运动参与指标	经常参加体育锻炼的人数
		经常参加体育锻炼的人数占总人数的比例
	身体活动指标	年举办全民健身活动的次数
		年全民健身活动参与人次
	身体健康指标	国民体质测试合格人数
		国民体质测试合格率
	体育意识指标	全民健身活动参与的积极程度
		居民对身体健康的关注程度

2. 指标的筛选

全民健身公共体育资源配置效率评价指标体系具体指标筛选过程。见图4-2。

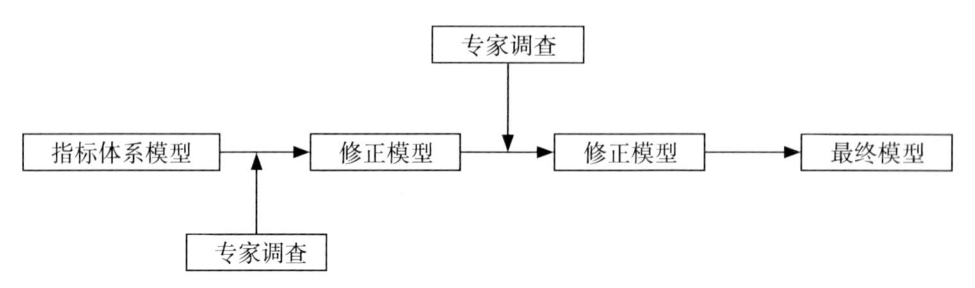

图4-2 全民健身公共体育资源配置效率评价指标的筛选过程

应用德尔菲法共进行了两轮的专家调查，调查对象主要为从事公共体育服务、群众体育管理研究的专家以及地方体育局从事群体工作的管理者，共计20名。

3. 专家调查结果与分析

（1）第一轮调查结果与分析
①一级指标的调查结果与分析：
通过开放式和封闭式相结合的方式开展第一轮的专家调查。一级指标主要包括投

入指标和产出指标两项。一级指标的选取得到了专家认可，认可率100%。

②二级指标的调查结果与分析：

二级指标在投入维度上主要由人力、财力、物力、信息、组织、制度资源构成；在产出维度上主要由运动参与、身体活动、身体健康、体育意识等构成。针对二级指标的筛选，专家具体建议如下：

建议一，由于制度资源指标在进行效率测评过程中可操作性和可度量性较差，不易进行量化分析。因此，将制度资源指标及其包含的3个三级指标予以删除。

建议二，同时考虑体育意识指标在效率测评过程中的可操作性较差，且该指标受影响因素较多，故将体育意识指标及其包含的2个三级指标予以删除。

结合已有研究、专家意见以及全民健身公共体育资源配置效率评价的价值目标，综合考虑测评的可操作性确定了8个二级指标。

③三级指标的调查结果与分析：

调查过程中有6名专家建议删除政府体育行政管理人员总数、体育志愿者人数、体育骨干人数指标，以实现指标体系的精简。本课题采纳了专家的建议，删除了上述3个指标。

调查过程中有8名专家建议删除社会捐赠资金投入额、人均体育消费支出指标，主要考虑社会捐赠资金投入额可能会因为口径不一形成较大误差，人均体育消费支出作为相对指标在效率测评时可操作性不足。本课题采纳了专家的建议，删除了上述2个指标。

调查过程中有5名专家建议删除公共体育场馆数、体育场地器材数指标。考虑公共体育场馆数和公共体育场地设施面积分别从两个不同角度反映场地设施的规模情况，两个指标同时作为投入指标略显重复。此外，体育场地器材数量的统计方式、口径不同会存在较大的误差，数据准确性略显不足。因此，将上述2个指标予以删除。

调查过程中4名专家建议删除全民健身活动中心数、社区体育俱乐部数指标。主要考虑全民健身活动中心、社区体育俱乐部数在资源配置过程中分布的地域较窄，代表性较差等问题。因此，将上述2个指标予以删除。

调查过程中5名专家建议将经常参加体育锻炼的人数占总人数的比例、国民体质测试合格率2个指标予以删除。主要是基于资源配置——效益的理论模型，百分数指标和相对指标测量时存在一定局限性。

（2）第二轮专家调查的结果与分析

依据第一轮调查的结果和专家给出的建议，对第一轮指标进行归纳整理，重新选取了全民健身公共体育资源配置效率的指标。并且在第一轮专家反馈意见的基础上修订了第二轮专家调查问卷,按照李克特5级量表依据各指标的重要程度分别赋值。

①第二轮专家调查的主要统计参数:

变异系数是标准差和加权平均数的比值。变异系数的值越小,说明专家的意见趋于一致。通常将变异系数小于0.25的指标表示为专家一致认可的。

假设X_{ij}表示第i个专家,第j个评分,共有n个专家,m个指标,则:

$$M_j = \frac{1}{n}\sum_{i=1}^{n}X_{ij}$$

$$S_j = \sqrt{\frac{1}{n-1}\sum_{i=1}^{n}(X_{ij}-M_j)}$$

变异系数可表示为:$V_j = \frac{S_j}{M_j}$

V_j是变异系数,S_j是标准差,M_j是平均数,V_j越小,表示专家对于j指标的意见越一致。

协调系数W主要反映专家意见的集中程度,可表示为:

$$W = \frac{12\sum_{j=1}^{n}dj^2}{m^2 n(n^2-1)}$$

专家评价结果不同时,专家评价结果相同时,上式的分母减去系数加以修正,表示为$W = \dfrac{12\sum_{j=1}^{n}dj^2}{m^2(n^3-n)-m\sum_{j=1}^{m}T_i}$,其中,$T_i$为相同评分指标,$T_i = \sum_{L=1}^{L}(t_L^3 - t_L)$,$L$为$i$专家评分中的相同评分组分,$L=1,2,3,\cdots,L$,$t_L$为$L$组中的相同评分数[1]。$W$表示协调系数,$n$为指标数,$m$为专家数,$d$表示各指标等级和$n$个指标等级和的均数差。$T_i$表示修正指数,$d_j$表示第$j$个指标的重要性评分等级综合与各指标重要性评分等级总和的均值之差。W介于0~1,值越大,说明协调程度越好[2]。

采用等级一致性检验判断协调程度是否显著,当$P<0.5$表明专家评价结果才具有可信度。协调程度的显著性检验采用PearsonX^2进行,公式为:

---

[1] 杨道华,丁立寿,韦大开.总体规划技术方法[M].南宁:广西教育出版社,1987:115-117.

[2] 陈英耀,陈洁,金永春.特尔斐法对口服脊髓灰质炎疫苗的综合效果评价[J].中国计划免疫,1998,4(5):263-265.

$$X^2=\frac{1}{mn(n+1)-\frac{1}{n-1}\sum_{i=1}^{m}T_i}\sum_{j=1}^{n}d_j^2$$

②第二轮指标筛选：

关于第二轮指标的筛选还需结合该研究的特点进行选择。Osborne J，Collins S[1]和周明浩[2]在指标筛选过程中常用的选择方法多被采用。本研究主要参照胡永红[3]的筛选标准：$V_j<0.25$；$P<0.01$或$P<0.05$；筛选指标的均值大于3.5。

③第二轮专家调查统计结果：

运用SPSS20.0对第二轮调查的数据进行统计分析。分析结果如下：

一级指标统计结果如表4-2、表4-3所示。

表4-2 一级指标统计分析参数表

指标	均值	标准差	变异系数
投入指标	5.000	0.000	0.000
产出指标	4.850	0.3663	0.0755

表4-3 一级指标一致性检验统计表

轮次	一致性系数	卡方值	P值
第二轮	0.754	8.346	0.000

二级指标统计结果如表4-4、表4-5所示。

表4-4 二级指标统计分析参数表

指标	均值	标准差	变异系数
人力资源	4.8000	0.4104	0.0855
财力资源	4.7000	0.4702	0.1000
物力资源	4.6500	0.4894	0.1052

---

[1] Osborne J，Collins S，Radcliffe M，et al. What "ideas about science" school be taught in school science A Delphistudy of the expert community［J］. Journal of Research in Science Teaching，2003，40（7）：692-720.

[2] 周明浩，李延平，史祖民. 特尔斐法在卫生城市建设综合评价指标筛选中的应用［J］. 中国公共卫生管理，2001，17（4）：260-263.

[3] 胡永红. 有效体育教学的理论与实证研究［D］. 福州：福建师范大学，2009.

（续表）

指标	均值	标准差	变异系数
信息资源	4.5500	0.5104	0.1122
组织资源	4.3500	0.7452	0.1713
运动参与指标	4.5000	0.5130	0.1140
身体活动指标	4.4000	0.6806	0.1549
身体健康指标	4.4500	0.6863	0.1542

表4-5　二级指标一致性统计分析参数表

轮次	一致性系数	卡方值	P值
第二轮	0.853	30.709	0.000

三级指标统计结果如表4-6、表4-7所示。

表4-6　三级指标统计分析参数表

指标	均值	标准差	变异系数
社会体育指导员人数	4.5500	0.5104	0.1122
公共体育财政支出	4.6500	0.4894	0.1052
体育彩票公益金投入额	4.5000	0.5130	0.1140
公共体育场地设施面积	4.7000	0.4701	0.1000
全民健身路径工程数	4.6000	0.5026	0.1092
全民健身宣传活动、知识讲座开展次数	3.8500	0.7452	0.1936
晨晚练点数	4.0000	0.7255	0.1814
经常参加体育锻炼的人数	4.2000	0.6156	0.1466
年举办全民健身活动次数	4.3500	0.7452	0.1713
年全民健身活动参与人次	4.3000	0.6569	0.1528
国民体质测试合格人数	3.8000	0.7678	0.2021

表4-7　三级指标一致性检验统计表

轮次	一致性系数	卡方值	P值
第二轮	0.736	72.850	0.000

通过对指标的描述性统计和非参数检验，发现所有指标的变异系数均小于0.25，均值大于3.5，三层级指标的一致性系数分别为0.754、0.853、0.736，且P值小于0.01，表明通过特尔斐法筛选出来的全民健身公共体育资源配置效率的意见比较集中。其具体指标体系如表4-8所示。

表4-8 全民健身公共体育资源配置效率测度指标体系

一级指标	二级指标	三级指标
投入指标	人力资源	社会体育指导员人数
	财力资源	公共体育财政支出
		体育彩票公益金投入额
	物力资源	公共体育场地设施面积
		全民健身路径工程数
	信息资源	全民健身宣传活动、知识讲座开展次数
	组织资源	晨晚练点数
产出指标	运动参与指标	经常参加体育锻炼的人数
	身体活动指标	年举办全民健身活动的次数
		年全民健身活动的参与人次
	身体健康指标	国民体质测试合格人数

4. 各层级指标的释义

（1）投入指标

①人力资源投入指标：

全民健身活动的人力资源投入包括体育行政管理人员、社会体育指导员等，考虑社会体育指导员是直接参与全民健身活动指导的重要构成，且体育行政管理人员在参与体育相关工作过程中存在管理文化、教育等特征。本研究仅将社会体育指导员作为反映人力资源投入的指标。

②财力资源投入指标：

公共财政支出、体育彩票公益金投入额、社会捐赠以及社会大众的体育消费构成了全民健身财力资源投入的总体。考虑社会捐赠和社会大众的体育消费支出在统计方面存在较大难度，本研究仅将公共财政支出和体育彩票公益金作为财力资源投入的主要指标。

③物力资源投入指标：

物力资源的投入包括大型体育场馆设施、体育公园、全民健身路径等。本研究效率测评是对各个决策单元的资源配置效率进行评价应考虑其操作性和简易性,将公共体育场地设施面积以及全民健身工程数作为测量指标。

④信息资源投入指标:

信息资源供给的方式包括传统的讲座、宣传单等,新媒体方式也逐步成为公共体育信息资源供给的主要形式,包括公共体育信息服务平台、公众号、APP等。考虑到全民健身活动宣传以及知识讲座开展次数易于统计且涉及范围广泛,本研究将该指标作为反应信息资源投入的主要指标。

⑤组织资源投入指标:

全民健身活动开展的社会组织种类繁多,包括晨晚练点、体育社团、社区体育俱乐部等。晨晚练点相对于体育社团和社区体育俱乐部而言分布范围更广,更具有代表性。因此,将晨晚练点作为反映组织资源投入的重要指标。

(2)产出指标

①运动参与指标:

经常参与体育锻炼的人数主要指经常参与体育健身活动、参与不同专项训练的各类人群的总数。该指标在一定程度上能够反映全民健身活动涉及的范围和社会大众的参与度。公共体育服务和产品供给主要任务是满足社会大众的体育需求,鼓励更多的人群参与全民健身活动。将该指标纳入效率测评指标体系能够反映资源投入产出效果的参与度。

②身体活动指标:

全民健身活动开展的情况主要通过年举办全民健身活动次数和年全民健身活动的参与人次来反映。上述两个指标可以从两个层面反映全民健身活动的开展情况。本研究将上述两个指标同时纳入效率测评指标体系。

③身体健康指标:

居民参与国民体质健康测试的人次以及合格人数基本能够反映社会大众的身体健康测试的参与情况和合格情况。考虑效率测度指标的精简,本研究仅将国民体质健康测试合格人数作为反映身体健康程度的测量指标。

第四节 全民健身公共体育资源配置效率的影响因素分析

影响全民健身公共体育资源配置效率的影响因素主要存在于资源配置系统的内外部环境以及配置的运行机制。全民健身公共体育资源配置的过程是动静态相结合的过程，资源配置的过程主要通过整体功能性资源作用于基础性核心资源。此外，配置过程还受环境因素（环境子系统和超系统）的影响，即是全民健身公共体育资源配置效率的实现主要通过制度、文化、市场等整体功能性资源作用于人力、财力、物力、信息、组织等资源要素的过程。本研究重点考察整体功能性资源以及资源配置环境因素的影响。根据前文关于资源配置行为与效果、运行机制的分析，提出了如下假设。

假设一，社会大众的消费水平对全民健身公共体育资源配置效率的提高具有正效应。随着全民健身公共体育资源主体从单一主体向多元主体转变，公共体育资源配置的规模相对不足，需要社会大众积极参与资源的配置过程，社会大众投入一定的消费支出去购买公共体育服务和产品，对提高全民健身公共体育资源配置效率有积极的正效应。本研究选取居民消费水平、居民的收入水平两项指标来反映居民的消费水平对资源配置效率的影响。

假设二，区域经济发展水平对全民健身公共体育资源配置效率的提高具有积极的正效应。经济发展水平的高低反映在公共体育资源配置过程中对居民体育意识以及参与全民健身活动的频次均有积极影响。经济发展水平较高的地区在公共体育场地设施建设、公共体育信息供给等方面均有一定优势。此外，当前我国正处于公共体育财力资源投入产出弹性高于人力资源投入产出的阶段，规模效率的提高影响资源配置全要素生产率的提升。

假设三，公共体育财政支出结构的变化与全民健身公共体育资源配置效率的变化联系紧密。全民健身活动经费在公共体育财政支出中的比重增大对提高资源配置效率有积极的正效应。公共体育财政支出需要在竞技体育和群众体育中进行重新分配，在健康中国和体育强国建设的国家战略指引下，公共体育财政支出比会有意识地向全民健身活动开展、促进方面倾斜，财力资源投入总量以及资源的溢出效应同时存在，共同促进了公共体育服务和产品的供给，提升了资源配置的效率。

假设四，居民体育意识的增强对提高资源配置效率有积极的正效应。首先，体育意识的增强会促进社会大众积极参与资源配置的过程，投入更多的资金、时间开展全民健身活动；其次，体育意识的增强还会促进社会大众积极参与体育活动，对经常参与体育锻炼人数、国民体质健康测试合格人数等指标均有影响。本研究在对影响全民健身公共体育资源配置效率的因素进行回归分析时，主要使用经常参加体育锻炼的人数来反映居民体育意识的情况。

假设五，区域教育水平对全民健身公共体育资源配置效率的提高具有积极的正效应。体育作为教育的重要构成，"终身体育"理念的贯彻执行对于社会大众学习体育知识、掌握运动技能、养成体育锻炼的习惯有积极作用。区域教育水平的提高会在学校体育开展的过程中形成经常参与体育锻炼的习惯,掌握扎实的运动技能和丰富的体育健康知识,利于形成经常参与体育锻炼的氛围。对全民健身公共体育资源投入资源的有效利用以及资源配置效率提升有助推作用。本研究将教育经费支出占GDP的比例用于影响资源配置效率的回归分析。

除上述影响资源配置效率的因素外,本文将人口规模、辖区面积纳入资源配置效率的影响因素范畴;将体育社会组织数和体育行政管理人员数作为影响资源配置效率变化的因素进行考察。具体的影响因素、指标和符号见表4-9。

表4-9 全民健身公共体育资源配置效率变化的影响因素及指标

影响因素	具体指标	代表符号
消费水平	居民消费水平	Conlev
区域经济发展水平	人均GDP	Ecolev
居民收入水平	城镇居民人口可支配收入	Inlev
教育水平	教育经费支出总额	Edulev
人口规模	年末区域人口总数	Popsize
辖区面积	居民点及建筑用地面积	Area
体育意识	经常参加体育锻炼的人数	Spocon
公共体育资源配置结构	公共体育财政支出	Spoexp
体育社会组织数	体育社区组织数	Spoass
	社区体育俱乐部数	Commclub
体育行政管理人员数	体育行政管理人员数	Spomang

第五节 全民健身公共体育资源配置效率评价方法选择及模型构建

效率测评方法的选择和影响因素分析模型的建构是公共体育资源配置效率评价和影响因素分析的关键环节。资源要素投入产出的比值是效率测评的主要方式,除对不同决策单元(省域层面和基层社区)的公共体育资源配置效率进行评价外,对影响因素的分析也至关重要,发现影响不同决策单元效率变化的敏感因素,并根据影响因素的作用提出资源配置结构优化、效率提升的建议。

一、效率测评方法的选择与模型的构建

本研究针对不同决策单元的效率测评主要运用运筹学方法数据包络分析来对不同决策单元的效率进行测评,以发现效率相对不高的决策单元及其原因。

1. 效率测评方法的选择

全民健身公共体育资源配置的过程可以看作是社会经济生活中的一种生产活动,其投入资源要素包括人力、物力、财力、信息、组织等,产出包括全民健身活动的开展、国民体质健康水平的增强、居民体育意识的提升等。既然将资源配置的过程可以看作是一个生产活动,那么就会涉及生产率的问题。

在对资源配置效率测评方法进行选择前,需要明晰生产可能集和生产前沿面的概念。生产可能集是在资源要素投入组合固定情况下可能生产的最大产出量。生产前沿面是根据已有的投入组合数据,构造出的可能投入产出组合的外部边界。通常可以用投入固定情况下产出的最大量或者是产出固定情况下投入的最小值来表示[1]。经济学理论中关于效率的概念涉及范围广泛。科普曼斯(1951)将技术效率界定为:在资源投入要素组合相对稳定的状态下,不增加投入和减少产出所引起的投入减少和产出增多的状态即是技术有效率[2]。法雷尔(1957)将技术效率定义为在技术水平和价格因素固定不变的情况下,实现产出不变需要投入资源要素等比减少[3]。莱本施泰因(1966)基于产出视角指出技术效率是在投入规模和比例、市场价格等条件固定不变的情况下,实际产出所能达到的最大生产量的百分比[4]。法雷尔和科普曼斯对于技术效率定义的区别主要体现在资源要素投入量按等比例减少后仍存在资源要素投入的冗余值,法雷尔的技术效率很难实现科普曼斯技术效率的有效性。经过对比分析,选用法雷尔定义的技术效率作为效率测评方法的基础。

目前,前沿分析方法是效率测评常用的方法,在建构了生产前沿面的基础上对

---

[1] 徐琼. 技术效率与前沿面理论评述[J]. 财经论丛, 2005(2): 29–34.

[2] Koopmans T C. An Analysis of Production as an Efficient Combination of Activities0. in: T. C. Koopmans (ED.), Activity Analysis of Production and Allocation0, Cowles Commission for Research in Economics. Monograph [J]. 1951: 13.

[3] Farrell M J. The measurement of production efficiency. Journal of Royal Statistical Society, SeriesA, General [J]. 1957, 120(3): 253–281.

[4] Leibenstein H. Allovative Efficiency vs/X-efficiency, Am. Econ. Rev [J]. 1966(56): 392–415.

决策单元的效率和生产前沿面的距离进行测量，该距离可以用前沿效率来表示。前沿效率表达的是最优决策单元的相对效率，针对不同的决策单元，采用不同的效率计算方法呈现的效率值也有差别[1]。运用前沿分析方法进行前沿效率评价的关键环节是对前沿生产函数进行估计，而前沿生产函数的估计方法由参数法和非参数法构成。参数法主要包括随机前沿分析（SFA）、自由分布法（DFA）、厚前沿方法（TFA）以及递归厚前沿方法（RTFA），非参数法包括有数据包括分析（DEA）和无界分析（FDH）。本研究主要采用数据包括分析进行效率的测评。

数据包络分析（DEA）是以"相对效率"的概念为基础，以资源要素多种投入产出组合为前提，对同质性决策单元的有效性进行测评的非参数前沿分析方法。随机前沿分析（SFA）则是反映资源要素投入与产出的最大值间的数量关系，并通过该函数确定的生产前沿面对决策单元的技术效率进行测评。

目前，数据包络分析（DEA）和随机前沿分析（SFA）是进行效率测评常采用的方法。上述两种方法均是基于对资源要素投入产出的分析，以求得决策单元的相对效率。两种方法在效率测评时的切入点和结果是一致的，但在使用过程中还存在不同。

第一，数据包络分析（DEA）作为数学规划方法，不能对统计学显著性特征进行检验。随机前沿分析（SFA）作为经济计量方法，是基于统计学方法的测评模型，并以概率分布来反映测评样本效率的区别，且能利用测评结果对模型显著性进行检验。

第二，数据包络分析（DEA）和随机前沿分析（SFA）在使用范围上有所不同，前者能够自由处理多投入多产出的生产问题，而后者仅能够对多投入单产出的效率进行测评[2]。

第三，随机前沿分析（SFA）通过建立随机前沿模型，可以有效地避免统计误差的出现对测评准确性的干扰。数据包络分析（DEA）所确立的前沿面相对固定不变，该方法在测评中多个决策单元共用一个生产前沿面，并且不考虑样本差异、数据问题等，不易区分非效率决策单元的原因。

第四，数据包络分析（DEA）无须对效率分布进行假设，仅通过投入产出值就能对效率进行有效测评，可以有效避免因模型估计不足而产生的误差。随机前沿分析（SFA）则需要对效率进行分布假设，在对生产函数进行估计过程中容易导致误差的

---

[1] 张健华. 我国商业银行效率研究的 DEA 分析方法及 1997—2001年效率的实证分析[J]. 金融研究，2003（3）：11-25.

[2] Berger, Mester. Inside the Black Box: What Explains Differences in the Efficiencies of Financial Institutions [J]. Journal of Banking and Finance, 1997, 21: 895-947.

出现,且检验测评结果准确性的途径仅能通过评价结果来判定。

第五,随机前沿分析(SFA)需要用生产函数的形式来描述具体的生产过程,还需要根据生产函数提出假设条件,并且假设条件的提出比较严格。数据包络分析(DEA)只需关注投入产出结果,无须对生产技术进行假设。从操作的方便性考虑,数据包络分析相对易于操作。

第六,从分析数据的类型上来看,数据包络分析(DEA)仅能对截面数据和时间序列数据进行有效分析。随机前沿分析则能够对面板数据进行有效测评。随机前沿分析可以充分利用面板数据分析的优势,发现更多深层问题。

通过对比数据包络分析和随机前沿分析在进行效率测评时的不同特点,数据包络分析对多个决策单元多投入多产出的效率进行测评时具有操作简单、数据易于收集等特点,本研究进行全民健身公共体育资源配置效率测评选择数据包络分析法。但考虑数据包络分析仅能对截面数据进行分析,将引用Malmquist指数法对时间序列数据进行分析。

2. 效率测评模型的构建

数据包络分析是著名数学家和经济管理学家查恩斯和库伯开创的。数据包络分析的第一个模型是由运筹学家查恩斯、库伯罗兹基于"相对效率"确立的,称为C^2R模型,该模型是可以用于评价具有多输入和多输出,同为技术有效和规模有效的决策单元的有效方法。数据包络分析(DEA)通过资源要素投入组合数据对同质性决策单元的有效性进行测量和评价。在对决策单元的有效性进行判定的基础上,能够针对非有效决策单元进行深入分析,探寻其改进的路径,并针对性地对投入产出的规模、方向进行调整[1]。

(1) C^2R模型

C^2R模型假设规模效益不变的情况下对同质性决策单元的技术效率进行有效测评[2]。效率测评过程中对于拥有同类型、同性质的生产单位称为决策单元(decision making unit,DMU)。

该模型假设共计*n*个决策单元(*j*=1,2,…,*n*)。

同性质的决策单元资源要素投入有*m*种(*i*=1,2,…,*m*)。

同性质的决策单元产出有*s*种(*r*=1,2,…,*s*)。

---

[1] 姚伟峰.中国经济增长中效率变化及其影响因素实证研究[M].中国经济出版社,2007:18.
[2] Charnes. A,Cooper·W·W·,Rhodes.E. Measuring the Efficiency of DMU [J]. European Journal of Operation Research,1978(2):429-444.

X_{ij} 表示第 j 个决策单元的第 i 项投入。

y_{rj} 表示第 j 个决策单元的第 r 项产出。

测评第 j_0 决策单元的有效性：

决策单元		1	2	...	n
投入项目	1	X11	X12	...	X1n
	2	X21	X22	...	X2n
	...	...	...	...	...
	m	Xm1	Xm2	...	Xmn

1	2	...	n	决策单元	
y11	y12	...	y1n	1	产出项目
y21	y32	...	y2n	2	
...	...	...	...	...	
ys1	ys2	...	ysn	s	

投入-DEA模型：投入角度的效率值，在产出值相对稳定状态下，可以用最小投入值和实际投入值的比值来表示，效率测评以获得较少的投入为目标，求 θ 的最小值。

产出-DEA模型：产出角度的效率值，在投入组合相对稳定的情况下，可以用实际产出值和最大产出值的比值来表示，效率测评以获得较多的产出为目标，求 z 的最大值。

C^2R 模型

$$\max \frac{u^T y_0}{v^T x_0}$$

$$s.t \quad \frac{u^T y_0}{v^T x_0} \leq 1, \ j=1, \cdots, n$$

$$u \geq 0, \ v \geq 0$$

C²R的对偶输入模型

$$\min \theta$$
$$s.t \sum_{j=1}^{n} X_j \lambda_j \leq \theta X_0,$$
$$\sum_{j=1}^{n} Y_j \lambda_j \geq Y_0,$$
$$\lambda_j \geq 0, \ j=1, \cdots, n$$

C²R的对偶输出模型

$$\max z$$
$$s.t \sum_{j=1}^{n} X_j \lambda_j \leq X_0,$$
$$\sum_{j=1}^{n} Y_j \lambda_j \geq z Y_0,$$
$$\lambda_j \geq 0, \ j=1, \cdots, n$$

DEA有效性的判断：

对具有非阿基米德无穷小量的C²R对偶输入模型，根据下述规则判定DEA决策单元的有效性：

- 若$\theta < 1$，则DMU_{j0}不为弱DEA有效；
- 若$\theta = 1$，$\hat{e}^T S^- + e^T S^+ > 0$则$DMU_{j0}$仅为弱DEA有效；
- 若$\theta = 1$，$\hat{e}^T S^- + e^T S^+ = 0$则$DMU_{j0}$为DEA有效。

（2）超效率模型

利用C²R模型进行效率测评时常出现多个决策单元的效率值同为有效，此时仅通过效率值的比较无法对有效决策单元进行对比和分析。为了对相同效率值的决策单元进行对比分析，安徒生、彼得森最早构建了超效率测评模型，该模型可以针对有效的决策单元进行比较、分析、排序[1]。

超效率模型的具体过程可表示为：在对第i_0个决策单元进行效率测评时，将i_0排除在测评样本之外，用其他决策单元的投入产出的线性组合来代替i_0的投入产出值。而超效率模型是将i_0包含于测评样本内。呈现有效性的决策单元可依据资源要素投入产

---

[1] Andersen. P, Petersen N C.A peocedure for ranking efficient nuits in data envelopment analysis [J]. ManagementScience, 1993, 39（10）: 1261-1264.

出的组合增加投入量，效率值未发生改变，投入产出组合增加的比率即为超效率[1]。超效率线性规划模型如下：

$$\min \theta$$

$$s.t \sum_{j}^{n} X_j \lambda_j \leq \theta X_j$$

$$\sum_{r}^{n} y_r \lambda_r \leq y_j$$

$$\lambda_j \geq 0, \ r=1, 2, \cdots, n$$

超效率模型和C²R模型的区别主要体现在对于相对有效的决策单元的效率区分。对于有效的决策单元来说，超效率大于1，表明该决策单元是有效的，有效决策单元投入值增加$\theta-1$的比例，其效率值仍能保持有效。

将数据包络分析应用于全民健身公共体育资源配置效率的测评中，各决策单元投入产出的权重系数不需要赋权，可以通过多投入多产出的模型进行估计，但易出现无效决策单元对权重系数的选择而导致的测评误差。根据全民健身公共体育资源配置以及全民健身活动开展的现状，赋予投入和产出指标相应的权重，以避免无效率单元的效率值偏高和主观赋权主观因素的干扰。选择客观赋权法，依据投入产出弹性分析特征赋予权重，另外依据产出的特征，产出指标不予赋权。

（3）基于Malmquist指数的全民健身公共体育资源配置效率测评模型

为了有效把握不同省份多年期公共体育资源配置效率的变化情况，需要对资源配置的面板数据进行有效测评。C²R模型和超效率模型在进行效率测评时仅能对截面数据和时间序列数据进行处理。因此，需要引入Malmquist指数模型对多个决策单元多年期的面板数据进行处理分析，以反映全民健身公共体育资源配置过程中存在的不同问题。具体Malmquist指数模型和DEA模型的区别和联系，惠洛克和威尔逊针对该问题展开了讨论。数据包络分析（DEA）针对效率的测评主要体现出静态性仅能对截面数据和时间序列数据进行分析。Malmquist指数法有效反映效率测评的动态性变化，基于面板数据，辅以距离函数，测得能够进行比较分析的效率，使效率测评显得更为立体[2]。

---

[1] 汪旭晖.基于超效率CCR-DEA模型的我国物流上市公司效率评价[J].财贸研究，2009：117-124.

[2] Wheelock. D. C, P. W. Wilson. Technical Progress, Inefficiency and Productivity Changein US Banking, 1984–1993 [J]. Journal of Money, Credit, and Banking, 1999（31）：212–234.

马尔奎斯特·斯滕（1953）率先在分析消费过程时提出了Malmquist指数的概念，凯夫斯、克里斯滕森和迪韦特（1982）最早将该模型用于生产率的测算，并且分别构建了产出角度和投入角度的Malmquist指数模型。1994年，法勒基于DEA模型提出了Malmquist生产率，之后Malmquist指数模型才得到广泛的应用。

Malmquist指数利用某一数据点相对普通技术的距离的比率来反映两点间TFP的变化。如果以t时期的技术作为参考点，那么t、s间的TFP变化指数可以表示为：

$$m_o^t(q_s, x_s, q_t, x_t) = \frac{d_o^t(q_t, x_t)}{d_o^t(q_s, x_s)}$$

如果s期的技术作为参考点，表示为：

$$m_o^s(q_s, x_s, q_t, x_t) = \frac{d_o^s(q_t, x_t)}{d_o^s(q_s, x_s)}$$

符号$d_o^s(q_t, x_t)$表示从t到s时期呈现出的技术距离。$m_o>1$说明TFP呈正增长，$m_o<1$说明TFP呈负增长。

法勒、格罗斯科普夫和鲁斯等对Malmquist指数模型展开了深入研究，将Malmquist指数分解为技术效率变化和技术效率进步[1]。Malmquist指数具体取上述两个指数的几何平均数。

$$m_o^s(q_s, x_s, q_t, x_t) = \left[\frac{d_o^s(q_t, x_t)}{d_o^s(q_s, x_s)} \times \frac{d_o^t(q_t, x_t)}{d_o^t(q_s, x_s)}\right]^{\frac{1}{2}}$$

Malmquist指数可表示为技术效率变化指数乘以技术进步指数：

$$m_o^s(q_s, x_s, q_t, x_t) \frac{d_o^t(q_t, x_t)}{d_o^s(q_s, x_s)} = \left[\frac{d_o^s(q_t, x_t)}{d_o^t(q_t, x_t)} \times \frac{d_o^s(q_s, x_s)}{d_o^t(q_s, x_s)}\right]^{\frac{1}{2}}$$

技术效率变化和技术进步指数具体表示为：

$$效率变化 = \frac{d_o^t(q_t, x_t)}{d_o^s(q_s, x_s)}$$

---

[1] Fare. R, Grosskopf. S, Lindgren, B, et al. Productivity Change in Swedish Pharmacies1980 –1989：ANonparametric Malmquist Approach［J］. Journal of Productivity Analysis，1992（3）：85-101.

$$技术进步 = \left[\frac{d_o^s(q_t, x_t)}{d_o^t(q_t, x_t)} \times \frac{d_o^s(q_s, x_s)}{d_o^t(q_s, x_s)} \right]$$

法勒等将技术效率变化分解为纯技术效率变化和规模效率变化。

$$纯效率变化 = \frac{d_o^t(q_t, x_t)}{d_o^s(q_s, x_s)}$$

$$规模效率变化 = \left[\frac{\dfrac{d_{ov}^t(q_t, x_t)}{d_{ot}^t(q_t, x_t)}}{\dfrac{d_{ov}^t(q_s, x_s)}{d_{oc}^t(q_s, x_s)}} \times \frac{\dfrac{d_{ov}^s(q_t, x_t)}{d_{oc}^s(q_t, x_t)}}{\dfrac{d_{ov}^s(q_s, x_s)}{d_{oc}^s(q_s, x_s)}} \right]^{\frac{1}{2}}$$

规模效率变化主要由两个不同时期规模效率变化的集合平均数计算得出。两个时期分别表示t、s时期的技术。下标v、s分别表示VRS和CRS的技术。

技术效率变化指数（TEC）反映了"相对效率"的变化情况。具体指"相对效率"在生产前沿面上的追赶程度。当TEC>1时，说明决策单元和参考点的差距在缩小；当TEC=1时，说明技术效率在相邻时期没有发生变化；当TEC<1时，说明决策单元和参考点的差距在加大。

技术进步指数（TP）重点反映了决策单元相邻时期资源配置技术水平的整体变化，具体用生产前沿面移动的幅度来表示。当TP>1时，说明技术水平呈现进步状态；当TP=1时，说明技术水平没有发生变化；当TP<1时，说明技术水平呈衰退趋势[1]。

二、影响因素的分析方法选取与模型构建

全民健身公共体育资源配置效率影响因素指标的选取主要从资源配置的内外部环境、运行机制等对配置行为的影响过程来选取。针对影响效率变化的因素进行干预和调控有助于缓解当前资源配置结构不均衡，配置规模整体不足的矛盾。此外，在对影响因素进行分析时应坚持宏观环境因素和微观作用机制相结合的原则，同时还应该考虑环境超系统对公共体育资源配置过程的影响。为了实现多层面、多角度对于公共体

---

[1] 刘伶俐.科技资源配置理论与配置效率研究[D].长春：吉林大学，2007：105.

育资源配置效率变化影响因素的分析，基于面板数据的随机效应模型用于效率变化影响因素的分析较为适合。

1. 基于面板数据[1]的计量模型

针对公共体育资源配置效率影响因素的分析主要基于面板数据的计量模型进行分析。具体模型如下式所示：

$$y_{it} = \alpha + x'_{it}\beta_i + \mu_i + \varepsilon_{it}, \quad i=1, 2, \cdots, N; \quad t=1, 2, \cdots, T$$

其中，α 表示截距，t 为时间维度，β_i 代表 $k \times 1$ 维系数向量；k 表示解释变量的个数；μ_i 代表个体效应，表示个体差异的变量的影响；随机误差项 ε_{it} 相互独立，且满足零均值，方差同为 σ^2 的假设，表示随个体和时间变化的因素影响。影响同时可以分为固定影响和随机影响，对应的模型即为固定效应模型和随机效应模型。

当 μ_i 为反映个体间差异的不同常数时，μ_i 概括了影响 y_{it} 的所有观察不到的时间上的影响因素。假设 $\alpha_i = \alpha + \mu_i$，固定效应模型具体如下：

$$y_{it} = \alpha_i + \chi'_{it}\beta_i + \varepsilon_{it}, \quad i=1, 2, \cdots, N; \quad t=1, 2, \cdots, T$$

当 μ_i 为表示个体间差异的随机向量时，假设 $\nu_{it} = \mu_i + \varepsilon_{it}$，随机效应模型具体如下：

$$y_{it} = \alpha + x'_{it}\beta_i + \nu_{it}, \quad i=1, 2, \cdots, N; \quad t=1, 2, \cdots, T$$

其中 ν_{it} 和 α_{it} 为相互独立的随机变量，两者是非相关的。

2. 基于面板数据计量模型的统计检验

在对固定效应模型和随机效应模型选择的过程多采用Hausman检验进行确定。

Hausman检验主要用于判定 μ_i 与 x'_{it} 之间的相关性。随机效应模型假定 $E(\alpha_i/x_{it})=0$ 即 α_i 与解释变量间不具有相关性。而固定效应模型允许相关性的存在。随机效应模型在计算过程中遗漏重要解释变量时，α_i 会与解释变量之间产生相关，导致GLS的估计不再是估计量。Hausman检验的具体思路是，当 $E(\alpha_i/x_{it})=0$ 时，对面板数据的GLS估计和协方差估计都是一致性估计量。当 $E(\alpha_i/x_{it}) \neq 0$ 时，两种估计的结果差异显著，采用固定效应模型较好。具体过程如下式所示：

---

[1] 北京会计学会. 面板数据模型及其在经济分析中的应用[M]. 北京：经济科学出版社，2008：3-5.

H_0：E（α_i/x_{it}）=0（随机效应）

H_0：E（α_i/x_{it}）=0（固定效应）

令

$$\hat{q} = \hat{\beta}_{CV} - \hat{\beta}_{GLS}$$

$$\text{COV}(\hat{q}) = \text{COV}(\hat{\beta}_{CV}) - \text{COV}(\hat{\beta}_{GLS})$$

可以证明，统计量M渐进分布于自由度为K的x^2。

H值越大，说明两种模型差异越明显，μ_i与x'_{it}的相关性越强[1]，选择固定效应模型较好；H值越小，μ_i与x'_{it}的相关性越弱，选择随机效应模型更佳。

本章小结

本章主要针对全民健身公共体育资源配置效率的概念和内涵展开了深入分析，同时建构了效率测评的指标体系，选择了效率测评的方法和模型。全民健身公共体育资源配置效率强调资源要素投入产出组合的转换效率。技术效率、纯技术效率、规模效率和配置效率综合构成了全要素生产率。

在文献分析的基础上，运用德尔菲法构建了效率评价的指标体系，该指标体系共包含2个一级指标、8个二级指标、11个三级指标。通过对内外部环境、运行机制的分析，选取10个具体指标作为影响效率变化的因素。选择数据包络分析方法（DEA）中的C^2R模型、超效率模型，结合Malmquist指数模型对资源配置的时间序列数据进行了效率测评，并基于面板数据，采用随机效应模型对影响效率变化的因素进行了分析。

---

[1] Greene，W. H. Econometric Analysis［M］. Upper Saddle River：Prentice Hall，2003.

第五章　全民健身公共体育资源配置效率实证研究

　　前文构建了全民健身公共体育资源配置效率评价的指标体系，选取和确定了效率测评的方法和模型。本章主要是基于前文的研究内容开展进一步的实证研究。实证研究的主体分为两个层面，一是基于省域层面和基层社区的全民健身公共体育资源配置效率的测评；二是对影响资源配置效率变化的因素进行分析。在深入分析效率动态变化的基础上，探索影响效率变化的内外部因素之间的区别与联系，以实现资源优化配置、效率提升的目标。

　　广义梯度理论认为社会经济生活中梯度存在范围广泛。梯度推移原理内含基于国家、区域、省域等不同层次内部在合作博弈过程中实现均衡的内在机理[1]。层次性是公共体育资源配置的外显形式，依据全民健身公共体育资源配置的规模，可以分为拥有千万人口以上的省域层面；几百万到几千万人口的城市层面；几十万到几百万人口的县域层面；几万人口到几十万人口的城镇、街道以及村落和基层社区居委会等层面[2]。

　　全民健身公共体育资源的配置过程是社区、街道、县域、省域到国家层面公共体育资源融合的过程。在对公共体育资源配置效率开展测评研究时不仅要强调资源配置过程中国家层面的宏观调控，还要兼顾社区、街道、县域、省域等的协调发展。不同层级全民健身公共体育资源配置的融合发展历程对实现公共体育资源的优化配置意义深远。在对全民健身公共体育资源效率进行测评时，主要从省域和基层社区两个层面进行测评。省域层面的测评主要基于面板数据对2013—2017年全民健身公共体育资源配置效率的变化趋势进行分析，发现资源配置效率变化过程中的规律，体现了效率测评过程中的动态变化趋势。基层社区的效率测评主要采用时间序列数据，如对2013—2018年郑州市全民健身公共体育资源配置的效率变化趋势进行测评，发现测评过程中效率不足的原因。基层社区全民健身公共体育资源配置效率的测评主要反映了测评主体间的差异性和协调性。

　　为了拓展影响公共体育资源配置效率的因素分析范围，主要从公共体育资源配置

---

[1] 刘伶俐.科技资源配置理论与配置效率研究[D].长春：吉林大学，2009.
[2] 唐忠新.中国城市社区建设概论[M].天津：天津人民出版社，2000：30.

的内外环境中选取相关指标纳入回归分析。分析数据主要是基于面板数据,采用随机效应模型对影响公共体育资源配置效率的因素进行分析。

第一节 省域全民健身公共体育资源配置效率实证分析

基于前文对于公共体育资源配置效率测评方法的选择和适度模型的选取,主要利用数据包络分析的C^2R模型、超效率模型和Malmquist指数模型对公共体育资源配置的效率进行有效测评。利用C^2R模型可以对如表5-1所示的效率进行有效的判断,但不利于对效率值为1的北京、上海、宁夏、江西等多个决策单元的效率变化情况进行深入的分析,同时对于同一决策单元不同年份的效率均为1的效率变化情况进行比较研究。基于C^2R模型对于资源配置效率测评中存在的局限性需要利用超效率模型对效率同为1的不同决策单元效率进行比较,以实现对于不同决策单元的有效排序,从而准确把握不同决策单元投入产出数据,为科学决策提供准确的信息。

基于C^2R模型和超效率模型的效率测评结果如表5-1、图5-1、表5-2、图5-2所示。2013—2017年全国31个省份的效率测评值整体不高,如表5-1所示,2013—2017年未有一个省份的效率值持续为1,仅有北京、江苏、江西、重庆、四川等省市在部分年份的效率测评值为1,当效率值为1时,表明该省在具体时间节点实现了资源配置的帕累托最优,表明投入产出实现了最优组合。2013—2017年有天津、湖北、湖南等省份效率测评值持续小于1,说明上述省份在公共体育资源配置过程中存在资源的闲置和浪费,或是存在着资源产出量不足等情况,需要从投入角度对资源投入的组合结构进行调整,以提高资源配置效率。

表5-1 基于C^2R模型的2013—2017年省域全民健身公共体育资源配置效率

省份	2013年效率	2014年效率	2015年效率	2016年效率	2017年效率	均值	排名
北京	1.000	0.315	1.000	1.000	1.000	0.863	10
天津	0.486	0.512	1.000	0.286	0.233	0.503	30
河北	0.595	1.000	1.000	1.000	1.000	0.919	5
上海	0.267	0.331	1.000	1.000	1.000	0.720	22
江苏	1.000	0.458	1.000	0.720	1.000	0.836	12
浙江	0.417	0.314	0.628	0.954	1.000	0.663	26
福建	1.000	0.504	0.78	0.937	0.512	0.747	20

（续表）

省份	2013年效率	2014年效率	2015年效率值	2016年效率	2017年效率	均值	排名
山东	1.000	1.000	1.000	0.304	0.412	0.743	21
广东	1.000	0.866	1.000	0.957	0.691	0.903	6
海南	0.922	0.607	1.000	0.237	0.318	0.617	28
东部均值	0.854	0.696	0.941	0.740	0.722	0.790	
山西	1.000	0.589	1.000	0.402	0.324	0.663	27
安徽	1.000	0.304	0.769	0.665	0.726	0.693	25
江西	0.661	1.000	1.000	1.000	1.000	0.932	4
河南	0.989	0.290	1.000	0.901	1.000	0.836	13
湖北	0.372	0.263	0.356	0.382	0.353	0.345	31
湖南	0.619	0.66	0.803	1.000	0.984	0.813	15
中部均值	0.910	0.775	0.821	0.725	0.736	0.793	
内蒙古	0.545	0.881	1.000	1.000	1.000	0.885	9
广西	0.894	0.664	0.74	1.000	1.000	0.860	11
重庆	1.000	0.801	1.000	1.000	1.000	0.960	2
四川	1.000	1.000	1.000	1.000	0.873	0.975	1
贵州	1.000	0.192	0.361	0.292	0.940	0.557	29
云南	1.000	0.685	0.827	1.000	0.380	0.778	17
西藏	1.000	1.000	0.128	1.000	1.000	0.826	14
陕西	1.000	0.229	1.000	0.738	0.557	0.705	24
甘肃	0.783	1.000	1.000	1.000	0.673	0.891	8
青海	0.264	0.543	0.985	1.000	1.000	0.758	19
宁夏	0.687	1.000	1.000	1.000	1.000	0.937	3
新疆	1.000	1.000	1.000	0.488	1.000	0.898	7
西部均值	0.919	0.879	0.837	0.877	0.869	0.876	
辽宁	0.868	0.336	0.683	0.658	1.000	0.709	23
吉林	1.000	0.362	1.000	0.825	0.581	0.754	19
黑龙江	1.000	0.390	1.000	1.000	0.566	0.791	16
东北均值	1.000	0.675	0.894	0.828	0.716	0.823	
年均值	0.818	0.616	0.873	0.799	0.778		

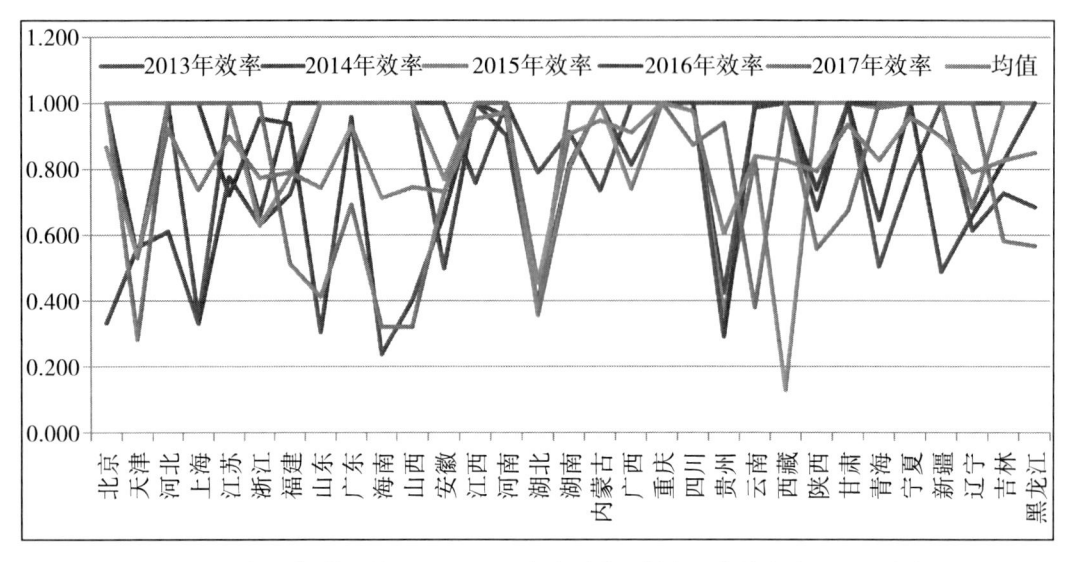

图5-1 基于C^2R模型的2013—2017年省域全民健身公共体育资源配置效率

表5-2 基于超效率模型的2013—2017年省域全民健身公共体育资源配置效率

省份	2013年效率	2014年效率	2015年效率	2016年效率	2017年效率	均值
北京	13.49[2]	0.332[30]	1.813[12]	1.347[13]	1.607[11]	3.718[4]
天津	0.531[29]	0.562[26]	1.025[19]	0.286[30]	0.282[31]	0.537[30]
河北	1.127[21]	0.610[25]	1.513[14]	1.430[12]	2.410[5]	1.418[17]
上海	0.348[31]	0.331[31]	1.557[13]	4.654[2]	7.644[1]	2.907[7]
江苏	1.436[16]	0.776[17]	1.108[16]	0.720[22]	1.666[9]	1.141[21]
浙江	0.656[28]	0.630[23]	0.628[28]	0.954[17]	1.271[13]	0.828[28]
福建	1.270[18]	0.723[19]	0.780[24]	0.937[18]	0.512[25]	0.844[27]
山东	8.595[3]	5.511[3]	2.113[6]	0.304[28]	0.412[26]	3.387[5]
广东	1.597[13]	1.040[12]	1.072[17]	0.957[16]	0.691[20]	1.071[23]
海南	2.416[8]	2.352[8]	2.073[8]	0.237[31]	0.321[30]	1.480[16]
山西	2.483[7]	3.345[4]	2.036[9]	0.402[26]	0.324[29]	1.718[11]
安徽	1.785[10]	0.498[27]	0.769[25]	0.665[23]	0.726[19]	0.889[25]
江西	0.758[26]	12.917[1]	14.127[1]	1.939[7]	1.792[7]	6.307[2]
河南	1.392[17]	0.960[14]	1.172[15]	0.901[19]	1.628[10]	1.211[20]
湖北	0.790[24]	0.378[29]	0.356[30]	0.382[27]	0.365[28]	0.454[31]
湖南	0.912[23]	0.815[15]	0.803[23]	1.630[10]	1.027[16]	1.037[24]

（续表）

省份	2013年效率	2014年效率	2015年效率	2016年效率	2017年效率	均值
内蒙古	0.735[27]	2.186[9]	2.077[7]	1.793[9]	1.168[15]	1.592[14]
广西	1.730[12]	0.813[16]	0.740[26]	1.332[14]	1.693[8]	1.262[19]
重庆	1.495[14]	2.419[7]	2.377[4]	1.808[8]	2.860[4]	2.192[9]
四川	3.360[5]	3.123[6]	2.178[5]	2.258[6]	0.873[18]	2.358[8]
贵州	1.147[20]	0.425[28]	0.361[29]	0.292[29]	0.940[17]	0.633[29]
云南	22.018[1]	0.986[13]	0.827[22]	1.232[15]	0.380[27]	5.089[3]
西藏	6.69[4]	1.159[11]	0.128[31]	4.110[3]	3.194[3]	3.056[6]
陕西	1.761[11]	0.675[21]	1.954[10]	0.738[21]	0.557[24]	1.137[22]
甘肃	1.442[15]	1.723[10]	1.034[18]	1.515[11]	0.673[21]	1.277[18]
青海	0.504[30]	0.645[22]	0.985[21]	3.742[4]	2.234[6]	1.622[13]
宁夏	0.784[25]	11.651[2]	1.929[11]	17.137[1]	5.615[2]	7.423[1]
新疆	2.274[9]	3.218[5]	3.008[3]	0.488[25]	1.370[12]	2.072[10]
辽宁	1.060[22]	0.614[24]	0.683[27]	0.658[24]	1.214[14]	0.846[26]
吉林	1.187[19]	0.727[18]	4.344[2]	0.825[20]	0.581[23]	1.533[15]
黑龙江	3.064[6]	0.685[20]	1.022[20]	3.164[5]	0.566[23]	1.700[12]
年均值	2.866	2.027	1.826	1.898	1.503	

注：右上角为当年排名。

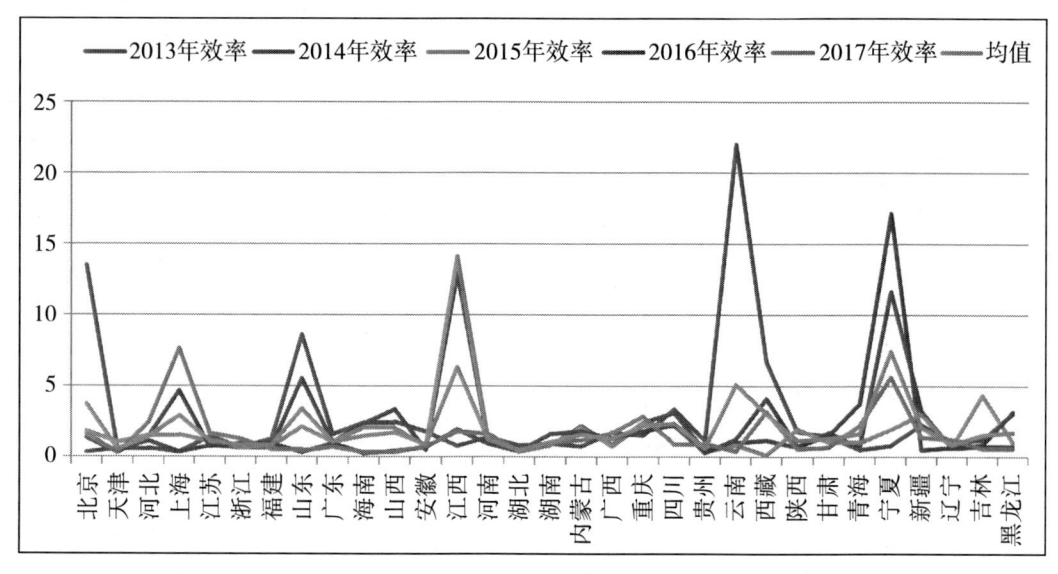

图5-2 基于超效率模型的2013—2017年省域全民健身公共体育资源配置效率

一、基于C²R模型的省域全民健身公共体育资源配置效率测评

本课题效率测评的面板数据主要来源于《体育事业统计年鉴》（2013—2017年），具体测评的决策单元是全国31个省、市、自治区（港澳台地区未列入测评范围）。在对31个省市区的公共体育资源配置效率测评过程中，对各决策单元主要采用东部、西部、中部、东北4个区域的分布方法。其中东部地域由北京、天津、上海等10个省市构成；中部地区由河南、湖北、江西等6个省构成；西部地区由内蒙古、广西、重庆等12个省市区构成；东北地区由辽宁、吉林、黑龙江3个省构成。

由表5-1、图5-1的具体测评结果，发现2013—2017年全民健身公共体育资源配置效率呈波浪形变化趋势，2013年的效率测评均值为0.818，2014年效率测评均值有明显的下降（0.616），2015年效率测评均值最高（0.873），随后2016年和2017年的效率测评均值又有小幅的下降。从分布地区来看，2013年区域分布的效率测评值东北（1.000）＞西部（0.919）＞中部（0.910）＞东部（0.854）。2013年共有16个决策单元（省份）的效率测评为1，说明上述决策单元的投入产出的组合为最优模式；另有15个决策单元的效率测评值为0.264～0.922，说明上述15个决策单元在公共体育资源配置过程中仍存在资源的闲置或浪费情况。2014年区域分布的效率测评值西部（0.879）＞中部（0.775）＞东部（0.696）＞东北（0.675）。2014年共有8个决策单元（省份）的效率测评值为1，说明上述8个省份的投入产出实现了最优组合；另有23个省份未实现资源的优化配置，其效率值为0.192～0.881，需要对资源要素投入的组合模式进行优化，以实现效率提升。2015年区域分布的效率测评值东部（0.941）＞东北（0.894）＞西部（0.837）＞中部（0.821）。2015年共有20个决策单元的效率测评值为1，表明多个省份在2015年对公共体育资源要素投入组合的结构进行了优化调整，多数省份效率值有大幅提升。但仍有11个决策单元的效率值小于1，为0.356～0.985。2016年区域分布的效率测评值西部（0.877）＞东北（0.828）＞东部（0.740）＞中部（0.725）。2016年共有15个决策单元的效率测评值为1，表明有5个省份在资源要素的投入组合水平上略有下降。另有16个决策单元的效率值小于1，为0.286～0.957。2017年区域分布的效率测评值西部（0.869）＞中部（0.736）＞东部（0.722）＞东北（0.716）。2017年共有15个决策单元的效率测评值为1，说明2017年资源配置效率的整体情况与上一年度持平，另有16个决策单元的效率测评值小于1，为0.318～0.984。

从2013—2017年31个省份效率测评的结果来看，重庆、四川、北京、江西等多个

省份有连续多年的效率测评值为1，说明上述省份在公共体育资源配置过程中整体的效率较好。受C^2R模型对决策有效单元不能深入分析的限制，需要超效率模型对有效决策单元的效率进行更进一步的分析。从整体上来看，2013—2017年未有省份实现连续资源配置效率的有效，其效率均值为0.503~0.975。

二、基于超效率模型的省域全民健身公共体育资源配置效率测评

由于C^2R模型在对同质的决策单元进行效率测评时，仅能对决策单元的有效和无效进行判断，效率测评值为1的表示位于生产前沿面上，效率测评值小于1的表示决策单元资源配置过程中是无效的。全民健身公共体育资源配置效率测评的首要任务是区分有效和无效的省份，其次还需要对31个省份的资源配置效率进行排序。C^2R模型在区分出有效和无效的省份后，不能对同处于生产前沿面上的省份进一步深入分析。因此，利用超效率模型对有效的省份加以区分就成为研究的必然选择。

通过超效率模型测算31个省份的公共体育资源配置效率具体如表5-2、图5-2。基于超效率模型的2013—2017年效率测评均值依次为2.866、2.027、1.826、1.898、1.503。其中2013—2015年效率测评值逐年下降，2016年有小幅的提升，2017年持续下降，2013—2017年公共体育资源配置的效率呈波浪形趋势。2013年的效率测评值为0.348~22.018，云南（22.018）最高，上海（0.348）最低，共有河北（1.127）、江苏（1.436）、福建（1.270）、海南（2.416）等22个省份的效率测评值大于1，另有浙江（0.656）、江西（0.758）、青海（0.504）等9个省份的效率测评值小于1。2014年的超效率测评值为0.331~12.917，江西（12.917）最高，上海（0.331）最低，共有山东（5.511）、广东（1.040）、山西（3.345）、内蒙古（2.186）等12个省份的超效率值大于1，另有北京（0.332）、河北（0.610）、江苏（0.776）、浙江（0.630）等19个省份的超效率值小于1。2015年的效率测评值为0.128~14.127，江西（14.127）最高，西藏（0.128）最低，共有天津（1.025）、上海（1.557）、山东（2.113）、河南（1.172）等20个省份的效率测评值大于1，另有浙江（0.628）、福建（0.780）、安徽（0.769）等11个省份的效率测评值小于1。2016年的超效率测评值为0.237~17.137，宁夏（17.137）最高，海南（0.237）最低，共有上海（4.654）、江西（1.939）、湖南（1.630）、内蒙古（1.793）等15个省份的超效率测评值大于1，另有江苏（0.720）、浙江（0.954）、福建（0.937）等16个省份的超效率测评值小于1。2017年的超效率测评值为0.282~7.644，上海（7.644）最高，天津（0.282）最低，共有江西（1.792）、河南（1.628）、内蒙古（1.168）、青海

（2.234）等16个省份的超效率测评值大于1，另有福建（0.512）、山东（0.412）、广东（0.691）等15个省份的超效率测评值小于1。

三、2013—2017年省域全民健身公共体育资源配置效率评价

1. 聚类分析

基于超效率模型对31个省份的资源配置效率进行了有效测评，为探索不同省份效率测评值的趋同关系，借助SPSS 22.0对2013—2017年超效率测评值进行了聚类分析。具体分析步骤为：分析—分类—系统聚类，选取组间连接法为具体聚类方法。

运用SPSS 20.0对2013—2017年公共体育资源配置效率的聚类分析发现，可以将效率测评值聚集成5个不同的类别。第一是能够保持效率测评值较高的3个省份，分别是江西、宁夏、重庆；第二是效率测评值较高，同时保持上升的省份，分别是上海和北京；第三是效率测评值较高，但持续下降的省份，分别是山东和云南；第四是效率测评值较高，但存在波动性的省份，分别是新疆、四川和吉林；第五为效率较低的省份，共由辽宁、广东、江苏等21个省市区构成（图5-3）。

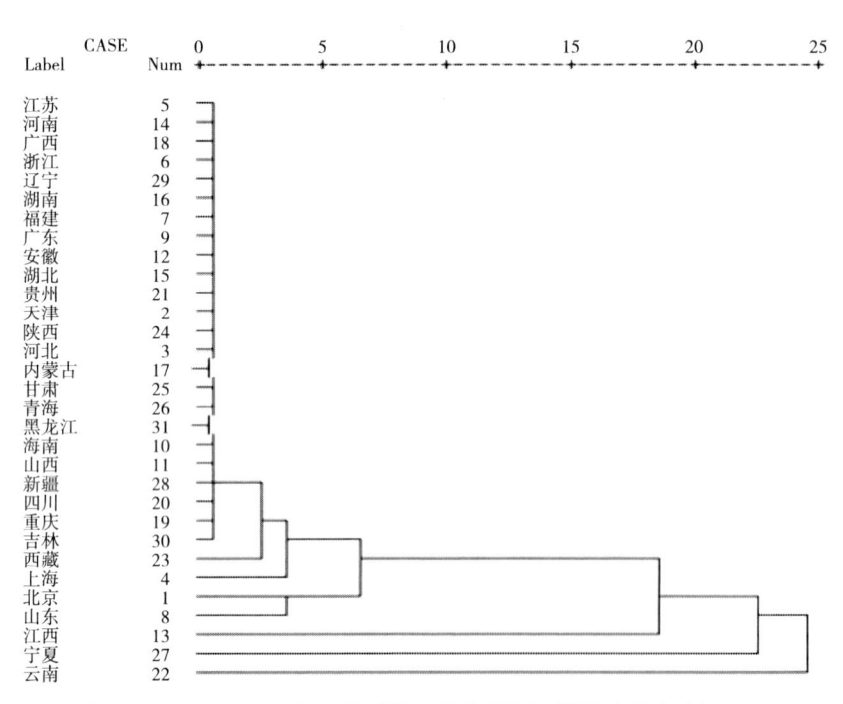

图5-3 2013—2017年31省域社区体育资源配置效率聚类分析图

通过对2013—2017年超效率测评值的聚类结果的深入分析，认为近五年能够保持超效率测评值较高的省份不多，仅有江西、宁夏、重庆等省市区的资源配置保持着高效率，北京、上海的效率测评值保持着持续上升的态势，说明上述两市资源配置的过程中在不断地调整资源要素投入产出的结构，逐步实现了资源配置的优化过程。另有山东、云南两省效率测评结果维持较高，但呈持续下降趋势，表明上述两省在投入规模日益增加的同时，产出未能随投入的增长而增长。新疆、四川、吉林三省区的效率测评值较高，但存在着波动情况，不能维持相对稳定的状态。最后，效率较低的省份居多，共有21个省市区的效率测评值持续较低，需考虑投入产出结构的调整，以实现效率值的不断攀升（表5-3）。

表5-3 2013—2017年31省域全民健身公共体育资源配置效率聚类分析表

效率持续高	江西、宁夏、重庆
效率较高、持续上升	北京、上海
效率较高、持续下降	山东、云南
效率较高、波动	新疆、四川、吉林
效率较低	辽宁、黑龙江、浙江、广东、江苏、天津、福建、海南、湖北、湖南、河北、河南、安徽、内蒙古、青海、甘肃、广西、陕西、山西、贵州、西藏

整体来看，东部地区能够保持公共体育资源配置效率较高的省市不多，从投入角度来看，存在投入规模日益增长的情况下，产出随投入增长而持续增长的机制尚未形成。资源配置过程中存在着资源的闲置、浪费和投入产出结构组合非优化等综合问题。西部地区的效率测评值能够保持较高的省份有4个，分析发现上述4个省市虽呈现效率值较高，其存在着产出规模相对稳定状态下，投入规模相对较小，呈现出资源配置的高效率，其规模效率可能未在生产过程的前沿面上，中部地区和东部地区整体效率测评值较高的省份不多，仅有江西和吉林能够保持效率较高的趋势。

2. 排名的变化

通过2013—2017年效率测评结果的排序情况可以发现，31个省市区效率测评排序也发生了不同程度的变化（见表5-2）。上海、宁夏、重庆、河北等省市区的排名情况持续攀升，上海的攀升幅度最为明显，宁夏从25名攀升到第1名，重庆从第14名攀升到第4名，河北从第21名攀升到第5名。山东、云南等省市的排名持续下降，山东从第3名下降到第26名，云南从第1名下降到第27名。天津、湖北等省市的排名持续靠后，黑龙江、甘肃等省市的排名呈波浪起伏。

四、基于Malmquist指数模型的全民健身公共资源配置效率变化

为了深入探究不同省份效率测评结果变化的趋势以及影响效率不断变化的内部因素，应用Malmquist指数模型对2013—2017年公共体育资源配置的全要素生产率、技术效率的变化、技术进步水平指数、规模效率的变化等进行了有效的测评。其中技术效率变化指数是指某一决策单元后一年相对于前一年技术效率的整体变化情况。技术进步水平指数具体指某一决策单元后一年相对于前一年技术进步的整体情况，相当于生产前沿面前移后影响的产出量的增加。规模效率具体指资源要素投入规模增长对全要素生产率的影响，技术效率具体指资源配置过程中技术作用的影响程度，技术效率值的大小反映了资源配置过程中新技术应用和推广的程度[1]。基于Malmquist指数模型的效率测评结果如表5-4所示，为了对不同地域间效率值进行比较，继续沿用前文对于31个省市的划分，分别包括东部、中部、西部、东北4个地区。

表5-4　2013—2017年省域公共体育资源配置的Malmquist指数（均值）

省份	技术效率变化	技术进步水平	纯技术效率变化	规模效率变化	全要素生产率
北京	1.000	0.610	1.000	1.000	0.610
天津	0.853	0.660	1.049	0.813	0.563
河北	1.000	0.790	1.000	1.000	0.790
上海	1.302	1.244	1.298	1.003	1.620
江苏	1.000	1.011	1.000	1.000	1.011
浙江	1.111	0.925	1.111	1.001	1.028
福建	0.846	0.713	0.907	0.933	0.603
山东	0.801	0.702	0.811	0.987	0.562
广东	0.912	0.726	0.913	0.998	0.662
海南	0.752	0.711	0.979	0.768	0.535
东部均值	0.958	0.809	1.007	0.950	0.798
山西	0.755	0.640	0.877	0.860	0.483

---

[1] 杨向阳. 中国服务业发展方式转变的实证研究——基于效率视角[M]. 南京：南京大学出版社，2011：124-125.

（续表）

省份	技术效率变化	技术进步水平	纯技术效率变化	规模效率变化	全要素生产率
安徽	0.923	0.723	0.936	0.986	0.668
江西	1.072	0.904	1.049	1.021	0.969
河南	1.000	0.792	1.000	1.000	0.792
湖北	0.824	0.898	0.833	0.990	0.741
湖南	1.023	0.846	1.006	1.017	0.865
中部均值	0.933	0.801	0.950	0.979	0.753
内蒙古	1.080	0.897	1.057	1.022	0.969
广西	1.000	0.781	1.000	1.000	0.781
重庆	1.000	0.934	1.000	1.000	0.934
四川	0.967	0.896	0.975	0.991	0.866
贵州	0.985	0.631	1.000	0.985	0.621
云南	0.785	0.539	0.807	0.973	0.423
西藏	1.000	0.935	1.000	1.000	0.935
陕西	0.864	0.742	1.000	0.864	0.641
甘肃	0.906	0.689	0.949	0.954	0.624
青海	1.187	0.717	1.000	1.187	0.851
宁夏	1.063	0.610	1.000	1.063	0.649
新疆	1.000	0.761	1.000	1.000	0.761
西部均值	0.986	0.761	0.982	1.003	0.755
辽宁	1.000	0.879	1.000	1.000	0.879
吉林	0.873	0.626	0.904	0.965	0.547
黑龙江	0.868	0.741	0.935	0.927	0.643
东北均值	0.914	0.749	0.946	0.964	0.690
均值	0.952	0.771	0.977	0.975	0.734

1. 东部地区的全要素生产率变化分析

基于2013—2017年我国31个省份公共体育资源配置的面板数据，对公共体育资源配置的全要素生产率及其内含指数进行了分析。2013—2017年我国公共体育资源配置的全要素生产率下降幅度明显（-26.6%），进一步分析发现，全要素生产率的下降受技术进步水平指数（-22.9%）影响最大，同时受技术效率变化（-4.8%）、规模效率变化（-2.5%）、纯技术效率变化（-2.3%）等综合影响。从效率测评结果来看，近5年技术效率变化、规模效率变化、纯技术效率变化等效率值的略微下降对全要素生产率的影响幅度较小，全要素生产率的下降主要受技术进步水平指数明显下降的影响（见表5-4）。

随着"全民健康"和"体育强国"双国家战略的落实，在全民健身公共体育资源配置过程中，资源要素投入的整体水平不断提升，粗放式的资源配置方法影响了资源投入要素之间合理结构的形成，同时技术进步水平指数的下降表明在资源配置过程中需集中强化结构的优化、投入产出结构的调整，积极引入市场机制参与公共体育资源配置的过程，利用市场的力量深化资源配置的潜力，提高技术进步水平，进而提高资源配置的整体效率。

东部地区10个省市2013—2017年的全要素生产率（TFP）下降了20.2%，主要受技术效率变化指数（-4.2%）、技术进步水平指数（-19.1%）、规模效率变化指数（-5.0%）的综合影响，纯技术效率（0.07%）的略微提升对全要素生产率的影响较小（见表5-4）。

整体来看东部地区共有上海、江苏、浙江3个省市的全要素生产率呈现增长趋势，其中江苏全要素生产率的增长受技术进步水平指数（1.1%）的影响较大，上海受技术效率变化（30.2%）、技术进步水平指数（24.4%）、纯技术效率变化（29.8%）、规模效率变化（0.3%）等综合影响，浙江在技术进步水平指数（-7.5%）小幅下降的影响下，技术效率变化（11.1%）、纯技术效率变化（11.1%）的影响程度较为明显，使浙江的全要素生产率也有小幅的增长。此外，北京（-39%）、天津（-42.7%）、河北（-21%）、福建（-39.7%）、山东（-43.8%）、广东（-33.8%）、海南（-46.5%）7个省市的全要素生产率呈下降趋势。其中北京、河北仅受技术进步水平指数（-39%、-21%）下降的影响，天津在纯技术效率变化略有提升的情况下，主要受技术效率变化（-14.7%）、技术进步水平指数（-34%）、规模效率变化（-18.7%）等综合影响。福建、山东、广东、海南受技术效率变化、技术进步水平指数、纯技术效率变化、规模效率变化等综合指数下降的影响。

以上是针对31个省份Malmquist指数的均值变化情况的分析，2013—2017年每年技术效率变化、技术进步水平指数及Malmquist指数的年际间变化如表5-5～表5-7所示。2014—2015年、2016—2017年东部地区技术效率变化指数有一定的提升，其中2014—2015年技术效率变化指数（58.2%）有较大幅度的提升。北京、天津、上海、河北、江苏等省市在2014—2015年的技术效率变化指数提升幅度明显，随后有一定幅度的下降或保持上一年的水平。山东、福建、海南在2013—2014年、2014—2015年持平，随后均有不同程度的下降。东部地区2013—2014年的技术进步水平指数提高了3.2%，随后2014—2015年、2015—2016年、2016—2017年的技术进步水平指数均呈不同幅度的下降趋势。各省份仅上海市在2013—2014年、2015—2016年、2016—2017年的技术进步水平指数呈较大幅度的提高。天津、江苏、浙江在2013—2014年也有一定的增长，随后均呈下降趋势。北京、广东、海南在年际间的技术进步水平指数均呈现负增长。2014—2015年的Malmquist指数（24%）有较大幅度的提升，仅上海市Malmquist指数在2013—2017年均呈现增长趋势。北京、河北、江苏仅在2014—2015年的Malmquist指数呈增长趋势，天津、山东仅在2013—2014年呈增长趋势，剩余年际间均有不同程度的下降，浙江除2015—2016年有一定幅度的下降外，其余年际间均有一定程度的提升，广东、海南、福建年际间Malmquist指数均呈下降趋势。通过对全要素生产率及其内含指标的分析发现，东部地区全要素生产率的下降受技术进步水平指数下降的影响较大，同时技术效率变化对公共体育资源配置的全要素生产也有一定的影响。总之，随着公共体育资源配置投入规模的不断增大，亟须在配置的方法上进行调整，在资源要素的投入结构上不断优化，以促进技术进步水平指数的不断提升。

表5-5 2013—2017年我国省域层面公共体育资源配置的技术效率变化指数

省份	2013—2014	2014—2015	2015—2016	2016—2017
北京	0.332	3.012	1.000	1.000
天津	1.058	1.780	0.286	0.984
河北	0.610	1.639	1.000	1.000
上海	0.950	3.022	1.000	1.000
江苏	0.776	1.289	0.720	1.389
浙江	0.960	0.997	1.520	1.048
福建	0.723	1.079	1.201	0.547
山东	1.000	1.000	0.304	1.356
广东	1.000	1.000	0.957	0.722
海南	1.000	1.000	0.237	1.351
东部均值	0.841	1.582	0.823	1.040
山西	1.000	1.000	0.402	0.806

（续表）

省份	2013—2014	2014—2015	2015—2016	2016—2017
安徽	0.498	1.544	0.865	1.092
江西	1.319	1.000	1.000	1.000
河南	0.960	1.042	0.901	1.109
湖北	0.478	0.942	1.072	0.956
湖南	0.893	0.986	1.245	1.000
中部均值	0.858	1.086	0.914	0.994
内蒙古	1.360	1.000	1.000	1.000
广西	0.813	0.910	1.352	1.000
重庆	1.000	1.000	1.000	1.000
四川	1.000	1.000	1.000	0.873
贵州	0.425	0.850	0.809	3.218
云南	0.986	0.839	1.210	0.380
西藏	1.000	0.128	7.823	1.000
陕西	0.675	1.482	0.738	0.755
甘肃	1.000	1.000	1.000	0.673
青海	1.281	1.526	1.015	1.000
宁夏	1.276	1.000	1.000	1.000
新疆	1.000	1.000	0.488	2.051
西部均值	0.985	0.978	1.536	1.163
辽宁	0.614	1.112	0.963	1.521
吉林	0.727	1.376	0.825	0.704
黑龙江	0.685	1.459	1.000	0.566
东北均值	0.906	1.136	1.159	1.075

表5-6　2013—2017年我国省域层面公共体育资源配置的技术进步指数

省份	2013—2014	2014—2015	2015—2016	2016—2017
北京	0.568	0.494	0.773	0.638
天津	1.504	0.519	0.795	0.306
河北	0.849	1.159	0.613	0.645
上海	1.434	0.826	1.441	1.404

（续表）

省份	2013—2014	2014—2015	2015—2016	2016—2017
江苏	1.088	0.940	1.105	0.924
浙江	1.415	1.018	0.454	1.118
福建	0.636	0.733	0.529	1.050
山东	1.012	0.982	0.430	0.568
广东	0.963	0.690	0.617	0.679
海南	0.847	0.902	0.470	0.713
东部均值	1.032	0.826	0.723	0.805
山西	0.797	0.640	1.009	0.327
安徽	0.885	0.844	0.685	0.534
江西	3.529	0.555	0.335	1.020
河南	1.011	1.071	0.554	0.656
湖北	1.397	0.974	0.873	0.549
湖南	1.419	0.865	0.635	0.656
中部均值	1.506	0.825	0.682	0.624
内蒙古	1.052	0.789	0.912	0.857
广西	0.792	0.827	0.476	1.192
重庆	1.542	0.660	0.722	1.036
四川	1.528	0.828	0.705	0.722
贵州	0.824	0.647	1.054	0.281
云南	0.385	0.697	0.993	0.318
西藏	1.423	0.851	1.202	0.526
陕西	0.731	0.639	0.576	1.126
甘肃	1.012	0.592	1.150	0.327
青海	0.943	0.806	0.945	0.367
宁夏	1.670	0.272	1.403	0.218
新疆	1.332	0.959	1.028	0.255
西部均值	1.103	0.714	0.931	0.602
辽宁	1.219	0.862	0.963	0.590
吉林	0.914	1.332	0.240	0.528
黑龙江	0.701	1.019	1.055	0.400
东北均值	0.945	1.071	0.753	0.506

表5-7　2013—2017年31个省域公共体育资源配置的Malmquist指数

省份	2013—2014	2014—2015	2015—2016	2016—2017
北京	0.189	1.488	0.773	0.638
天津	1.591	0.924	0.227	0.301
河北	0.518	1.900	0.613	0.645
上海	1.362	2.496	1.441	1.404
江苏	0.844	1.211	0.796	1.283
浙江	1.359	1.015	0.690	1.172
福建	0.460	0.790	0.635	0.574
山东	1.012	0.982	0.131	0.770
广东	0.963	0.690	0.591	0.490
海南	0.847	0.902	0.112	0.963
东部均值	0.915	1.240	0.601	0.824
山西	0.797	0.640	0.406	0.263
安徽	0.441	1.304	0.592	0.583
江西	4.654	0.555	0.335	1.020
河南	0.970	1.116	0.499	0.728
湖北	0.668	0.918	0.936	0.525
湖南	1.267	0.853	0.791	0.656
中部均值	1.466	0.898	0.593	0.629
内蒙古	1.431	0.789	0.912	0.857
广西	0.644	0.752	0.643	1.192
重庆	1.542	0.660	0.722	1.036
四川	1.528	0.828	0.705	0.630
贵州	0.350	0.550	0.853	0.904
云南	0.380	0.584	1.201	0.121
西藏	1.423	0.109	9.401	0.526
陕西	0.493	0.947	0.425	0.850
甘肃	1.012	0.592	1.150	0.220
青海	1.208	1.230	0.960	0.367
宁夏	2.131	0.272	1.403	0.218

（续表）

省份	2013—2014	2014—2015	2015—2016	2016—2017
新疆	1.332	0.959	0.501	0.523
西部均值	1.123	0.689	1.573	0.620
辽宁	0.749	0.958	0.927	0.897
吉林	0.664	1.832	0.198	0.372
黑龙江	0.480	1.488	1.055	0.227
东北均值	0.631	1.426	0.727	0.499

2. 中部地区的全要素生产率变化分析

中部地区6个省2013—2017年的全要素生产率（TFP）下降了24.7%，主要受技术效率变化指数（-6.7%）、技术进步水平指数（-19.9%）、纯技术效率（5.0%）、规模效率变化指数（-2.1%）的综合影响（见表5-4）。

中部地区6个省的全要素生产率均呈下降趋势，其中江西、湖南在技术进步水平指数（-9.6%、-15.4%）略微下降的情况下，技术效率变化（7.2%、2.3%）、纯技术效率变化（4.9%、0.6%）、规模效率变化（2.1%、1.7%）等均有一定幅度增长，而技术进步水平指数明显影响更大。河南在技术效率变化、纯技术效率变化和规模效率保持相对恒定的情况下，技术进步水平指数（-20.8%）下降明显，从而影响了全要素生产率的提升。山西、安徽、湖北受技术效率变化、技术进步水平指数、纯技术效率变化以及规模效率变化综合下降的影响，上述三省的全要素生产率均呈下降趋势。

前文是针对31个省份Malmquist指数的均值变化情况的分析，2013—2017年技术效率变化、技术进步水平指数及Malmquist指数的年际间变化，见表5-5～表5-7。中部地区在2014—2015年技术效率变化指数提升了8.6%，其中安徽、河南两省在2014—2015年、2016—2017年，技术效率有一定幅度的提升，江西在2013—2014年技术效率呈增长趋势，其余年份均保持相对持平，湖南、湖北在2015—2016年、2016—2017年的技术效率变化呈增长趋势。中部地区的技术进步水平指数在2013—2014年有较大幅度的增长，随后呈逐年下降趋势，江西、河南、湖北、湖南等省2013—2014年的技术进步水平指数有一定提升，随后呈下降趋势，山西省在2015—2016年技术进步水平指数有一定幅度的增长，安徽省的技术进步水平指数在年际间呈下降趋势。中部6个省份Malmquist指数在2013—2014年提升了46.6%，其余年际间均呈下降趋势，安徽、河南在2014—2015年的Malmquist指数水平分别提升了30.4%、11.6%，湖南在2013—

2014年的Malmquist指数提升了26.7%，其余省份年际间Malmquist指数均呈下降趋势。

针对中部地区6个省市全要素生产率均值及年际间变化的分析，2013—2014年有较大幅度的提升，其后几年均有不同幅度的下降。全要素生产率下降主要受技术进步水平指数下降的影响，技术效率变化、规模效率变化对全要素生产率的提升也有一定的影响。

3. 西部地区的全要素生产率变化分析

西部地区12个省市区2013—2017年的全要素生产率（TFP）下降了24.5%，主要受技术效率变化指数（-1.4%）、技术进步水平指数（-23.9%）、纯技术效率（-2.8%）的综合影响，规模效率变化指数（0.3%）的略微提升对全要素生产率的影响较小（见表5-4）。

整体来看西部12个省市区的全要素生产率均呈下降趋势。内蒙古、青海、宁夏、新疆四省区在技术效率变化、纯技术效率变化以及规模效率上均呈增长趋势，在技术进步水平指数上有较大幅度的下降，影响了全要素生产率的整体增长。广西、重庆、西藏3个市区在技术效率变化、纯技术效率变化、规模效率变化等保持相对恒定的情况下，技术进步水平指数的下降影响了全要素生产率的提升。四川、贵州、云南、陕西、甘肃五省区在技术效率变化、纯技术效率变化、规模效率变化、技术进步水平指数上均呈下降趋势，影响着全要素生产率的提升。

针对31个省份Malmquist指数的均值变化情况的分析，2013—2017年技术效率变化、技术进步水平指数及Malmquist指数的年际间变化见表5-5～表5-7。2015—2016年、2016—2017年的技术效率变化指数分别增长了53.6%和16.3%，内蒙古、重庆、甘肃、宁夏、重庆、新疆六省市区在多数年际间保持技术效率变化相对恒定或小幅的提升，云南、陕西两省仅在2014—2015年的技术效率变化保持增长，多数年份技术效率均呈下降趋势。内蒙古、四川仅在2013—2014年的技术进步水平指数呈增长趋势，甘肃、西藏、宁夏、新疆四省区在2013—2014年、2015—2016年的技术进步水平指数呈增长趋势，广西、陕西、重庆、贵州、青海等省市区在技术进步水平指数上呈波动趋势。2013—2014年、2015—2016年Malmquist指数分别增长了12.35%、57.3%，2014—2015年、2016—2017年Malmquist指数分别下降了31.1%、38%。西部各省市区在Malmquist指数的年际间变化呈波动趋势。内蒙古、四川仅在2013—2014年的Malmquist指数呈增长趋势，甘肃、西藏、宁夏、新疆四省区在2013—2014年、2015—2016年的Malmquist指数呈增长趋势，广西、陕西、重庆、贵州、青海等省市区在技术进步水平指数上呈波动趋势。总之，从上述关于西部地区12个省市区关于全要素生产率及其年际间的变化趋势上来看，西部各省份全要素生产率的下降主要受技术进步水平指数的影响较大，且在2014—2015年的技术效率、技术进步水平、规模效率等均呈明显下降趋势，最终影响了西部地区全要素生产率的提升。

4. 东北地区的全要素生产率变化分析

东北地区3个省2013—2017年的全要素生产率（TFP）下降了35.7%，主要受技术效率变化指数（-8.6%）、技术进步水平指数（-25.1%）、纯技术效率变化指数（-5.4%）、规模效率变化指数（-3.6%）的综合影响（见表5-4）。

整体来看东北地区3个省的全要素生产率均呈下降趋势。辽宁省在技术效率变化、纯技术效率变化以及规模效率变化保持相对恒定的情况下，技术进步水平指数（-12.1%）的下降对全要素生产率的影响较为明显。吉林、辽宁两省在技术效率、技术进步水平指数、规模效率、纯技术效率上均呈下降趋势，影响着全要素生产率的提升。2014—2015年、2015—2016年、2016—2017年技术效率变化指数分别提高了13.6%、15.9%、7.5%，仅2013—2014年技术效率变化指数（9.4%）呈下降趋势。2014—2015年技术进步水平指数有小幅的提升，2013—2014年、2015—2016年、2016—2017年技术进步水平指数均呈负增长趋势。受技术进步水平指数的影响，东北地区3个省的Malmquist指数仅在2014—2015年呈上升趋势，2013—2014年、2015—2016年、2016—2017年Malmquist指数均有较大幅度的下降。研究发现东北地区3个省全要素生产率下降受资源配置过程中技术进步水平指数的影响较为明显，为了实现资源配置效率的整体提升，需在内部配置结构、资源要素投入产出规模上进一步优化组合，提升公共体育资源配置的技术进步水平。

第二节　郑州市基层社区全民健身公共体育资源效率测评

前文对全民健身公共体育资源配置效率测评的指标体系的构建、测度方法及测评模型的选择进行了详细阐述。在前文指标体系构建、测度方法和测评模型选择的基础上对郑州市基层社区的公共体育资源配置的效率开展测评。通过问卷调查共收集郑州市城区内50个基层社区全民健身相关的人力、物力、财力以及组织开展全民健身活动次数、体质测试合格人数等投入产出的相关数据。剔除存在缺失值和存在异常值等相关数据12个，共获取了38个基层社区2013—2018年的全民健身公共体育资源投入产出的数据。结合数据包络分析的C^2R模型、超效率模型以及Malmquist指数模型对郑州市38个社区的公共体育资源配置的效率进行测评。

一、基于C^2R模型的郑州市全民健身公共体育资源配置效率分析

由于C^2R模型在测评资源配置效率时仅能对测评样本的有效和无效做出判别，效率测评值只能作为判断有效和无效的依据，而不能依据效率测评值进行排序。对于决策单元效率值偏低的原因需要从投入的冗余量以及产出规模不足等方面进行调控。如表5-8所示，38个基层社区中有20个社区连续6年的效率测评值为1，表明上述20个社区在产出固定不变的情况下，资源要素投入组合实现了最优化，效率也实现了最优化。效率的最优化并不代表不需要关注资源投入的规模效应，在扩大投入规模的情况下，上述20个效率最优的社区资源配置产出规模也会随之拓展。测评发现共有5个社区的效率测评值小于1，说明上述5个社区在资源要素投入组合固定不变的情况下，产出明显不足，资源配置过程中可能存在资源的闲置和浪费情况，可以依据投入产出的冗余值调整资源要素投入产出的组合，调整资源配置的结构，以达到规模有效。共有13个基层社区的全民健身公共体育资源配置效率在不断地波动。建华社区、豫教社区、绿城百合社区的资源配置效率持续下降，例如，建华社区2013—2015年的效率值为1，2016—2018年的效率值分别为0.969、0.739、0.599。说明上述3个社区在2016—2018年的全民健身公共体育资源配置的过程中存在着产出不足的情况，由于逐步加大了全民健身公共体育资源的投入，产出规模的增长与投入规模不匹配，可以通过投入冗余值调整资源配置的规模。富田社区、十二里屯社区、石建社区的资源配置效率持续提升。例如，富田社区2013—2016年资源配置效率值分别为0.813、0.815、0.788、0.925，2017—2018年的资源配置效率值均为1。说明上述3个社区在2013—2016年的资源配置过程中存在着投入规模太大或产出不足的问题，通过资源配置结构的调整以及规模效应，全民健身公共体育资源的配置效率达到了相对有效。此外，互助路社区、文北社区、中兴路社区、清华园社区以及宏运社区5个社区的资源配置存在着波动情况。说明上述几个社区在公共体育资源配置的过程中不断地调控以达到资源配置效率的优化。

表5-8 基于C^2R模型郑州市基层社区全民健身公共体育资源配置效率测评结果

NO	DMU	2013年	2014年	2015年	2016年	2017年	2018年
1	前进路社区	1.000	1.000	1.000	1.000	1.000	1.000
2	五一社区	1.000	1.000	1.000	1.000	1.000	1.000

（续表）

NO	DMU	2013年	2014年	2015年	2016年	2017年	2018年
3	保全社区	1.000	1.000	1.000	1.000	1.000	1.000
4	贾岗社区	1.000	1.000	1.000	1.000	1.000	1.000
5	建华社区	1.000	1.000	1.000	0.969	0.739	0.599
6	正光街社区	1.000	1.000	1.000	1.000	1.000	1.000
7	豫教社区	1.000	1.000	1.000	0.965	0.864	0.802
8	淮南社区	0.738	0.493	0.676	0.649	0.629	0.585
9	港湾社区	1.000	1.000	0.989	1.000	1.000	1.000
10	联盟新城	1.000	1.000	1.000	1.000	1.000	1.000
11	银河社区	1.000	1.000	1.000	1.000	1.000	1.000
12	兴隆社区	1.000	1.000	1.000	1.000	1.000	1.000
13	绿城百合社区	1.000	1.000	1.000	1.000	0.656	0.775
14	协作路社区	1.000	1.000	1.000	1.000	1.000	1.000
15	永安社区	1.000	1.000	1.000	1.000	1.000	1.000
16	宋砦社区	1.000	1.000	1.000	1.000	1.000	1.000
17	裕华社区	0.611	0.625	0.625	0.745	0.802	0.733
18	文化绿城	1.000	1.000	1.000	1.000	1.000	1.000
19	富田社区	0.813	0.815	0.788	0.925	1.000	1.000
20	互助路社区	0.631	1.000	1.000	0.605	1.000	1.000
21	园田社区	1.000	1.000	1.000	1.000	1.000	1.000
22	航海东路社区	0.739	0.624	0.722	0.806	0.876	0.891
23	淮河社区	1.000	1.000	1.000	1.000	1.000	1.000
24	十二里屯社区	0.826	0.796	0.911	1.000	1.000	1.000
25	文北社区	0.950	0.796	0.616	1.000	1.000	0.694
26	新航社区	1.000	1.000	1.000	1.000	1.000	1.000
27	中原社区	0.541	0.620	0.484	0.529	0.502	0.493
28	学院路社区	1.000	0.964	1.000	1.000	1.000	1.000
29	粮运社区	1.000	1.000	1.000	1.000	1.000	1.000
30	东南路社区	1.000	1.000	1.000	1.000	1.000	1.000
31	中兴路社区	1.000	1.000	0.950	1.000	0.948	0.925

(续表)

NO	DMU	2013年	2014年	2015年	2016年	2017年	2018年
32	石建社区	0.812	0.810	0.812	1.000	1.000	1.000
33	清华园社区	0.863	1.000	1.000	0.869	0.812	0.730
34	省五建社区	1.000	1.000	1.000	1.000	1.000	1.000
35	同乐社区	0.643	0.574	0.580	0.632	0.627	0.638
36	如意东路社区	1.000	1.000	1.000	1.000	1.000	1.000
37	市场街社区	1.000	1.000	1.000	1.000	1.000	1.000
38	宏运社区	0.856	1.000	1.000	1.000	0.931	0.778

二、基于超效率模型的郑州市全民健身公共体育资源配置效率分析

C^2R模型在进行效率测评的过程中仅能判断决策单元的有效性，不能对处于生产前沿面上的决策单元进行区分，并进行有效的排名。采用超效率模型可以对有效单元之间的区分度进行判别。

基于超效率模型的测评如表5-9所示，郑州市38个社区2013—2018年全民健身公共体育资源配置的超效率均值分别为1.368、1.414、1.326、1.361、1.395、1.385，从效率测评结果来看，2013—2018年郑州市38个社区的全民健身公共体育资源配置的效率值呈现波动的情况，2014年有较大提升后在2015年下降幅度较大，随后逐步攀升，到2018年时又有小幅度的下降。

表5-9 基于超效率模型的郑州市全民健身公共体育资源配置效率测评

NO	DMU	2013年	2014年	2015年	2016年	2017年	2018年	均值
1	前进路社区	1.647^{12}	1.452^{17}	1.485^{14}	1.454^{13}	1.525^{10}	1.671^{9}	1.539
2	五一社区	1.205^{19}	1.091^{24}	1.019^{26}	1.303^{17}	1.376^{14}	1.522^{12}	1.253
3	保全社区	1.844^{9}	1.791^{10}	1.885^{6}	1.653^{9}	1.556^{9}	1.773^{6}	1.750
4	贾岗社区	1.325^{15}	1.397^{18}	1.521^{13}	1.523^{11}	1.427^{12}	1.513^{13}	1.451
5	建华社区	1.224^{17}	1.625^{13}	1.135^{22}	0.969^{29}	0.739^{34}	0.599^{36}	1.049
6	正光街社区	3.082^{2}	1.866^{8}	1.745^{10}	2.131^{4}	2.448^{4}	2.938^{3}	2.368
7	豫教社区	1.091^{24}	1.039^{26}	1.012^{27}	0.965^{30}	0.864^{31}	0.802^{29}	0.962
8	淮南社区	0.738^{34}	0.493^{38}	0.676^{34}	0.649^{35}	0.629^{36}	0.585^{37}	0.628

（续表）

NO	DMU	2013年	2014年	2015年	2016年	2017年	2018年	均值
9	港湾社区	1.122[22]	1.033[27]	0.989[28]	1.111[25]	1.087[25]	1.125[24]	1.078
10	联盟新城	1.206[18]	1.162[22]	1.220[19]	1.241[21]	1.169[23]	1.311[19]	1.218
11	银河社区	1.526[14]	1.602[15]	1.446[15]	1.417[14]	1.284[18]	1.282[20]	1.426
12	兴隆社区	1.287[16]	1.348[19]	1.292[16]	1.573[10]	1.339[16]	1.501[14]	1.390
13	绿城百合社区	1.034[25]	1.294[20]	1.269[18]	1.041[27]	0.656[35]	0.775[31]	1.012
14	协作路社区	3.686[1]	3.750[1]	3.333[1]	4.167[1]	5.000[1]	4.414[1]	4.058
15	永安社区	1.743[11]	1.757[12]	1.909[5]	1.968[6]	1.341[15]	1.578[11]	1.716
16	宋砦社区	1.174[20]	1.231[21]	1.205[20]	1.247[19]	1.426[13]	1.698[8]	1.330
17	裕华社区	0.611[37]	0.625[34]	0.625[35]	0.745[34]	0.802[33]	0.733[32]	0.690
18	文化绿城	1.910[8]	1.560[16]	1.876[7]	1.750[7]	2.532[3]	2.105[4]	1.956
19	富田社区	0.813[31]	0.815[30]	0.788[32]	0.925[31]	1.130[24]	1.373[17]	0.974
20	互助路社区	0.631[36]	2.258[3]	1.277[17]	0.605[37]	1.687[7]	1.444[15]	1.317
21	园田社区	2.437[30]	1.890[7]	1.783[8]	1.281[18]	1.243[20]	1.162[21]	1.633
22	航海东路社区	0.739[33]	0.624[35]	0.722[33]	0.806[33]	0.876[30]	0.891[28]	0.776
23	淮河社区	1.970[6]	2.979[2]	1.664[11]	1.711[8]	1.476[11]	1.316[18]	1.853
24	十二里屯社区	0.826[31]	0.796[32]	0.911[30]	1.121[24]	1.270[19]	1.632[10]	1.093
25	文北社区	0.950[27]	0.796[33]	0.616[36]	1.369[16]	1.321[17]	0.694[34]	0.958
26	新航社区	1.647[12]	1.997[5]	1.593[12]	1.460[12]	2.856[2]	3.080[2]	2.166
27	中原社区	0.541[38]	0.620[36]	0.484[38]	0.529[38]	0.502[38]	0.493[38]	0.528
28	学院路社区	1.013[26]	0.964[29]	1.033[25]	1.247[20]	1.561[8]	1.427[16]	1.208
29	粮运社区	1.533[13]	1.622[14]	2.353[2]	1.988[5]	1.084[26]	1.055[25]	1.606
30	东南路社区	1.948[7]	2.113[4]	2.154[3]	2.152[3]	1.952[6]	2.048[5]	2.061
31	中兴路社区	1.099[23]	1.023[28]	0.950[29]	1.014[28]	0.948[28]	0.925[27]	0.993
32	石建社区	0.812[32]	0.810[31]	0.812[31]	1.227[22]	1.193[22]	1.130[23]	0.997
33	清华园社区	0.863[28]	1.079[25]	1.054[24]	0.869[32]	0.812[32]	0.730[33]	0.901
34	省五建社区	1.976[5]	1.857[9]	1.968[4]	2.177[2]	2.050[5]	1.726[7]	1.959
35	同乐社区	0.643[35]	0.574[37]	0.580[37]	0.632[36]	0.627[37]	0.638[35]	0.616
36	如意东路社区	1.124[21]	1.898[6]	1.080[23]	1.208[23]	1.063[27]	1.155[22]	1.255
37	市场街社区	1.769[10]	1.761[11]	1.763[9]	1.401[15]	1.225[21]	1.021[26]	1.490
38	宏运社区	0.856[29]	1.151[23]	1.166[21]	1.080[26]	0.931[29]	0.778[30]	0.994
	均值	1.368	1.414	1.326	1.361	1.395	1.385	1.375

注：右上标是该社区全民健身公共体育资源配置效率在38个社区中的排名。

分别从各个年度来看，2013年有26个社区的超效率值大于1，其中协作路社区的效率值最高（3.686），中原社区的效率值最低（0.541）。其余社区的超效率测评值均介于0.611～3.082。2014年有28个社区的超效率值大于1，其中协作路社区的效率值最高（3.750），淮南社区的效率值最低（0.493）。其余社区的超效率测评值均介于0.574～2.979。2015年有27个社区的超效率测评值大于1，其中协作路社区的效率值最高（3.333），中原社区的效率值最低（0.484）。其余社区的超效率测评值均介于0.580～2.353。2016年有28个社区的超效率测评值大于1，其中协作路社的效率值最高（4.167），中原社区效率值最低（0.529）。其余社区的超效率测评值均介于0.605～2.177。2017年有27个社区的超效率测评值大于1，其中协作路社区的效率值最高（5.000），中原社区效率值仍为最低（0.502）。其余社区的超效率值均介于0.627～2.856。2018年有26个社区的超效率值大于1，其中协作路社区仍为效率最高（4.414），中原社区仍为效率最低（0.493）。其余社区的超效率值均介于0.585～3.080。从2013—2018年全民健身公共体育资源配置效率测评的均值来看，效率测评均值大于1的共有26个社区，效率测评均值小于1的共有12个社区。其中协作路社区的均值最大（4.058），中原社区的均值最小（0.528）。

从郑州市38个社区全民健身公共体育资源配置效率的测评结果来看，2014年效率值有较大的提升，2015年下降幅度较为明显，随后又逐步提升。2014年效率值的大幅提升可能在于投入规模固定不变的情况下，全民健身活动的积极推广以及居民健身意识的增强，整体表现为全民健身公共体育资源配置效率的提升。随后效率值的逐步提升表明政府在全民健身公共体育资源供给方面扩大了投入的规模，其规模效应随着投入规模的增大效应值也逐年增长。

从郑州市38个社区的整体排名来看，协作路社区、正光街社区、新航社区、文化绿城社区、东南路社区5个社区的全民健身公共体育资源配置的效率整体表现较好，且整体排名相对比较稳定。前进路社区、五一社区、保全社区、互助路社区4个社区的全民健身公共体育资源的配置效率持续攀升，说明上述4个社区在资源要素的投入产出组合中实现了结构的优化，在产出固定不变的情况下，节省了资源要素投入的规模。建华社区、豫教社区、绿城百合社区、粮运社区4个社区的全民健身公共体育资源的配置效率排名不断下滑，说明上述4个社区在资源配置的过程中存在着投入规模效应不足和资源浪费的现象，需要对资源配置产出规模进行调控，对投入指标进行筛查，以保证配置效率的提升。宋砦社区、市场街社区、淮河社区、学院路社区4个社区的公共体育资源配置的效率在不断地波动，宋砦社区、市场街社区前期的排名较好，后期下滑明显；淮河社区和学院路社区前期排名比较靠后，后期有较大幅度的攀升。说明上述4个社区在全民健身公共体育资源配置过程中存在着投入产出规模的激增和大幅减少的情况，对维持相对恒定的资源配置效率有深远的影响。中原社区、文北社区、裕华社区、同乐社区4个社区的效率测评排名持续不高，表明上述4个社区在投入角度存在着规模效率不高或是在产出角度存在着产出量不足等问题。且2013—2018年的6年间效率持续不高的现状没有得到改善。此外，贾岗社区、兴隆社区两个社区在全民健身公共体育资源配置效率测评的排名中一直处于中游水平，表明上述两个社区可通过资源要素投入产出的结构调整以及投入角度的节约，并依据投入冗余值和生产前沿面的目标值调控产出规模，以促进配置效率提升。

三、基于Malmquist指数的郑州市全民健身公共体育资源配置效率测评分析

前文对全民健身公共体育资源配置效率测评的指标体系的构建以及Malmquist指数测评模型进行了详述。通过收集数据-模型计算得出了郑州市38个基层社区全民健身公共体育资源配置效率持续变化的测评值。如表5-10所示，2013—2018年郑州38个社区全民健身公共体育资源配置的Malmquist指数（全要素生产率）均值为1.02，说明2013—2018年郑州市全民健身公共体育资源配置的全要素生产率提升了2%。郑州市38个社区的技术效率变化和规模效率均值均为0.999，说明郑州市38个社区全民健身公共体育资源配置的技术效率和规模效率有小幅下降。郑州市38个社区的技术进步指数均值为1.021，说明郑州市全民健身公共体育资源配置效率的技术进步水平上浮了2.1%。纯技术效率为1.000，说明纯技术效率保持不变。综上，2013—2018年郑州市38个基层社区全民健身公共体育资源配置的全要素生产率提升2%，其提升主要是技术进步指数上浮的影响。说明2013—2018年郑州市在技术效率变化、纯技术效率以及规模效率保持相对稳定的情况下，技术进步指数的提升是促进全要素生产率稳步提升的重要因素。

表5-10 基于Malmquist指数的郑州市全民健身公共体育资源配置效率变化分析

NO	DMU	技术效率变化	技术进步指数	纯技术效率	规模效率	Malmquist指数
1	前进路社区	1.000	1.045	1.000	1.000	1.045
2	五一社区	1.000	1.048	1.000	1.000	1.048
3	保全社区	1.000	1.019	1.000	1.000	1.019
4	贾岗社区	1.000	1.017	1.000	1.000	1.017

（续表）

NO	DMU	技术效率变化	技术进步指数	纯技术效率	规模效率	Malmquist指数
5	建华社区	0.968	1.033	1.000	0.968	0.999
6	正光街社区	1.000	0.948	1.000	1.000	0.948
7	豫教社区	0.957	1.089	0.992	0.965	1.042
8	淮南社区	0.965	1.065	1.000	0.965	1.027
9	港湾社区	1.000	1.022	1.000	1.000	1.022
10	联盟新城	1.000	1.134	1.000	1.000	1.134
11	银河社区	1.000	0.990	1.000	1.000	0.990
12	兴隆社区	1.000	0.996	1.000	1.000	0.996
13	绿城百合社区	0.950	1.052	1.000	0.950	1.000
14	协作路社区	1.000	1.055	1.000	1.000	1.055
15	永安社区	1.000	1.030	1.000	1.000	1.030
16	宋砦社区	1.000	0.991	1.000	1.000	0.991
17	裕华社区	0.973	1.033	1.000	0.973	1.004
18	文化绿城	1.000	1.027	1.000	1.000	1.027
19	富田社区	1.042	1.027	1.020	1.021	1.071
20	互助路社区	1.097	1.075	1.000	1.097	1.178
21	园田社区	1.000	0.890	1.000	1.000	0.890
22	航海东路社区	1.038	1.003	1.000	1.038	1.041
23	淮河社区	1.000	0.954	1.000	1.000	0.954
24	十二里屯社区	1.039	1.017	1.000	1.039	1.057
25	文北社区	0.971	0.982	1.000	0.971	0.954
26	新航社区	1.000	1.050	1.000	1.000	1.050
27	中原社区	0.982	1.020	1.000	0.982	1.001
28	学院路社区	1.000	1.092	1.000	1.000	1.092
29	粮运社区	1.000	0.982	1.000	1.000	0.982
30	东南路社区	1.000	0.941	1.000	1.000	0.941
31	中兴路社区	1.000	1.070	1.000	1.000	1.070
32	石建社区	1.042	1.041	1.000	1.042	1.085
33	清华园社区	0.967	1.037	1.000	0.967	1.003
34	省五建社区	1.000	0.988	1.000	1.000	0.988

（续表）

NO	DMU	技术效率变化	技术进步指数	纯技术效率	规模效率	Malmquist指数
35	同乐社区	0.998	0.981	1.000	0.998	0.979
36	如意东路社区	1.000	1.072	1.000	1.000	1.072
37	市场街社区	1.000	0.963	1.000	1.000	0.963
38	宏运社区	0.981	1.077	1.000	0.981	1.056
	均值	0.999	1.021	1.000	0.999	1.020

从技术效率变化的分析结果来看，共有富田社区、互助路社区、航海东路社区、十二里屯社区、石建社区5个社区的技术效率变化指数有明显的上升，分别提升了4.2%、9.7%、3.8%、3.9%、4.2%。共有建华社区、豫教社区、淮南社区、绿城百合社区、裕华社区、文北社区、中原社区、清华园社区、同乐社区、宏运社区10个社区的技术效率变化指数有明显的下降，分别下降了3.2%、4.3%、3.5%、5%、2.7%、2.3%、2.9%、1.8%、3.3%、1.9%。其余23个基层社区的技术效率值均为1，呈现出相对稳定的趋势。

从技术进步水平指数的分析结果来看，前进路社区、五一社区、保全社区、贾岗社区、建华社区、豫教社区、淮南社区、联盟新城等26个社区的技术水平指数有一定提升，分别提升了4.5%、4.8%、1.9%、1.7%、3.3%、8.9%、6.5%、2.2%等，说明2013—2018年上述26个社区实现了资源要素投入产出组合结构的优化、技术水平增长。另有正光街社区、银河社区、兴隆社区、宋砦社区、园田社区等12个社区的技术进步水平指数有一定程度的下降，分别下降了5.2%、1%、0.4%、0.9%、1.1%等，说明上述12个社区存在资源要素的组合结构不合理、资源配置技术水平下降的情况，总之，郑州市公共体育资源配置的全要素生产率的提升主要是基于技术进步水平指数的促进作用。

从规模效率变化的分析结果来看，共有富田社区、互助路社区、航海东路社区、十二里屯社区、石建社区5个社区在资源配置的规模报酬上提升明显，分别提升了2.1%、9.7%、3.8%、3.9%、4.2%，表明上述5个社区在投入规模上对资源配置效率提升的影响较大。共有建华社区、豫教社区、淮南社区、绿城百合社区、裕华社区等10个社区在资源配置规模报酬上有一定幅度的下滑，分别下滑了3.2%、3.5%、3.5%、5.0%、2.7%等。通过上述分析表明2013—2018年郑州市全民健身公共体育资源配置在投入规模效应上有较大不足，仅有5个社区在投入规模上体现出了规模报酬的效应，仍有10个社区存在投入规模效应不明显,产出未投射到生产前沿面上,投入产出比提升不够,配置的规模效应不足等情况。

从资源配置的Malmquist指数来看,有前进路社区、五一社区、保全社区、贾岗社区、豫教社区等25个社区的Malmquist指数(全要素生产率)呈现增长趋势,分别增长了4.5%、4.8%、1.95、1.7%等。郑州市25个社区的全要素生产率的提升主要是基于技术进步水平指数提升的积极促进作用。表明郑州市在配置方式调整、方法更迭、结构调控上使全民健身公共体育资源配置达到最优。此外还有建华社区、正光街社区、银河社区等13个社区的Malmquist(全要素生产率)有不同程度的下降,分别下降了0.1%、5.2%、0.1%等。说明上述13个基层社区在全民健身公共体育资源配置的过程中Malmquist指数(全要素生产率)均有一定的下滑,其下滑的主要原因是在规模效率和技术效率变化相对恒定的情况下,技术进步水平指数的下滑。

第三节 影响全民健身公共体育资源配置效率变化的因素分析

基于C^2R模型、超效率模型和Malmquist指数模型(全要素生产率)针对我国31个省市区和郑州市38个基层社区的公共体育资源配置效率开展了有效测评,不同层级、不同地域的资源配置效率呈现出动态变化的规律,通过不同效率值的变化、投入冗余值以及生产前沿面的目标值可以对投入产出的规模进行有效的调整以达到优化配置的目的,为了在资源配置过程中及时调整资源要素投入产出的规模、资源配置的结构,需要对影响资源配置效率不断变化的内外部环境因素进行综合分析,以识别影响效率变化的主要因素,进而通过对影响因素的调控,优化公共体育资源配置的结构,改善配置的方式和方法,以达到资源配置的帕累托最优。在对影响全民健身公共体育资源配置效率的影响因素进行选取时,不仅要考虑指标的全面性和系统性,还应考虑多环节、多层次的影响因素的变化。在进行数据分析时,截面数据和时间序列数据相对于面板数据而言,在信息存量、检验和构造复杂模型、增加模型的自由度、减少统计过程中解释变量的多重共线性方面都有不足。因此,研究以随机效应模型为基础,针对2013—2017年省域层面的面板数据对影响因素进行回归分析,以对影响效率变化的内外部因素进行识别和判定。

前文针对影响全民健身公共体育资源配置效率的因素进行了分析,并针对选取的因素提出了研究假设。基于前文对于影响因素的选取和提出的研究假设建构了影响全民健身公共体育资源配置效率变化的计量模型。具体模型如下：

$$y_{it}=\beta_0+\beta_1 Conlev+\beta_2 Ecolev+\beta_3 Inlev+\beta_4 Edulev+\beta_5 Popsize$$
$$+\beta_6 Area+\beta_7 Spocon+\beta_8 Spoexp+\beta_9 Spoass+\beta_{10} Spomanag+\mu_i+\varepsilon_{it}$$

在上述模型中，y_{it}表示通过Malmquist指数模型计算得出的效率的变化率，即Malmquist指数减去1。β_i表示待估计系数，$Conlev$表示社会大众的消费水平，$Ecolev$表示区域经济发展水平，$Inlev$表示居民收入水平，$Edulev$表示教育水平，$Popsize$表示人口规模，$Area$表示辖区面积，$Spocon$表示体育意识，$Spoexp$表示财力资源配置结构，$Spoass$表示体育社会组织数，$Spomanag$表示体育管理人员数，μ_i为个体效应，ε_{it}为随机误差项。研究将对全要素生产率、技术进步水平、技术效率变化3个指标与上述10个影响因素结合展开回归分析。

通过查阅《中国统计年鉴》（2013—2017年）、《体育事业统计年鉴》（2013—2017年）以及地方省市的统计年鉴，收集影响因素回归分析的具体数据。

依据前文分析提出的研究假设和构建的回归分析模型，首先运用Hausman检验判定选取具体的分析模型。通过Hausman检验发现该模型在1%的显著水平上无法拒绝原假设；并且随机效应模型回归分析F值在1%的水平上非常显著，确定随机效应模型进行回归分析。第二步运用随机效应模型（REM），采用广义最小二乘法（GLS）对面板数据进行估计。回归分析结果如表5-11所示。

表5-11 全民健身公共体育资源配置效率影响因素回归分析结果

自变量	因变量					
	技术效率变化率		技术进步率		Malmquist指数变化率	
	系数	Z值	系数	Z值	系数	Z值
Conlev	−2.6730	−1.2540	−2.3860	−0.8740	−0.9640	−0.5610
Ecolev	−0.0120	−0.0980	0.0720	0.8750	−0.0630	−0.4600
Inlev	0.3680	1.4800	0.6530	1.3820	0.3960	1.8200
Edulev	0.6840	1.3820	0.3740	1.8300**	0.3160	0.8420
Popsize	4.8320	1.5400	2.1760	0.8600	2.8720	1.4510
Area	−0.1920	−0.5760	0.3476	1.5620	0.4600	1.4360
Spocon	0.2840	2.7960*	0.3920	1.8650**	0.2360	2.4860**

159

（续表）

自变量	因变量					
	技术效率变化率		技术进步率		Malmquist指数变化率	
	系数	Z值	系数	Z值	系数	Z值
Spoexp	0.1650	1.4620	0.1720	0.8560	0.0140	0.7800**
Spoass	−0.2040	2.3260	−0.5730	−1.4380	−0.0140	−2.6320**
Spomanag	0.8650	1.5300	0.8620	0.6300	0.8430	1.8600
F-Stastic	29.62**		43.52**		29.72**	
Hausman test	7.65		15.24		8.46	
模型	REM		REM		REM	

注：*表示在5%水平下通过检验；**表示在1%水平下通过检验。

基于随机效应模型的回归分析发现：

①社会大众的消费水平以及收入水平对Malmquist指数、技术进步水平、技术效率的影响均不显著。测评结果与研究假设不一致，其主要原因可能与居民消费投入的方向有关。现阶段全民健身公共体育资源投入还集中于场地设施的建设及全民健身活动的推广、宣传和组织，社会大众的体育消费支出集中于购买有形的服装、器材等，购买健身指导服务、体质测试服务等相对较少，整体上制约了资源配置效率的提升。

②区域经济发展水平对公共体育资源配置回归分析的3个指标的影响均不显著。回归分析结果表明研究假设不成立。表明经济发达地区虽然在全民健身公共体育资源配置过程中投入了更多的人力、财力、物力、信息、组织资源等，但仍存在资源浪费、配置规模效率低、配置结构不合理等情况。经济水平欠发达地区在公共体育资源资配置的过程中，虽然投入的规模有限，但可以通过一些软环境、软资源来弥补投入不足的境遇。总之，经济发展水平的高低与全民健身公共体育资源配置效率的增长水平不一致。

③全民健身公共体育资源配置结构的调整对全要素生产率的提升呈正效应，而对技术进步水平和技术效率的影响不显著。全民健身公共体育资源投入规模在体育事业费中的整体占比较小，其整体配置的水平制约着公共体育服务的供给水平。资源配置过程中除关注资源投入规模的溢出效应外，还会受配置结构调整的影响，配置结构的优化集中于资源增量的调整，对技术进步水平和技术效率的效应不明显。

④社会大众积极参与体育锻炼的意识增强对Malmquist指数、技术效率以及技术进

步水平指数的提高均有积极作用。社会大众积极参与体育锻炼意识的增强能够促进社会大众积极参与体育锻炼，对经常参加体育锻炼的人数增长有积极作用，还能够促进群众体育活动参与频次的增加，进而提升社会大众的体质健康水平。总之，社会大众体育意识的增强为实现全民健身公共体育资源从粗放型配置向集约型配置转型提供了良好的内环境。

⑤教育水平对全民健身公共体育资源配置的技术进步水平有显著影响，对Malmquist指数（全要素生产率）以及技术效率的提升影响不显著。体育作为教育的重要组成，教育水平的提升对于全民健身活动参与主体的体育意识培养、锻炼习惯的养成以及运动技能水平的提高都有促进作用，给体育教育的知识产出效应提供了发挥作用的余地。教育水平对全要素生产率以及技术效率的提升均没有积极效应，其主要原因可能与教育经费支出总额的滞后效应有关。

⑥人口规模、辖区面积以及公共体育管理人员数对回归分析3个指标的影响均不显著。体育社会组织数对全要素生产率的提升有正效应。体育社会组织是宣传、组织全民健身活动的纽带和桥梁，为社会大众积极参与体育锻炼提供了组织环境和支撑平台，对于居民参与体育锻炼习惯的养成、强化居民内部凝聚力具有积极作用，同时能够提升全民健身公共体育资源投入产出的规模效应。

本章小结

①2013—2017年公共体育资源配置的全要素生产率呈下降趋势，技术效率、纯技术效率、规模效率的小幅下降对全要素生产率下降的影响较小，主要受技术进步水平指数下降的影响较大。在体育强国建设和全民健康国家战略目标落实过程中，公共体育资源投入的规模不断增大，在资源要素投入产出的组合结构、资源配置的方式、方法上亟须进一步改进，在保障社会公平正义的同时关注资源配置的效率，实现规模效应和技术进步水平的同时促进全要素生产率的提升。

②2013—2017年我国东、中、西、东北4个地区的全要素生产率（TFP）分别下降了20.2%、24.7%、24.5%、35.7%，全要素生产率（TFP）的下降主要受技术效率变化指数、技术进步水平指数、规模效率变化指数的综合影响。

③针对31个省市区公共体育资源配置效率的评价结果，发现近五年能够保持超效率测评值较高的省市区不多，仅有江西、宁夏、重庆3个省市区的资源配置保持着高效率，北京、上海的效率测评值保持着持续上升的态势，说明上述两市资源配置的过程中在不断地调整资源要素投入产出的结构，逐步实现了资源配置的优化过程。另有山东、云南两省效率测评结果维持较高，但呈持续下降趋势，表明上述两省在投入规

模日益增加的同时，产出未能随投入的增长而增长。新疆、四川、吉林3个省区的效率测评值较高，但存在波动情况，不能维持相对稳定的状态。最后，效率较低省份居多，共有21个省市区的效率测评值持续较低，需考虑投入产出结构的调整，以实现效率值的不断攀升。

④针对郑州市38个基层社区公共体育资源配置效率的评价结果，发现2013—2018年郑州市25个社区的公共体育资源配置的全要素生产率均有不同程度的提升，主要受技术进步水平指数提升的影响。说明郑州市在公共体育资源配置过程中在不断调整配置方式、方法更迭、结构调控上使资源配置达到了优化配置的现状。此外还有13个社区的全要素生产率有不同程度的下降，其下降的主要原因是在规模效率和技术效率变化相对恒定的情况下，技术进步水平指数下滑。

⑤基于随机效应模型的回归分析发现全民健身公共体育资源配置的结构、社会大众的体育意识、体育社会组织数等对效率的提升有积极作用。社会大众的体育意识、教育水平对技术进步水平指数的提升有积极意义。社会大众的体育意识对技术效率的提升有积极作用。区域经济发展水平、居民收入水平和消费水平、人口规模和辖区面积、公共体育管理人员数等指标对资源配置效率、技术效率变换以及技术进步水平指数的影响均不显著。

第六章　全民健身公共体育资源优化配置的对策

本章主要从全民健身公共体育资源配置的主体、客体以及环境三个方面提出了优化资源配置结构，提高资源配置效率的对策。

第一节　全民健身公共体育资源配置客体方面

全民健身公共体育资源配置过程中客体构成包括人力、财力、物力、信息、组织资源要素。人力资源要素是公共体育资源配置系统具有主观能动性的资源要素，政府体育行政管理人员、社会体育指导员、体育志愿者、体育骨干等积极参与公共体育服务的供给过程，策划、组织、引导开展全民健身活动，对提高资源投入产出比具有重要的作用；财力资源要素是开展全民健身活动、供给场地设施、提供体育服务信息等的重要保障；物力资源要素是全民健身活动开展、居民积极参与体育活动的支撑条件。上述的人力、财力、物力、信息、组织等基础核心性资源对于供给社会大众需要的公共体育服务和产品具有举足轻重的作用，其规模大小、结构分配以及组合情况直接影响着资源配置的效率。

当前，全民健身公共体育资源配置效率整体不高的原因主要包括：资源投入的整体存量不足，增量水平也不高；配置过程中存在资源浪费，配置结构、渠道和方式的不均衡；投入产出的不足。针对当前配置结构不合理和效率不高的现实，结合影响资源配置效率的因素，提出了资源配置优化和提高配置效率的对策。

一、建立社会体育指导员投入和激励机制

社会体育指导员在全民健身体育活动开展过程中有着举足轻重的作用，是联系公共体育服务供给者和使用者的桥梁。社会体育指导员在开展指导工作的过程中不仅给予健身指导、组织活动，还传递了健康生活的大量信息。社会体育指导员能够为社会大众提供健身指导、传授运动技能、引导健康的生活方式，有效促进了全民健身活动开展的组织化、科学化和社会化。当前社会大众对健身指导、组织活动、体育信息等

需求与供给不足以及质量不高之间的矛盾制约了全民健身公共体育资源配置的投入产出的总量。

为适应新时期的公共体育服务需求量、种类增多的现实，缓解当前社会体育指导员队伍规模不足、指导率不高、结构素质不能满足指导需求、区域间分布不均衡与社会大众多样化的健身需求之间的矛盾。引导、激励更多的体育志愿者、有体育专业背景的社会人员加入社会体育指导员队伍，完善社会体育指导员培训和认证制度，建立社会体育指导员的投入和激励机制。充分发挥指导员协会在培训、组织、管理等方面的作用，建立全民健身志愿服务的工作体系，提升志愿服务的积极性、专业水平以及服务质量。在社会体育指导员投入和激励机制，全民健身志愿服务长效机制建立的基础上，形成规模合理、组织优化、效用充分的全民健身指导队伍，进而影响经常参与体育锻炼的人数，促进国民体质健康水平的整体提升。

全民健身公共体育事业的行政管理人员是资源配置过程中具有主观能动性的人力资源构成。目前从事公共体育事业管理人员由专职和兼职构成，兼职居多，除负责体育相关工作外还负责教育、文化等工作，兼职的公共体育事业行政管理人员在精力上和工作投入上会受到一定的限制，影响了全民健身活动的组织、宣传等，进而影响整合公共体育资源配置的过程。因此，加强兼职行政管理人员向专职公共体育事业管理人员的转型，加强行政管理人员相关全民健身工作的法规、制度、组织活动等方面的培训，对于优化资源配置结构，提高资源配置效率有积极的影响。

二、建立与经济增长联动的投入增长机制

公共体育服务的公共性决定了公共财政在公共体育服务供给过程中的角色定位。伴随着体育强国和健康中国的双重任务，全民健身上升为国家战略，建立与经济增长联动的投入增长机制成为全民健身公共体育资源投入规模扩大的重要保障。虽然当前我国的群众体育投入的经费规模也在不断增长，但由于"历史欠账较多"，供需矛盾突出等原因，对缓解"历史欠账较多"和"体育事业发展的短板"的矛盾相对乏力。各级地方政府应建立公共体育财政投入与经济增长联动的机制，使公共体育财政支出的数量随财政支出的总量增长而增长，保持公共体育财政投入的年增长率与财政收入的增长率同步，将公共体育财政投入纳入政府预算支出的绩效考核，对于实现公共体育财政投入与经济增长联动的投入增长机制有积极作用。公共财政投入规模的扩大能在一定程度上缓解当前公共体育财力资源投入不足的现实，鼓励非政府体育组织、体育企业、社会大众共同参与财力资源的投入，除丰富了公共体育财力资源投入的渠道

外，对缓解当前财力资源不足也意义重大。政府、非政府体育组织和社会个人等多种投融资方式的扩展能够保障公共体育服务和产品的规范、健康和高效运行。

鼓励社会资金的投入，以拓展公共体育财力资源投入的渠道。社会资金的投入主要是通过社会筹资和社会捐助的方式发生的。体育彩票公益金使用管理的相关规定曾对体育彩票公益金用于全民健身事业的比例不得低于60%做出规定。当前我国部分地区还存在彩票公益金安排比例不足或未安排彩票公益金用于全民健身的情况[1]。因此，各级地方体育彩票公益金管理部门落实社会资金投入全民健身事业对于扩大公共体育财力资源的投入规模是有效的补充。虽然公共财政是公共体育财力资源的主体，但社会资金的投入对于补充当前资金不足和效率不高的现实都有积极作用。

建立多元化的公共体育筹资和融资的渠道。公共财政能够投入全民健身公共体育的存量毕竟是有限的，需要政府与非政府体育组织、体育企业等建立合作关系，处理好"退位""进位"和"补位"的关系，充分地吸收和整合社会资源，充分发挥社会化和市场化力量，拓展公共体育财力资源的投入渠道，建立政府、社会和社会大众共同参与的稳定的投入体系。在融资渠道上也可以采用"公办民助、民办公助、公私合作"等形式，鼓励非政府体育组织、体育企业等供给公共体育服务和产品。

通过前文对于全民健身公共体育财力资源投入规模情况的分析发现，东部地区在投入的整体规模上高于中部和西部，说明在财力资源配置方面存在着地域结构分配的非衡状态，应持续加大中西部地区公共体育经费的投入力度。效率测评发现东部地区效率不高的多数省份可能是由于配置过程中资源浪费明显，应杜绝配置过程中的资源浪费，合理增加投入资源增量。对于中西部而言，除扩大增量的投入外，优化配置资源结构，提高资源配置的技术进步水平，对于提高资源配置的效率会有促进作用。

三、建立公共体育场地设施共建共享机制

公共体育设施是全民健身公共体育事业发展的物质载体，是建设和完善公共体育服务的基础核心环节，也是保障人民群众生命健康和体育权利的基本途径。从公共体育场地设施建设投入经费和建成情况来看，地方政府还不能很好地处理建设大型体育场馆与居民身边的健身场地设施的关系。地方政府追求"面子工程""政绩工程"，未以社会大众的体育健身需求和保障居民的体育权利为价值导向。受当前场地设施建设规划的先天缺陷影响，我国66%的体育场地设施分布在教育系统，如何建立学校体

---

[1] 刘国永，杨桦，任海.中国群众体育发展报告[M].北京：社会科学文献出版社，2014：9.

育场地设施对外开放的共享机制能够逐步缓解当前公共体育场地设施不足的问题。虽有专家呼吁学校体育场地设施的对外开放，政府部门也出台了有关学校体育场地设施对外开放的相关规定和办法，但受多种因素的影响，对外开放的效果不佳。因此建立公共体育场地设施的共建共享机制是当务之急。第六次全国场地普查数据显示，截至2013年12月31日，全国体育场地总数量为169.46万个，总用地面积39.82亿平方米，总场地面积19.92亿平方米，新建了全民健身路径器械330万件、登山步道0.12万条、健身步道0.97万条等。虽然我国场地设施的总体数量有一定增长，但相对不同地区而言，东部地区的场地数量和面积均多于中部、西部和东北地区，从宏观上加强体育场地设施的合理布局对于整合公共体育设施资源，给社会大众提供良好公共体育服务和产品。

当前公共体育场地设施配置过程中还存在空间结构不合理，多种场地设施功能定位过高，在可及性、可抵达性、公众满意度等方面不能满足社会大众的需求等情况。受传统"重竞技、轻群众"思想的影响，大型体育场馆设施的建设用地超出了国家规定的最低建设用地标准，而群众身边的体育健身场地设施远低于国家标准。因此合理布局加强居民身边健身场地设施的建设，同时积极推进大型体育场馆设施和学校体育场地设施的共享，为社会大众提供可达性强的场地设施，对于社会大众参与体育锻炼积极性的增加，国民体质健康水平的提升都有积极作用。

四、构建完善的公共体育服务信息保障体系

公共体育服务体系运行过程中的信息资源供给是为了保障公民体育参与过程中的信息需求。信息资源的供给以需求为导向，明确了社会大众对信息需求的现状以及需求信息的规律。公共体育服务信息的主要内容包括政策法规、健身基本知识、体育场地信息、国民体质监测等，公共体育信息通常以网站、手机、电视、宣传报栏、报刊、宣传手册等渠道进行传播。在公共体育信息供给的过程中还应密切关注信息表述的准确性、内容可靠性、内容发布的及时性、获取方式可靠性、反馈渠道的通畅性等。在明确了信息供给的内容、拓展了信息供给的渠道、关注了信息供给服务的满意度等综合因素的基础上建构完善的公共体育服务信息保障体系。居民通过多种渠道获取公共体育的相关信息，对于增强健身意识、增加参与锻炼频次等都有积极作用。

全民健身公共体育资源配置系统中，制度、文化、市场是公共体育资源配置的配置力，文化配置力在全民健身公共体育资源配置过程中作为一种柔性指标不易估计，其配置机制潜移默化地影响着资源配置的主体和享用主体的共享方式，继而从宏观上

影响着公共体育资源配置的方式、方法。公共体育资源配置过程中，文化配置与环境超系统积极互动，对体育社会组织、体育企业、体育社团的配置行为都有促进作用。此外，全民健身公共体育资源的有效供给对社会大众体育需求增长率的提升有促进作用，居民体育需求增长率的提升会同步影响资源配置的效率。

就当前全民健身公共体育资源配置的现实来看，东部地区信息资源配置的内容、渠道、方式等均优于中西部地区，特别是受投入规模效应的影响，在技术进步水平指数相对恒定的情况下，易出现资源配置的浪费，导致东部地区部分省份的资源配置效率不高。分析发现东部地区边际效益不高主要受居民体育参与的频次和体质健康测试合格率的影响。社会大众的体育需求的增长率是有效促进公共体育资源配置过程中技术进步水平指数提高的主要因素。构建完善的公共体育信息资源保障体系，供给丰富的健身指导、体育场地信息、体质监测等相关信息对于提升居民参与体育锻炼的主动性和积极性意义重大，多种信息资源供给能够内化居民参与体育锻炼的动力和恒心，促进社会大众体育需求增长率的稳步提升，进而提高资源配置的技术水平进步指数，促使生产函数朝着生产前沿面靠近，提高全民健身公共体育资源配置的效率。

五、加大体育社会组织培育扶持力度

体育社会组织是以社会力量为支撑，以开展全民健身活动和发展竞技运动为目的的非营利性体育组织。体育社会组织通常包含社会团体、体育社团、基层体育运行等多种组织网络形式。体育社会组织在全民健身活动开展过程中，特别是在健身指导、展演、培训、服务等方面占有举足轻重的地位。非营利性体育社会组织不仅要激发社会大众参与体育锻炼的兴趣，还要组织和指导社会大众的健身活动，是推动全民健身组织科学化发展的纽带。非营利性体育社会组织还为社会体育指导员开展健身指导活动提供组织支撑，同时还是社会体育指导员开展组织化、规范化健身活动的重要平台，是维系和激励社会大众参与体育锻炼的纽带，还是政府拓展多元化的公共体育服务渠道的有效组织形式。疏解当前体育社会组织发展的合法性问题、资源约束问题、治理问题以及体育社会组织发展过程中的外环境演变问题是构建全民健身组织网络的当务之急。自发形成的体育社会组织（健身站点、网络体育组织）是对完善体育社会组织网络体系的重要补充，积极引导体育社会组织的培育工作从开展全民健身活动向基层社区单位的体育社会组织的服务转变。基层社区体育组织的规模、活跃程度直接影响着全民健身活动开展的频次、规模、效应等，对社区居民身体素质的提升也有重要影响。针对前文效率测评中发现中西部地区资源配置效率较好的现实，并不能准确反映资源配置效率的整体情况，部分中西部地区省份效率测评较高的主要原因是基于投入规模相对不足的高效率，因此，加大体育社会组织的培育扶持力度，构建完善的全民健身组织网络，通过全民健身组织网络的高效运行，提升社会大众的体育需求和体质健康水平，进而提升全民健身公共体育资源配置的效率。相对东部地区而言，体育社会组织的发展已有一定规模，但不同的社会群体对体育社会组织的需求也不尽相同，应考虑不同人群对于社会组织需求的差异，建立以满足社会大众需求为根本出发点的体育社会组织，通过体育社会组织持续提升资源配置的技术进步水平指数。

第二节　全民健身公共体育资源配置主体方面

一、强化政府主体地位

政府积极参与公共体育资源配置的主要目的是给社会大众提供公共体育服务。全民健身公共体育资源的主体构成多为纯公共物品和准公共物品，公共体育资源的本质属性决定了政府在资源配置过程中的主体地位。政府在配置公共体育资源的过程中一方面要考虑"公共性"，另一方面要考虑市场的作用。政府在公共体育资源配置中除提供公共服务和产品外还需要纠正"市场失灵"。在公共体育资源配置过程中除提供基础性核心资源外，还需要供给制度、法规、政策等整体功能性资源以对资源配置的过程进行调控和监管，以保障市场配置公共体育资源的活力。

《国务院关于印发国家基本公共服务体系"十二五"规划的通知》中明确指出公共服务是在一定的社会共识的基础上，由政府主导提供，与社会经济发展水平相适应，旨在保证公民全体生存和发展的公共服务[1]。学界对于公共体育服务的供给主体已基本达成共识。公共体育服务主要是在政府主导下，由政府、社会主体和个人主体共同提供的。因此，在公共体育资源配置过程中继续强化政府资源配置的主体地位，也应当引导社会主体和个人主体积极参与公共体育资源的配置过程。此外，随着体育强国建设和健康中国战略的推进，我国在公共体育资源的配置上投入力度逐步加大，但相对我国众多的人口以及人民群众日益增长的多元化、多层次的体育需求来说，还不能满足社会大众的需求。同时市场参与配置公共体育资源才刚刚起步，规模

---

[1]国务院.国务院关于印发国家基本公共服务体系"十二五"规划的通知[EB/OL].（2012-07-20）[2020-12-10].http://www.gov.cn/zwgk/2012-07/20/content_2187242.htm.

和效应还不显著。因此，在全民健身公共体育资源配置过程中应继续强化政府的主体地位，积极地引导社会团体、体育企业等参与公共体育资源的配置。

二、调动非政府体育组织、体育企业参与公共体育资源配置的积极性

解决当前我国公共体育资源配置不足和效率不高的现实问题，需要从源头入手改革当前政府配置公共体育资源"一把抓"的现况，调动非政府体育组织、体育企业在资源配置中的积极性，充分发挥市场在公共体育资源配置中的作用。当前我国公共体育资源配置的机制和体制正处于探索和摸索期，市场还不够成熟，非政府体育组织和体育企业的力量相对还比较弱小，因此公共体育资源配置过程中不能完全照搬西方的市场化方式。非政府体育组织和体育企业在公共体育资源配置过程中可以发挥桥梁和纽带的积极作用，供给市场信息、制度规范等，能够有效地促进规范化经营和专业化合作。继续强化政府在公共体育资源配置过程中的主体地位，积极地调动非政府体育组织和体育企业参与公共体育资源配置不仅可以缓解当前政府的财政压力，还可以有效地引入市场机制，提高公共体育资源配置的效率。因此，鼓励非政府体育组织、体育企业参与公共体育资源的配置是配置模式创新的价值取向。

整体功能性配置资源在公共体育资源配置过程中占据着举足轻重的地位。在全民健身公共体育资源配置的过程中，政府、非政府体育组织和体育企业、社会大众在制度、市场和文化的配置力的驱动下，形成了公共体育资源配置的系统，顺利完成了对基础性核心公共体育资源的配置。多元配置主体在政府的宏观调控下，形成以政府的配置制度为保证，以市场配置为基础，以社会大众的配置为补充的协调机制。通过整体功能性配置资源（制度、市场、文化）的配置力对公共体育资源进行有效的配置和整合，优化配置结构，提高配置效率。

三、引导社会大众参与公共体育资源配置

社会大众作为全民健身公共体育资源配置的享用主体，在享用公共体育服务的过程中可以集享用服务和供给资源于一身，应引导社会大众积极参与公共体育资源的共建工作。相对于当前公共体育资源配置规模不足、结构不合理、效率不高、供需矛盾突出的现实情况，引导社会大众积极参与公共体育资源的配置对于缓解当前资源配置不足的现况有积极作用。

社会大众作为全民健身公共体育活动的参与主体，全民健身活动的参与频次以及

体质状况直接影响着公共体育资源配置的效率。因此，应继续宣传全民健身活动的重要价值，供给丰富的公共体育信息，充分调动广大群众参与全民健身活动的积极性，培养良好的健身习惯，增强身体素质，提高社会大众体育需求的增长率，从而激发全民健身公共体育资源投入产出的活力。

第三节　全民健身公共体育资源配置环境方面

一、优化公共体育资源配置结构，内化资源配置合力

全民健身公共体育资源配置多元主体的参与能够有效地缓解当前公共体育资源配置存量的短缺，同时多元化的配置主体、配置渠道、配置方式也优化了公共体育资源配置的整体结构。公共体育资源的公共物品和准公共物品属性决定了公共财政在配置过程中的重要角色定位，鼓励市场参与公共体育资源的供给能够弥补"政府失灵"，政府在资源配置过程中做好制度供给、生产供给、质量监督、消费引导等对于防止"市场失灵"具有积极作用。配置结构的优化升级是逐步演进的过程，非政府体育组织、体育企业、社会大众共同参与资源配置除能够弥补增量不足的现实，也能够给予配置结构有效的补充。

公共体育资源配置过程中还需注意供需结构的失衡。当前政府投入大量的资金承办"全民健身大赛""市民大赛"的政绩工程，投入大量资金修建高端的体育场馆，导致高端化的服务供给与平民化的体育需求之间的矛盾日益凸显。因此在全民健身公共体育资源配置的过程中应加强基础设施的建设、健身服务的供给以及丰富的公共体育信息的提供等，逐步从配置硬性指标向"软"指标过渡。全民健身公共体育资源配置结构的优化升级，内化资源配置的合力有助于提高资源配置的效率。

二、创新全民健身公共体育的发展方式，强化公共体育事业的治理能力

建设体育强国、实施全民健身国家战略和推进健康中国建设的多重任务正有序推进，针对当前公共体育服务发展相对比较薄弱和基础性短板的现实，应创新全民健身公共体育事业的发展方式，优先补齐短板[1]。首先，我国发展体育的基本理念应

---

[1] 国家体育总局.体育发展"十三五"规划[R].2016.

发生重大转变，应坚持创新、协调、绿色、开放和共享的发展理念。把创新作为推进公共体育事业发展的驱动力，积极推进理论和制度创新，探索公共体育事业发展的新模式。全民健身公共体育事业发展方式应逐步从体制外转向体制内。目前，全民健身公共体育事业发展还是在现有制度下进行的平缓的改革过程，是在全民健身内部开展，主要通过"体外循环"的方式助力体育利益格局和资源的供给，动员体制内更多的人力、财力、物力、信息等资源共同推进全民健身公共体育事业的发展是最佳路径的选择。

"十三五"时期提出了共享发展的理念，在该理念的引导下应完善体育共享共建的机制，积极引导社会大众的体育消费，强化公共体育服务运行机制良性发展。同时在共享理念的指引下明晰政府在公共体育资源配置过程中的角色定位，健全政府向社会组织购买公共体育服务的机制，逐步完善公共财政支出、社会反馈、绩效评价、监督管理的政策，逐步形成立体的、多方位的体育服务供给和保障体系，提升全民健身公共体育事业的治理能力对于优化配置公共体育资源，提高资源配置的效率具有重要作用。

三、强化体育在素质教育中的地位，促进居民体育消费意识的提升

教育是有意识地培养人和塑造人，以促进人的身体健康、智力发展为主要目的的社会活动。体育作为教育的重要组成部分，作为素质教育的切入点和突破口，应继续强化体育在素质教育中的地位。除了掌握基本的运动技能外，还应培养学生形成终身体育的习惯。还可以通过学生影响家人及周边的社会关系，鼓励更多人群积极参与体育锻炼。《进一步促进体育消费的行动计划》明确提出了培育体育消费观念的阶段任务，通过体育专题片、体育电影等多种媒介手段，普及健身知识、营造良好的体育消费氛围，通过网络电视、手机APP等促进体育消费者的互动交流，提升消费体验等。居民体育消费意识的提升能够积极参与体育锻炼，提高体质健康水平，可以促进居民体育需求增长率的提升，影响全民健身公共体育资源配置技术进步水平的提升，从而影响公共体育资源配置的效率。

前文通过随机效应模型对影响资源配置效率的多种因素进行了分析，教育水平对公共体育资源配置效率的影响没有显著效应。可能是由于当前教育资源配置过程中的资源浪费严重，也可能是由于当前体育在教育中的地位还不突出。所以应继续强化体育在素质教育中的重要地位，促进居民体育消费意识的提升对于提高公共体育资源配置效率有积极作用。

四、完善全民健身公共体育资源配置的政策，优化资源配置方式和方法

完善全民健身公共体育资源的配置政策，宏观上是调控公共体育资源配置的结构和过程的重要保证，微观上是提高全民健身公共体育资源配置效率的有效措施。完善公共体育资源配置的政策首先需要明确指导思想，在政策制定过程中明确政府和市场的关系。体育发展"十三五"规划强调体育管理体制改革过程中仍存在的主要问题为官办不分、政社不分、事社不分，阻滞了体育事业发展的进程，遏制了体育事业发展的内在动力，其中在调动社会力量参与体育政策制定的措施还比较欠缺[1]。明确政府和社会的事权划分、实现管办分离，把部分职能交给事业单位、非政府体育组织、体育企业等，政府可以通过相应的法规、制度等规范公共体育资源配置的市场过程，做好公共体育服务和产品的监督者。单纯依靠市场调节也可能会出现"市场失灵"的情况，但过多的政府行为也会产生"政府失灵"的情况，协调好政府和市场的关系需要进一步完善公共体育资源配置过程中的价格政策、社会筹资政策等。

受我国经济体制发展的影响，全民健身公共体育资源配置过程中一直采用计划配置方式和粗放式的配置方式。随着公共体育资源配置过程中市场化改革的推进，采用计划与市场相结合的配置方式对于优化配置结构，提高配置效率具有积极作用。在当前配置资源规模相对不足的情况下，粗放式的配置方式加剧了资源配置不足、效率不高的现状，而且在收益递减和相对成本递增规律的影响下，相同资源所获得的社会效益和经济效益日益下降。因此，计划配置方式转向计划和市场相结合的方式，粗放式配置方法让渡集约式配置方法是推进全民健身公共体育资源配置效率提高的有效措施。

本章小结

在对全民健身公共体育资源配置效率有效测评、对影响效率变化的因素进行分析的基础上，提出了优化资源配置结构，提高资源配置效率的对策。

资源配置客体方面：建立社会体育指导员投入和激励机制，强化社会体育指导员的培训、管理和服务工作；建立与经济增长联动的投入增长机制，拓展公共体育财力资源的渠道；建立公共体育场地设施共建共享机制，合理布局满足居民对身边健身

---

[1] 国家体育总局.体育发展"十三五"规划[R].2016.

场地设施的需求；构建完善的公共体育服务信息保障体系，有效提高技术水平进步指数；加大体育社会组织培育扶持力度，构建全民健身组织网络。

资源配置主体方面：强化政府主体地位，引导多元主体参与资源配置；调动非政府体育组织、体育企业参与公共体育资源配置的积极性，突出整体功能性资源配置力的协同发挥；引导社会大众参与公共体育资源配置，提升居民体育需求的增长率。

资源配置环境方面：优化公共体育资源配置的结构，内化资源配置的合力；创新全民健身公共体育的发展方式，提升全民健身公共体育事业的治理能力；强化体育在素质教育中的地位，促进居民体育消费意识的提升；完善全民健身公共体育资源配置的政策，优化资源配置方式和方法。

第七章 结论和创新点

第一节 结 论

一、全民健身公共体育资源的概念、公共物品属性以及产权特质

全民健身公共体育资源是指为了满足社会大众参与体育锻炼的需求,为了提供公共体育服务和产品所需要的所有条件和要素的集合。依据创生主体可以分为宏观调控性公共体育资源要素以及市场促进性公共体育资源要素;依据资源要素系统的内容特质及其相互关系可以分为基础性核心公共体育资源要素子系统和整体功能性公共体育资源要素子系统。全民健身公共体育资源具有公共物品和准公共物品的属性。其公共产权的特质表现为分布排他性、消费权的非竞争性以及产权规模的有限性。

二、全民健身公共体育资源配置的目标、原则以及特征

全民健身公共体育资源配置系统是为社会大众提供公共体育服务和产品的行为过程以及资源调控过程中多种要素的集合,包括配置主体、配置客体。资源配置主体系统主要由政府、非政府体育组织和体育企业、社会大众构成,呈现出结构稳定且联系紧密的特征。资源配置客体系统包括了有形资源和无形资源,呈现出整体性、地域性、复合性和协同性等特征。公共体育资源配置过程中应坚持追求效率、以人民为中心、共建共享和因地制宜等原则。公共体育资源配置系统呈现出开放有序性、整体涌现性、动态演化性、自组织性和互塑共生性等特征。

三、全民健身公共体育资源配置的方式、方法以及政策

全民健身公共体育资源配置方式主要是指在对公共体育资源进行分配过程中所采用的形式,从本质上来说,公共体育资源配置的方式是指全民健身公共体育事业发展过程中,影响公共体育资源分配的根本体制。社会主义市场经济体制的逐步确定决

定了全民健身公共体育资源的配置主要采用计划与市场相结合的混合式的资源配置方式。混合式的资源配置方式能够给市场参与全民健身公共体育资源的配置创设良好的环境，同时政府部门也可以通过多种途径对配置过程进行有效的监管和调控。全民健身公共体育资源配置方法具体是指分配公共体育资源时发掘的门路和具体的程序。全民健身公共体育资源的配置方法有"集约式"和"粗放式"两种方法。目前，我国正在从"粗放式"的配置方法向"集约式"的配置方法转变。全民健身公共体育资源配置政策主要由财政支出、社会筹资、价格以及市场管理等政策构成。

四、全民健身公共体育资源配置效率评价指标体系建构及方法选择

全民健身公共体育资源配置效率强调资源要素投入产出组合的转换效率。技术效率、纯技术效率、规模效率和配置效率综合构成了全要素生产率。在文献分析的基础上，运用德尔菲法构建了效率评价的指标体系，该指标体系共包含2个一级指标、8个二级指标、11个三级指标。通过对内外部环境、运行机制的分析，选取10个具体指标作为影响效率变化的因素。选择数据包络分析方法（DEA）中的C^2R模型、超效率模型，结合Malmquist指数模型对资源配置的时间序列数据进行了效率测评。并基于面板数据，采用随机效应模型对影响效率变化的因素进行了分析。

五、全民健身公共体育资源配置效率测评

2013—2017年公共体育资源配置的全要素生产率呈下降趋势，技术效率、纯技术效率、规模效率的小幅下降对全要素生产率下降的影响不大，主要受技术进步水平指数下降的影响。在体育强国建设和全民健身国家战略落实的过程中，公共体育资源投入的规模不断增大，在资源要素投入产出的组合结构、资源配置的方式、方法上亟须进一步改进，在保障社会公平正义的同时关注资源配置的效率，实现规模效应和技术进步水平同时促进全要素生产率的提升。针对31个省市区公共体育资源配置效率的评价发现仅有江西、宁夏、重庆等省市区保持着高效率，北京、上海的效率测评值呈持续上升的态势，山东、云南两省效率测评结果维持较高，但呈持续下降趋势，新疆、四川、吉林3个省区的效率测评值较高，呈波动状态。另外，共有21个省市区的效率测评值持续较低，需考虑投入产出结构的调整，以实现效率值的不断攀升。针对郑州市38个基层社区公共体育资源配置效率的评价结果，发现2013—2018年郑州市25个社区的全要素生产率均有不同程度的提升，受技术进步水平指数提升的影响明显。说明

郑州市在公共体育资源配置的过程中不断调整配置方式、方法更迭、结构调控使资源达到了优化配置的现状。此外还有13个社区的全要素生产率有不同程度的下降，其下降的主要原因是在规模效率和技术效率变化相对恒定的情况下，技术进步水平指数下滑。

六、影响全民健身公共体育资源配置效率变化的主要因素

基于随机效应模型的回归分析发现全民健身公共体育资源配置的结构、社会大众的体育意识、体育社会组织数等对效率的提升有积极作用。社会大众的体育意识、教育水平对技术进步水平指数的提升有积极意义。社会大众的体育意识对技术效率的提升有积极作用。区域经济发展水平、居民收入水平和消费水平、人口规模和辖区面积、公共体育管理人员数等指标对资源配置效率、技术效率变换以及技术进步水平指数的影响均不显著。

七、全民健身公共体育资源优化配置的对策

在配置客体方面，建立社会体育指导员投入和激励机制，强化社会体育指导员的培训、管理和服务工作；建立与经济增长联动的投入增长机制，拓展公共体育财力资源的渠道；建立公共体育场地设施共建共享机制，合理布局满足居民对身边健身场地设施的需求；构建完善的公共体育服务信息保障体系，有效提高技术水平进步指数；加大体育社会组织培育扶持力度，构建全民健身组织网络。

在配置主体方面，强化政府主体地位，引导多元主体参与资源配置；调动非政府体育组织、体育企业参与公共体育资源配置的积极性，突出整体功能性资源配置力的协同发挥；引导社会大众参与公共体育资源配置，提升居民体育需求的增长率。

在配置环境方面，优化公共体育资源配置的结构，内化资源配置的合力；创新全民健身公共体育的发展方式，强化公共体育事业的治理能力；强化体育在素质教育中的地位，促进居民体育消费意识的提升；完善全民健身公共体育资源配置的政策，优化资源配置方式和方法。

第二节　创新点

概念创新：科学、合理地界定了全民健身公共体育资源配置效率的概念，并对其

进行操作化定义，为全民健身公共体育资源配置和对我国31个省市区及郑州市基层社区的公共体育资源配置效率与特征的实证评价奠定基础。

内容创新：构建了全民健身公共体育资源配置效率评价指标体系；并且利用评价指标体系对全国31个省市区的公共体育资源配置效率的水平进行了评价；在综合评价的基础上，提出优化公共体育资源配置和提高全民健身公共体育资源配置效率的对策。

方法应用创新：运用数据包络分析方法对不同省份以及郑州市38个基层社区的全民健身公共体育资源配置的效率进行有效测量，验证了"相对效率"评价的应用与公共体育资源配置效率评价的易操作性和可行性。

第三节 研究不足和展望

基于系统论、资源配置理论、资源配置效率等多学科理论对全民健身公共体育资源配置的目标与原则、行为与效果、方式、方法、政策以及影响配置过程的内外部因素进行了综合分析，但由于全民健身公共体育资源配置系统理论研究内涵丰富，同时涉及公共体育服务的供给、购买、承接等内容，所以存在资源配置系统理论研究深度不足、涉及面不广的问题。

针对全国31个省市区和郑州市38个基层社区的全民健身公共体育资源配置效率测评，证明了"相对效率"评价的易操作性和可行性，采用多种模型的测评过程能够识别有效和无效的决策单元，能够对测量样本进行排序，同时能够明确投入产出的调整方向，针对投入产出冗余值的分析将是测评实践重点关注的方向。

参考文献

[1] 曾钊, 刘娟. 中共中央、国务院印发《"健康中国2030"规划纲要》[J]. 中华人民共和国国务院公报, 2016（32）: 5-20.

[2] 鲍明晓. 贯彻《体育强国建设纲要》, 办好人民满意的体育事业[J]. 体育科学, 2019, 39（9）: 3-14.

[3] 戴健. 中国公共体育服务发展报告（2013）[M]. 北京: 社会科学文献出版社, 2013: 12.

[4] 董新光. 关于全民健身体系的理论构架[J]. 体育文化导刊, 2005（5）: 5-7.

[5] 李洪波. 城市社区公共体育资源合理配置与政府绩效评价研究[D]. 南京: 南京师范大学, 2012.

[6] 梁金辉. 公共体育资源优化配置问题研究[J]. 体育文化导刊, 2008（1）: 9-11.

[7] 舒宗礼. 有效的市场与有为的政府: 公共体育资源优化配置的关键[J]. 成都体育学院学报, 2015（6）: 55-61.

[8] 国家体育总局. 第六次全国体育场地普查数据公报[N]. 中国体育报, 2014-12-26（3）.

[9] 舒萍. 体育资源、资产的开发与利用刍议[J]. 武汉体育学院学报, 2001, 35（4）: 127-128.

[10] 段冬旭, 周剑, 胡友群. 基于供需理论的公共体育资源有效配置[J]. 沈阳体育学院学报, 2011, 30（6）: 68-72.

[11] 梁金辉. 公共体育资源优化配置问题研究[J]. 体育文化导刊, 2008（1）: 9-11.

[12] 南音. 我国公共体育场馆资源配置探析[J]. 体育文化导刊, 2015（5）: 143-146.

[13] 张强, 刘艳, 王家宏. 我国公共体育设施规划之现存问题与应对策略研究[J]. 天津体育学院学报, 2018, 33（4）: 23-28.

[14] 袁新锋, 张瑞林, 王飞. 公共体育设施绩效评估的英国经验与中国镜鉴[J]. 北京体育大学学报, 2019, 42（4）: 33-41.

[15] 王莉, 孟亚峥, 黄亚玲, 等. 全民健身公共服务体系构成与标准化研究[J]. 北京体育大学学报, 2015, 38 (3): 1-7.

[16] 董新光. 论公共体育资源配置的不平衡及改革取向[J]. 体育文化导刊, 2007 (3): 6-11.

[17] 李树怡, 朱越彤, 曹玲. 我国社会体育指导员现状调查[J]. 体育科学, 1999 (4): 13-16.

[18] 李相如, 展更豪, 林洁, 等. 我国社会体育指导员的现状调查与研究[J]. 体育科学, 2006, 22 (4): 27-30.

[19] 刘亮, 王惠. 供给侧改革视角下我国公共体育资源供需矛盾的消解与改革路径[J]. 武汉体育学院学报, 2016, 5 (4): 51-55.

[20] 任海, 王凯珍, 肖淑红, 等. 论体育资源配置模式——社会经济条件变革下的中国体育改革（一）[J]. 天津体育学院学报, 2004, 16 (2): 1-5.

[21] 吴周礼. 体育资源配置方式变迁及相关问题分析[J]. 体育文化导刊, 2007 (3): 54-56.

[22] 蔡朋龙, 王家宏. "有效市场"和"有为政府": 公共体育资源配置市场化改革中政府与市场的三重边界[J]. 天津体育学院学报, 2019, 34 (3): 19-27.

[23] 蔡朋龙, 王家宏. 论公共体育资源配置市场化改革中政府角色定位[J]. 沈阳体育学院学报, 2020, 39 (2): 58-67.

[24] 张文静, 沈克印. 政府购买服务视角下我国公共体育资源配置市场化改革研究[J]. 体育文化导刊, 2020 (2): 24-30.

[25] 容云. 公共体育服务视角下体育场馆资源优化配置研究[J]. 广州体育学院学报, 2018, 38 (5): 53-55.

[26] 孙莉琴. 我国农村体育公共服务供给的资源优化配置研究[J]. 农业经济, 2019 (5): 108-110.

[27] 何元春. 农村公共体育资源配置收益分析与对策研究[J]. 南京体育学院学报: 社会科学版, 2011, 25 (1): 44-47.

[28] 陈鑫林. 城乡融合视野下我国农村地区公共体育资源配置的不平衡及改革取向研究[J]. 农业经济, 2018 (9): 96-98.

[29] 樊炳有, 王继帅. 经济百强县公共体育资源配置的差异性研究[J]. 北京体育大学学报, 2019, 42 (12): 127-138.

[30] 简春安. 社会工作理论[M]. 上海: 华东理工大学出版社, 2018: 143.

[31] 彭补拙. 资源学导论［M］. 修订版. 南京：东南大学出版社，2014.

[32] 李含琳. 资源经济学［M］. 兰州：甘肃人民出版社，2003：41.

[33] 王子平. 资源论［M］. 石家庄：河北科学技术出版社，2001：178.

[34] 曲福田. 资源经济学［M］. 北京：中国农业出版社，2001：64.

[35] 蒋随. 俄罗斯经济潜力与产业发展［M］. 北京：中国经济出版社，2018.

[36] 何涛. 陕西全民健身公共体育资源配置现状及对策——基于供给侧改革的视角［J］. 新西部：理论版，2017（4）：24，25.

[37] 夏丽萍. 高等教育资源配置研究［M］. 成都：四川大学出版社，2007.

[38] 查尔斯·林德布洛姆. 政治与市场：世界的政治—经济制度［M］. 王逸舟，译. 上海：上海三联书店，1992：108.

[39] 付泉. 管理经济学［M］. 武汉：华中科技大学出版社，2013.

[40] 王凯珍，赵立. 社区体育［M］. 北京：高等教育出版社，2004：163.

[41] 赵冰，朱晓兰. 现代高校公共体育管理与体育科学研究：第5卷［M］. 北京：中国建材工业出版社，2006：08.

[42] 朱柏铭. 公共经济学［M］. 杭州：浙江大学出版社，2002：4.

[43] 许一经. 社会主义市场经济学［M］. 上海：上海交通大学出版社，1994：4.

[44] 龚仰树. 国内国债经济分析与政策选择［M］. 上海：上海财经大学出版社，1998：29-32.

[45] 薛黎明，李翠平. 资源与环境经济学［M］. 北京：冶金工业出版社，2017：7.

[46] 施红. 精准扶贫与中国特色发展经济学研究［M］. 北京：经济日报出版社，2018：12.

[47] 李高东. 历史唯物主义视域下五大发展理念研究［M］. 徐州：中国矿业大学出版社，2017：6.

[48] 浒国志. 系统科学［M］. 上海：上海科技教育出版社，2000：26.

[49] 谭署生. 现代唯物主义哲学的沉思［M］. 长沙：湖南教育出版社，2017：145.

[50] 谭署生. 现代唯物主义哲学的沉思［M］. 长沙：湖南教育出版社，2017：148-149.

[51] 钟雁. 管理信息系统［M］. 第2版. 北京：北京交通大学出版社，2018：11.

[52] 谭署生. 现代唯物主义的沉思［M］. 长沙：湖南教育出版社，2017：146.

[53] 刘伶俐. 科技资源配置理论与配置效率研究［D］. 长春：吉林大学，2007.

[54] 顾新. 区域创新系统论［M］. 成都：四川大学出版社，2005：119.

[55] 吴敬琏. 计划经济还是市场经济［M］. 北京：中国经济出版社，1993：44-45.

[56] 刘可夫,刘晓光.论体育资源的合理开发和配置[J].解放军体育学院学报,1999,18(2):1-5.

[57] 保罗·A.萨缪尔森、威廉·D.诺德豪斯.经济学[M].第12版.北京:中国发展出版社,1992:68.

[58] 方武,李要南.浅谈我国体育产业资源及配置合理化的对策研究[J].内蒙古体育科技,2010(1):120-121.

[59] 丁俊发.中国供应链管理蓝皮书[M].北京:中国财富出版社,2017:50.

[60] 王维澄,李连仲.社会主义市场经济教程[M].北京:北京大学出版社,1995:178.

[61] 夏子贵,罗余九.政治经济学[M].北京:高等教育出版社,2002:294.

[62] 任海,王凯珍,肖淑红,等.论体育资源配置模式——社会经济条件变革下的中国体育改革(一)[J].天津体育学院学报,2001,16(2):1-5.

[63] 肖林鹏.中国竞技体育资源调控与可持续发展[M].北京:北京体育大学出版社,2006.

[64] 陈勇军,王爱丰,李明华.论我国体育事业由粗放型经营向集约型经营的转变[J].中国体育科技,1999,35(7):15-17.

[65] 国家体育总局政策法规司.体育事业"十二五"规划文件资料汇编[M].北京:人民体育出版社,2011:10.

[66] 陈慧敏,陈喜珍,于丽莉.对我国体育事业投入产出效益的现状分析与对策研究[J].中国体育科技,2002(11):10-12.

[67] 刘可夫,刘晓光.论体育资源的合理开发和配置[J].解放军体育学院学报,1999,18(2):1-5.

[68] 裴立新,王晔,武志峰."集约化"是社会主义初级阶段我国体育资源合理配置与有效利用的必然选择[J].西安体育学院学报,2001(1):1-4.

[69] 任海,王凯珍,肖淑红,等.我国体育资源配置中存在问题及其原因探讨——论社会经济条件变革下的中国体育改革(二)[J].天津体育学院学报,2001,16(3):1-9.

[70] 吴周礼.体育资源配置方式变迁及相关问题分析[J].体育文化导刊,2007(3):19.

[71] 赵豫,何西瑞.论市场机制和宏观调控在体育经济发展中的作用[J].湖北体育科技,1998(2):1.

[72] 姜玉红. 我国公共体育资源管理中的政府职能[D]. 呼和浩特：内蒙古大学，2009.

[73] 隋璐. 中国体育资源配置效率研究[M]. 北京：社会科学文献出版社，2009.

[74] 杨萍. 中日大众体育场地设施及人才培养和管理的比较分析[J]. 哈尔滨体育学院学报，2008（1）：8.

[75] 莫勇波. 公共政策学[M]. 上海：上海人民出版社，2013：2.

[76] 冯国有. 利益博弈与公共体育政策[J]. 体育文化导刊，2007（7）：62-64.

[77] 冯火红. 我国地方政府社会体育政策内容研究——以沈阳市为例[J]. 体育文化导刊，2007（6）：16-19.

[78] 陈勇军. 不同经济模式下体育资源的配置方式及评价[J]. 南京体育学院学报，2001，15（6）：21-23.

[79] 国家体育总局政策法规司. 体育发展"十三五"规划[EB/OL].（2016-05-05）[2020-05-01]. http://www.sport.gov.cn/n10503/c722960/content.html.

[80] 隋璐. 中国体育经济政策研究[M]. 北京：人民出版社，2007：47.

[81] 季燕霞. 政府经济学[M]. 北京：首都经济贸易大学出版社，2014.

[82] 黄运武. 商务大辞典[M]. 北京：中国对外经济贸易出版社，1998：39.

[83] 国务院. 全民健身计划纲要[R]. 1995.

[84] 陈林祥，金赤. 体育商品价格制定的依据及影响价格的因素分析[J]. 武汉体育学院学报，1996（1）：50-53.

[85] 隋璐. 中国体育资源配置效率研究[M]. 北京：社会科学文献出版社，2011：140.

[86] 徐通. 英国福利制度与大众体育政策演变[J]. 体育文化导刊，2008（4）：114-118.

[87] 国家体委政策法规司. 体育经济政策研究[M]. 北京：人民体育出版社，1997：171-172.

[88] 保罗·萨缪尔森，威廉·诺德豪斯. 宏观经济学[M]. 萧深，译. 北京：华夏出版社，2001：10.

[89] 魏洁云. 技术创新效率测度及创新路径研究[M]. 徐州：中国矿业大学出版社，2016：18.

[90] 郭志鹏. 公平与效率新论[M]. 北京：解放军出版社，2001：64-65.

[91] 高培勇. 公共经济学[M]. 北京：中国人民大学出版社，2012：2-3.

[92] 徐琼. 基于技术效率的区域经济竞争力提升研究[D]. 杭州：浙江大学，2005.

[93] 张忠明. 农户粮地经营规模效率研究——以吉林省玉米生产为例 [D]. 杭州：浙江大学，2008.

[94] 高春亮. 1998—2003：我国城市技术效率与规模效率实证研究 [J]. 上海经济研究，2006（6）：36-42.

[95] 郑进军. 全民健身社会评价指标体系研究 [D]. 长沙：湖南师范大学，2007.

[96] 韩玉敏. 新编社会学辞典 [M]. 北京：中国物资出版社，1998：676.

[97] 楼兰萍，虞力宏. 社区体育发展水平评价指标的研究 [J]. 北京体育大学学报，2004（5）：594-598.

[98] 雷艳云. 王新国. 竞技体育社会评价指标体系构建研究 [J]. 韶关学院学报，2003（3）：116-120.

[99] 杨道华，丁立涛，韦大开，等. 总体规划技术方法 [M]. 南宁：广西教育出版社，1987：115-117.

[100] 陈英耀，陈洁，金永春，等. 特尔菲法对口服脊髓灰质炎疫苗的综合效果评价 [J]. 中国计划免疫，1998，4（5）：263-265.

[101] Osborne J, Collins S, Radcliffe M, et al. What "ideas about science" school be taught in school science A Delphistudy of the expert community [J]. Journal of Research in Science Teaching, 2003, 40（7）：692-720.

[102] 周明浩，李延平，史祖民，等. 特尔菲法在卫生城市建设综合评价指标筛选中的应用 [J]. 中国公共卫生管理，2001，17（4）：260-263.

[103] 胡永红. 有效体育教学的理论与实证研究 [D]. 福州：福建师范大学，2009.

[104] 徐琼. 技术效率与前沿面理论评述 [J]. 财经论丛，2005（2）：29-34.

[105] Koopmans T C. An Analysis of Production as an Efficient Combination of Activities0. in: T. C. Koopmans（ED.），Activity Analysis of Production and Allocation0, Cowles Commission for Research in Economics [J]. Monograph 1951：13.

[106] Farrell M J. The measurement of production efficiency. Journal of Royal Statistical Society, SeriesA, General [J]. 1957, 120（3）：253-281.

[107] Leibenstein H. Allovative Efficiency vs/X-efficiency, Am. Econ. Rev [J]. 1966（56）：392-415.

[108] 张健华. 我国商业银行效率研究的DEA分析方法及1997—2001年效率的实证分析 [J]. 金融研究，2003（3）：11-25.

[109] Berger, Mester. Inside the Black Box: What Explains Differences in the Efficiencies of Financial Institutions [J]. Journal of Banking and Finance, 1997 (21): 895-947.

[110] 姚伟峰.中国经济增长中效率变化及其影响因素实证研究[M].北京：中国经济出版社, 2007: 18.

[111] Charnes A, Cooper W W, Rhodes E. Measuring the Efficiency of DMU [J]. European Journal of Operation Research, 1978 (2): 429-444.

[112] Andersen P, Petersen N C.A peocedure for ranking efficient nuits in data envelopment analysis [J]. Management Science, 1993, 39 (10): 1261-1264.

[113] 汪旭晖.基于超效率CCR-DEA模型的我国物流上市公司效率评价[J].财贸研究, 2009 (5): 117-124.

[114] Wheelock D C, P W Wilson. Technical Progress, Inefficiency, and Productivity Changein US Banking, 1984-1993 [J]. Journal of Money, Credit, and Banking, 1999 (31): 212-234.

[115] Fare R, Grosskopf S, Lovell C A K. Productivity Change in Swedish Pharmacies1980-1989 A Nonparametric Malmquist Approach [J]. Journal of Productivity Analysis, 1992 (3): 85-101.

[116] 北京会计学会.面板数据模型及其在经济分析中的应用[M].北京：经济科学出版社, 2008: 3-5.

[117] Greene W H. Econometric Analysis [M]. Upper Saddle River: Prentice Hall, 2003.

[118] 唐忠新.中国城市社区建设概论[M].天津：天津人民出版社, 2000: 30.

[119] 杨向阳.中国服务业发展方式转变的实证研究——基于效率视角[M].南京：南京大学出版社, 2011: 124-125.

[120] 王菁,龚三乐,张宏.广东省体育公共产品供给效率评估——基于DEA-Tobit模型分析[J].体育学刊, 2016, 23 (3): 53-59.

[121] 刘国永,杨桦,任海.中国群众体育发展报告[M].北京：社会科学文献出版社, 2014: 9.

[122] 邵伟钰.基于DEA模型的群众体育财政投入绩效分析[J].体育科学, 2014, 34 (9): 11-16, 22.

[123] 国务院.国务院关于印发国家基本公共服务体系"十二五"规划的通知［EB/OL］.（2010-07-20）［2020-05-01］.http：//www.gov.cn/zwgk/2012-0720/content_2187242.htm.

[124] 国家体育总局.体育发展"十三五"规划［R］.2016.

[125] 王景波,赵顺来,魏丕来,等.地方政府体育公共服务绩效评估指标体系的研究［J］.沈阳体育学院学报,2011,30（2）：1-3,7.

[126] 刘亮.新公共管理视角下体育公共服务绩效评估研究——基于武汉"1+8"城市圈的调查与分析［J］.武汉体育学院学报,2011,45（6）：24-29.

[127] 王凯,殷宝林,王正伦,等.公共服务视域政府体育工作绩效"异体评估"研究［J］.体育科学,2011,31（9）：34-40.

[128] 郑家鲲,黄聚云.基本公共体育服务评价指标体系的构建［J］.上海体育学院学报,2013,37（1）：9-13.

[129] 韦伟,王家宏.我国公共体育服务绩效评价体系构建及实证研究［J］.体育科学,2015,35（7）35-47.

[130] 赵聂.基于DEA模型的公共体育服务绩效评价研究［J］.成都体育学院学报,2008（6）：8-10,14.

[131] 张莹,秦俭,董德龙,等.我国不同地区群众体育资源配置效率研究［J］.山东体育学院学报,2011,27（12）：7-11.

附录1

全民健身公共体育资源配置效率评价指标体系专家调查表（第一轮）

尊敬的专家：

您好！目前正在开展《全民健身公共体育资源配置效率测评理论与实证研究》的课题，效率评价指标体系的构建是关键环节。效率测评指标的选择主要从基础性核心资源要素中选取。

在针对全民健身公共体育资源的理论研究的基础上，收集效率测评体系的初选指标。问卷调查共开展两轮，您的选择没有对错之分，根据自己的想法如实选择即可。请您在认为合适的指标后画"√"，不合适的指标后画"×"。

感谢您的支持！

课题组

一级指标	合适"√"不合适"×"	二级指标	合适"√"不合适"×"	三级指标	合适"√"不合适"×"	建议
A1 投入指标		B11 人力资源		C111 政府体育行政管理人员总数		
				C112 社会体育指导员人数		
				C113 体育志愿者人数		
				C114 体育骨干数		
				需补充：		
		B12 财力资源		C121 公共体育财政支出		
				C122 体育彩票公益金投入额		
				C123 社会捐赠资金投入额		
				C124 人均体育消费支出		
				需补充：		
		B13 物力资源		C131 公共体育场地设施面积		
				C132 公共体育场馆数		
				C133 全民健身路径工程数		
				C134 体育场地器材数		
				需补充：		

附录1　全民健身公共体育资源配置效率评价指标体系专家调查表（第一轮）

（续表）

一级指标	合适"√"不合适"×"	二级指标	合适"√"不合适"×"	三级指标	合适"√"不合适"×"	建议
A1 投入指标		B14 信息资源		C142全民健身宣传活动、知识讲座开展次数		
				需补充：		
		B15 制度资源		C151全民健身公共体育管理制度		
				C152全民健身工作考核办法		
				C153全民健身工作计划		
				需补充：		
		B16 组织资源		C161晨晚练点数		
				C162全民健身活动中心数		
				C163社区体育俱乐部数		
				需补充：		
A2 产出指标		B21 运动参与		C211经常参加体育锻炼的人数		
				C212经常参加体育锻炼的人数占总人数的比例		
				需补充：		
		B22 身体活动		C221年举办全民健身活动次数		
				C222年全民健身活动参与人次		
				需补充：		
		B23 身体健康指标		C231国民体质测试合格人数		
				C232国民体质测试合格率		
				需补充：		
		B24 体育意识		C241全民健身活动参与的积极程度		
				C242居民对身体健康的关注程度		
				需补充：		

附录2

全民健身公共体育资源配置效率评价指标体系专家调查表(第二轮)

尊敬的专家:

您好！感谢您对本课题的帮助！在集中第一轮专家意见的基础上，对指标进行了相应的调整。第二轮调查期望获得您认为指标的重要程度，依据其重要程度给予赋值。分别从很重要到很不重要赋值5、4、3、2、1。请根据您的真实想法选择。

再次感谢您的支持！

课题组

一级指标

序号	具体指标	很重要	重要	一般	不重要	很不重要
1	投入指标	□	□	□	□	□
2	产出指标	□	□	□	□	□

投入二级指标

序号	具体指标	很重要	重要	一般	不重要	很不重要
1	人力资源	□	□	□	□	□
2	财力资源	□	□	□	□	□
3	物力资源	□	□	□	□	□
4	信息资源	□	□	□	□	□
5	组织资源	□	□	□	□	□

投入三级指标

二级指标	三级指标	很重要	重要	一般	不重要	很不重要
人力资源	社会体育指导员人数	□	□	□	□	□
财力资源	公共体育财政支出	□	□	□	□	□
	体育彩票公益金投入额	□	□	□	□	□

附录2　全民健身公共体育资源配置效率评价指标体系专家调查表（第二轮）

（续表）

二级指标	三级指标	很重要	重要	一般	不重要	很不重要
物力资源	公共体育场地设施面积	□	□	□	□	□
	全民健身路径工程数	□	□	□	□	□
信息资源	全民健身宣传活动、知识讲座开展次数	□	□	□	□	□
组织资源	晨晚练点数	□	□	□	□	□

产出二级指标

序号	具体指标	很重要	重要	一般	不重要	很不重要
1	运动参与	□	□	□	□	□
2	身体活动	□	□	□	□	□
3	身体健康	□	□	□	□	□

产出三级指标

二级指标	三级指标	很重要	重要	一般	不重要	很不重要
运动参与	经常参加体育锻炼的人数	□	□	□	□	□
身体活动	年举办全民健身活动次数	□	□	□	□	□
	年全民健身活动参与人次	□	□	□	□	□
身体健康	国民体质测试合格人数	□	□	□	□	□

附录3

郑州市全民健身公共体育资源投入情况调查表

社区： 人数：

时间	体育场地设施情况				经费情况			制度资源建设情况			
	全民健身路径	球类场地数量	室外健身场地面积	室内健身场馆面积	公共财政支出	体育彩票公益金投入	社会捐赠	全民健身公共体育管理制度	全民健身发展规划	全民健身工作考核办法	全民健身工作计划与总结
2013年											
2014年											
2015年											
2016年											
2017年											
2018年											

附录4

郑州市全民健身公共体育资源投入情况调查表

社区： 　　　　　　　　　　　　　　　人数：

时间	政府主导性体育社会组织建设情况							自发性体育组织建设情况		社区体育俱乐部	全民健身宣传活动次数	健身知识推广次数
^	社会体育指导员人数				体育行政管理人员数		体育社会组织数		^		^	^	^
^	总数	国家级	一级	二级	三级	专职	兼职	体育协会数	指导站数	志愿者数	晨晚练点数	^	^	^
2013年															
2014年															
2015年															
2016年															
2017年															
2018年															

附录5

郑州市全民健身公共体育资源产出情况调查表

社区： 　　　　　　　　　　　　　人数：

时间	身体健康指标			运动参与指标		全民健身活动开展情况	
	国民体质健康测试人数	体质健康测试合格人数	合格率（%）	经常参加体育锻炼的人数	经常参加体育锻炼人数比重	全民健身活动举办次数	全民健身活动参与人次
2013年							
2014年							
2015年							
2016年							
2017年							
2018年							